中国书院
文化建设丛书
邓洪波　主编

教学相长
书院教育概要

兰军　邓洪波　著

海天出版社
HAITIAN PUBLISHING HOUSE
·深圳·

图书在版编目（CIP）数据

教学相长：书院教育概要 / 兰军，邓洪波著. — 深圳：海天出版社，2021.3
（中国书院文化建设丛书 / 邓洪波主编）
ISBN 978-7-5507-3063-2

Ⅰ.①教… Ⅱ.①兰… ②邓… Ⅲ.①书院 – 研究 – 中国 Ⅳ.①G649.299

中国版本图书馆CIP数据核字(2020)第225651号

教学相长：书院教育概要
JIAOXUEXIANGZHANG：SHUYUAN JIAOYU GAIYAO

出 品 人	聂雄前
项目负责人	孙 艳
责 任 编 辑	孙 艳
责 任 技 编	梁立新
责 任 校 对	陈 嫣
封 面 设 计	蒙丹广告

出 版 发 行	海天出版社
地　　　址	深圳市彩田南路海天综合大厦（518033）
网　　　址	www.htph.com.cn
订 购 电 话	0755–83460239（邮购、团购）
设 计 制 作	深圳市龙墨文化传播有限公司（电话：0755–83461000）
印　　　刷	深圳市希望印务有限公司
开　　　本	787mm×1092mm　1/16
印　　　张	16.75
字　　　数	230千
版　　　次	2021年3月第1版
印　　　次	2021年3月第1次
定　　　价	58.00元

目录

第三章
书院教育的组织结构

第四章
书院教学制度

第五章
书院考试制度

第六章
书院藏书与刻书制度

第七章
书院教育的特点

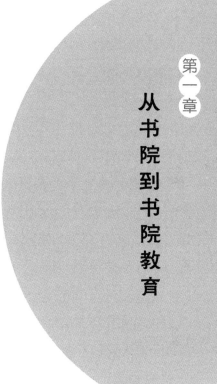

第一章
从书院到书院教育

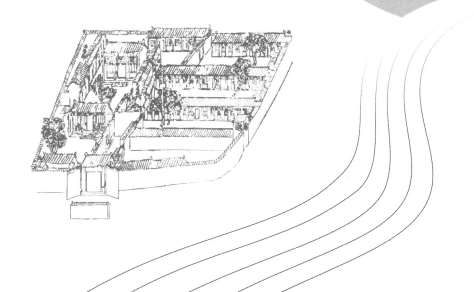

　　书院是中国士人围绕着书，开展藏书、读书、教书、讲书、校书、修书、著书、刻书等各种活动，进行文化积累、研究、创造与传播的文化教育组织。教育、教学不能涵括其所有的功能，而只能视作其最主要的功能之一。从整体上说，书院教育功能源出于文化传播，服务于文化积累与创造。本书试图从教育的角度来讨论书院问题，祈请方家批评指正。

第一节　书院教育的出现

　　中国是一个有着悠久教育传统的国家，在书院教育出现以前，它由依靠政府支持的官学与扎根于民间的私学这两个相辅相成的教育体系来实现教育的。按照权威的解释，官学是古代官府举办、管辖的学校。由朝廷直接举办、管辖的称为中央官学，如西周的国学，汉代的太学、官邸学、鸿都门学，唐代的国子学、太学、四门学、书学、算学、弘文馆、崇文馆，元明清的国子监等。由地方官府按行政区域在各地方设置的学校称为地方官学，如西周的乡学，汉代的郡国学，唐代的府州县学，宋代府州军监县学，元代路府州县学及社学，明清府州县学及卫学、社学等。[①]私学是与官学相对的由私人创办的学校。私学始于春秋时期孔子在鲁国曲阜城北设学舍，以讲诗书礼乐。战国时，诸子蜂起，私人讲学之风大盛。汉代私学中属于启蒙教育者有书馆，传授经学者有精舍（一称精庐），又有"世传家学"。隋唐以后，名称益繁，有家塾、经馆、义学、私塾、村塾、冬学等。由此可见，依历史顺序而言，是先有官学，后有私学。而自孔子杏坛讲学，打破学在官府的局面，开创私学传统之后，私学即与官学长期并存，由春秋而至隋唐皆然，千百年不变。直到唐宋，书院出现并形成为一种教育制度之后，官私两学并立的局面才被官学、私学、书院三者鼎足的形势所取代。

书院是雕版印刷技术出现，书籍可以成批量生产，读书人增加，社会识字率提高之后，为了满足人们日益增长的文化需求，由读书人自己创造出的一种新的文化教育组织。书和读书人是其最核心的两个要素。

书院产生于唐代，其起源有官民两途，即中央政府管理图书典籍的机构和读书人的书斋。从现有文献资料来看，书院最先出现于民间[②]，最初它只是士人的读书治学之所。分布在今陕西、山东、河北、湖南的蓝田瀛洲书院、临朐李公书院、满城张说书院、攸县光石山书院，是唐代最早的四所民间书院，其中尤以光石山书院的记载见于唐人碑记而最为可靠。民间书院出现不久，就将其服务范围从个人扩展到众人，负起向社会传播文化知识的责任，开始了传道授业的教学活动，其典型的例证是创建于唐中宗景龙年间（707—710）的福建漳州龙溪县松洲书院。松洲书院办学时间有十年以上，

---

①　顾明远编《教育大辞典（第八卷）》，上海教育出版社，1991。

②　邓洪波：《唐代民间书院研究》，载朱汉民、李弘祺主编《中国书院（第三辑）》，湖南教育出版社，2000。

可以视作中国历史上最早的具有学校性质的书院。作为我国第一所教学功能比较齐全的书院，松洲书院出现的意义在于它以士民和生徒为自己的服务对象，成功地将读书人的书斋引向服务公众的道路。从此，私人书斋和公众书院就有了比较清晰的分界线。后来无论唐诗还是地方志中所记录的书院，大多不为读书人个人所有，两个或两个以上的读书人在书院开展活动成为一种日益明显的趋势。

到唐玄宗时代，当书院在民间出现、发展近一个世纪之后，中央官府也开始注意到这种新生的文化组织，于开元六年（718）起在东都洛阳及京城长安先后创建丽正修书院，十三年（725）又改丽正修书院为集贤殿书院。京师官府书院以刊辑古今经籍，辨明邦国大典，而备皇帝顾问应对为主要职责，"凡天下之图书遗逸与贤才隐滞，则承旨以求之；谋虑可施于时，著述可行于世者，考其学术以闻"。唐玄宗与张说等一代君臣，在书院开展了修书、校书、讲学、问政、宴饮、奏乐、赋诗等各种文化、政治、学术活动。书院沿袭汉魏以来秘书省职掌著述、校理图书的政府功能，结合唐代政治、学术、文化发展的需要，这是唐代丽正、集贤书院出现的原因所在，也是中国书院的另一个源头所在。在书院发展史上，官府书院有着将千百年国家藏书、校书、修书及由此而辨彰学术的经验传输给新生的书院组织的桥梁作用，它在承认、肯定书院这一新生于民间的文化组织的同时，又赋予了其新的文化功能，使它在获取民间传统之外，又继承了一个来自政府的传统。从此以后，书院就在民间和政府这两大力量体系或单独或交织的影响之下开始了其辉煌的发展历程。

唐代民间书院至少有49所，再加上东西二都丽正书院3处，集贤书院5处，官民两者合计，唐代书院总数已有57所之多。合而观之，这一时期书院具有多种文化功能，虽然教育功能只是其中很不起眼的一部分，但官民两类书院中或讲学或教学，皆有养成人才之效，尤其是高安幸氏桂岩书院、德安陈氏东佳书堂（又作东佳书院、义门书院）或开馆授徒，或藏书教学，纯然是一个教学机构，它们和前述龙溪松洲书院，已经具备完全意义上的学校性质。①

五代十国时期，天下混乱达半个多世纪。但乱世中的士人并没有沉沦泯没，他们或读书林下以潜修养性，或结庐山中以藏书聚徒，在民间先后创建书院 12 所，兴复唐代书院 1 所，而且多数政权的中枢机构依然设立了集贤书院，设有学士诸职，继续着唐代以来固有的职能。②民间 13 所书院中，明确记载有教学活动的有 8 所，占总数的 61.54%，比例已经相当大，说明学校性质的书院已经逐渐成为主流。在这些学校性质的书院中，吉州太和（今江西泰和）匡山书院因曾得到后唐皇帝的赐额褒奖而引人注意。敕书中有"朕惟三代盛时，教化每由于学校；六经散后，斯文尤托于士儒。故凡闾巷之书声，实振国家之治体。前端明殿学士罗韬……寻因养病，遂尔还乡。后学云从，馆起匡山之下；民风日益，俗成东鲁之区。朕既喜闻，可无嘉励？"③等语。这是历史上第一个由皇帝发布的表彰书院的文告，意义非凡。首先，它标志着中央政府对民间书院的正式承认，书院从此具有了合法性。其次，政府对书院的认同，在于它有托斯文、裨风教，即能"振国家之治体"的学校功能，这表明自唐代龙溪松洲书院开始的教学活动经过二百余年的发展，已经得到了政府的肯定。这是最高统治者对具有学校性质的书院的首次认可与支持，可以视作书院教育发展的重要标志。然而，五代的书院毕竟太少，后唐统治的时间太短，而且影响的范围也太小，中国书院教育制度的真正确立还要留待宋代的读书人来完成。

---

① 邓洪波：《唐代地方书院考》，《教育评论》1990 年第 2 期。

② 邓洪波：《五代十国时期书院述略》，《湖南大学学报》2002 年第 2 期。

③ 转引自李才栋：《江西古代书院研究》，江西教育出版社，1993。

　　从宋朝建立（960）至庆历四年（1044）诏令天下兴学以前，八十四年间，书院替代官学运行，其教育教学功能得到强化，是中国书院教育制度得以确立的重要阶段。赵宋政权建立于战火之中，唐末、五代十国近百年的战乱，已经将盛唐时期建立的中央二馆六学和地方州县乡里之学等一整套学校教育制度破坏殆尽，斯文一脉仅存于逃祸山林的文人儒生。宋立国之初，除了恢复国子学之外，其他中央和地方官学皆无力顾及而任其瘫痪。这至少带来了以下两个矛盾：

　　首先，久乱初平，海内归一，穷居草野而无由显身的士人纷纷要求就学读书，这就形成了就学与无学可就的矛盾。于是，读书人沿袭前代做法，依山林即闲旷以讲授，聚书建院而群居，如朱熹在《衡州石鼓书院记》中所记，"前代庠序之教不修，士病无所于学，往往相与择胜地，立精舍，以为群居讲习之所，而为政者乃或就而褒表之"。①石鼓、岳麓、白鹿洞等著名书院类皆如此，聚生徒数十或数百人，可以满足人们的求学愿望。其次，新政权建立之后，需要大量人才为之辅佐治理，但官学不修，无处养士，人才的供需即成为矛盾。政府既然无力在短期内恢复官学系统造就治世之才，就只得转向民间，求助于唐代以来士大夫聚讲的书院和精舍了。因此，宋初八十余年的文教政策就是一面提倡科举，成倍地增加取士名额，一面鼓励书院，让其充当官学的角色，承担起为国家培养人才的主要任务。

　　士病无所于学，趋于书院；官病无所于养，取之书院。殊途而同归，经过官民双方的努力，以上两个矛盾得到了暂时的解决，而书院也在北宋蔚然兴起。据白新良先生的统计，全国明确记为北宋所建的书院有 71 所，②这

---

① 陈谷嘉、邓洪波主编《中国书院史资料》，浙江教育出版社，1998。

② 此71所，若再加上修复前代的书院及125所南北宋不详的书院中有一部分应属于北宋，估计北宋时期存在的书院会在100所左右。而据笔者统计，湖南北宋时期有12所书院，比白先生统计的8所多了4所，故北宋书院总数应远多于71所。

个数字已经超过唐五代书院数的总和。

最能体现北宋书院替代官学角色的是曾名列天下四大书院的宋初几所著名书院。北方以南京（今河南商丘）应天府书院为例。应天府书院是大中祥符二年（1009）二月二十四日奉诏兴建的，当时赐有院额，其院舍则为曹诚捐资改建宋初讲学名人戚同文旧居而成，"有学舍百五十间，聚书千五百卷"。曹诚因为"愿以学舍入官"，而被任命为书院助教，院务则令戚同文之孙戚舜宾主持。是院舍虽由士人捐建，但书院之成立则完全是中央政府诏令所致。天圣三年（1025），"给予解额三人"，即书院在地方乡贡之年，可以推选三人直接参加科举考试。天圣六年（1028）九月，任命王洙为书院说书。明道二年（1033）十月，又设置讲授官一员。[1]可见书院管理与教学皆由朝廷命官主持，学生享有解额特权，可以直接参加科举考试。范仲淹作《南京书院[2]题名记》，有"观夫二十年间，相继登科，而魁甲英雄，仪羽台阁，盖翩翩焉未见其止"等称赞誉美之词[3]，更能反映出应天府书院与科举关系甚深。此则书院代为官学养士，科举取士于书院的有力例证。两年之后，即景祐二年（1035）十一月初一日，书院奉命改为应天府府学，赐田十顷，终于名与实归，结束了其近三十年替代官学的使命。

南方潭州（今湖南长沙）岳麓书院则更为典型。开宝九年（976），知州朱洞创建岳麓书院于岳麓山抱黄洞下，以待四方学者，"有讲堂五间，斋舍五十二间"。咸平二年（999），知州李允则扩建，"外敞门屋，中开讲堂，揭以书楼"，塑先师十哲之像，画七十二贤，请辟水田以供春秋之祭祀，奏颁

---

① （宋）王应麟：《玉海》卷一六七，转引自陈谷嘉、邓洪波主编《中国书院史资料》，浙江教育出版社，1998。

② 应天府书院又名南京书院。

③ 陈谷嘉、邓洪波主编《中国书院史资料》，浙江教育出版社，1998。

图1-1　长沙岳麓书院

文疏而备生徒之肄业。咸平四年（1001）二月二十日，李允则以书院有生徒六十余人，请国子监赐经史典籍，以为讲诵之资。大中祥符五年（1012），山长周式以行义著，教授生徒数百人，知州刘师道再度扩建院舍。大中祥符八年（1015），其事闻于朝，真宗皇帝在便殿召见周式，拜为国子主簿，使归教授，并赐院额，增赐皇宫内府藏书。是为亘古未有之殊荣，岳麓于是名闻天下，鼓箧登堂者不绝于途。天圣八年（1030），山长孙胄因漕臣黄总之请而授以官。后来，兴官学，推行三舍法①于地方，岳麓书院遂与湘西书院、潭州州学连为一体，号为"潭州三学"。生徒以月试积分高等，由州学而湘西而岳麓逐级递升，岳麓书院地位已在州学之上。②

其他如衡州石鼓书院、江州白鹿洞书院、江宁府茅山书院、西京嵩阳书院，因地方政府之请，朝廷多有垂顾，或赐书，或赐额，或赐田，或封官嘉奖，皆得有名于世，成为影响一方的教育机构。

叙述至此，我们可以作一小结：在宋初八十余年间，分布于南京、西京、潭州、衡州、江州、江宁的"天下四大书院"，依凭着中央与地方官府强大的权力资源，扮演着替代官学的角色，它们和位居京师开封府的国子学一起，实际构成从地方到中央的官学体系，承担着国家最主要的教育任务。这种状况，一直到仁宗景祐年间先后改书院为州府学时才开始改变，到庆历兴学时基本结束。此其一。其二，"四大书院"替代官学数十年之久，挟其影响全国的显赫声势，强化了书院的教育与教学功能。从此，学校性质的书院成为主流，招收士子肄业其中成了书院最主要的特征，办学与否成了区分书院是否正宗的标准，影响所致，人们遂以教育教学为书院最主要的功能。其三，替代官学的宋初四大书院，可以视为中国书院教育制度基本成立的一个标志。作为一种比较成熟的教育制度，书院包含讲学、藏书、祭祀、学田四大基本规制。

通过以上的叙述，我们可以比较清楚地了解从书、读书人、书院，到具有学校性质的书院，到书院教育制度的形成这样一个历史发展过程。需要指

① 宋熙宁四年（1071），立太学生三舍法，将学生分为上舍、内舍、外舍三等。初入学为外舍，名额不限，春、秋考试两次；外舍选升内舍，名额二百员；内舍选升上舍，名额百员。上舍生优异者直接授官。学生各习一经，随所属讲官学习。元符二年（1099）后，三舍法逐步推广于地方官学。

② 杨慎初、朱汉民、邓洪波：《岳麓书院史略》，岳麓书社，1986。

出的是，书院教育制度的完善是由南宋理学家们完成的，张栻、吕祖谦、朱熹、陆九渊等大师的经营，使书院教育制度富有理性，充满理想，更具活力。有关情况，论者多有涉及，此不赘言。

第二节　书院教育是一种新的教育制度

书院究竟是一种什么性质的教育机构，历来是大家都很关心的问题，而且观点不尽相同，古代是这样，现代的研究者也是这样。今人的观点大致可以归纳为"私学说"和"特殊教育机构说"两大板块。私学说是传统观点，近又进化成高级私学、正规化私学、制度化私学等不同的版本，其核心是，认定书院是孔子以来中国私学传统的承接者，是有别于州县之学的乡党之学，其始也起于民间，终焉而未列入国家学校系统。20 世纪 80 年代书院研究重新兴起之初，持"私学说"者还具体分析历代情况，而有"说书院是私学，又有点讲不过去"的疑虑。[1]但其后，由于有很多研究者著文立论予以支持，再加上一些普及性读物宣传，到现在视书院为私学者几乎有成为定论之势。

"特殊教育机构说"是 20 世纪 80 年代出现的新观点。持论者论证时各有依据，有人从书院最初官私两立及后来官私交相影响处着眼，也有人考察书院性质，认为它与官学和私学一起构成中国教育史的三条线索，有着区别于官私二学的明显特点。[2]凡此种种，王卫平《试论古代书院的性质》、向群

---

[1] 章柳泉：《中国书院史话》，教育科学出版社，1981。
[2] 朱汉民：《书院研究座谈会纪要》，《岳麓书院通讯》1984年第2期。

《试论岳麓书院的性质》①皆有涉及。

在此，我们有必要从教育等级视角对书院教育的特殊性有个清晰认知。如果说书院站在历史的高度将官学与私学这两种教育制度进行综合与改造，那么，高等教育与基础教育的结合就是综合与改造的重要方面，这两个方面是相互联系的，改革前者必然影响后者。在中国历史上，高等教育一般属官学，主要是中央官学的范畴，而私学则一般属基础教育的范畴。

一、官学与私学

为什么官学一般属高等教育呢？

首先，中央官学属高等教育，其根据主要有两条：（一）中央官学规格和地位特别高，它直属朝廷领导，太学、国子学等，无论是学校主持人和教师的聘任，还是学生入学的挑选以及学生的出路，都直接由朝廷重臣负责。不管哪一个朝代，都将设置在京都且为朝廷所领导的官学视为最高学府。（二）中央官学是历代王朝"养士储材"的基地，早在汉代董仲舒就曾言道："养士之大者，莫大乎太学；太学者，贤士之所关也，教化之本原也。"②太学即中央官学，可见，兴办中央官学乃是为了培养统治人才。在明代，明文规定国子学的学生要实习吏事。分派国子生到中央吏部、户部、礼部、大理寺、通政司、行人司等高级衙门和机关实习吏事、历事或三个月，或一年，更有长达三年的。官学吏事生为入仕做官之捷径，无科场之苦，机会来得快，且官位高。既然历事即是做官，因此，学生"仍愿就科办事"，不愿回监就读。读书即是做官，官学的确是名副其实的为官之学。由此说明，中

---

① 王、向二文分见《岳麓书院通讯》1986年第1期、第2期。

② （东汉）班固：《汉书》卷五十六《董仲舒传》，中华书局，1962。

央官学是培养官吏的，除了一部分地方官学以外，其他学校都无此使命。尽管中央官学在以后的发展中出现了一些专业性质很强的学科，如律学、算学和医学等，但其目的也是为朝廷培养所需要的天文历算和太医一类的高级人才，而在古代，这类人才本身就意味着一种官职，是朝廷职官制度的组成部分。由此可见，中央官学的使命就是为朝廷培养合格的官吏，是一种为入仕做官做准备的高等教育。

其次，地方官学虽然情况比较复杂，难以一概而论，但有一点可以肯定，即就总体而言，它不属于基础教育。

（一）地方官学对生员定额都有严格的限制。以唐代地方官学为例。唐代规定：都督府学，大、中都督府学，生员六十人，下都督府学，生员五十人；州学，上州府学，生员六十人，中州府学，生员五十人，下州府学，生员四十人；县学，京县学，生员五十人，上县学，生员四十人，中县、中下县学，生员各三十五人，下县学，生员二十人。地方官学不仅有如此严格的生员定额，而且规定州县学生要由州县长官选送，这种教育显然不是以普及文化为目的的基础教育。

（二）地方官学实际上是中央官学的预备学校。宋崇宁三年（1104）曾有明确规定，州县学要为中央太学输送学生，其办法也是采用中央官学的三舍法，假若学生达不到培养目标，就要被除名，取消其学习资格。至清代，类似的规定进一步具体化了，对府、州、县生员资格有严格的规定：（1）"不通文义，娼优隶卒子弟"不能入学；（2）学生入学要经过严格的考试，并要呈报府或直隶州，由府或直隶州选录送呈本省学政，最后由学政于岁考取录合格者入学。其挑选十分严格，初入儒学者称附生员，入学后经过考试优等者称廪膳生，考试成绩次等者称增广生员。显而易见，府、州、县学并不是一般人的子弟都可入学的基础性教育机构。

（三）地方官学实际上也是培养和输送官吏的学校，"学而优则仕"，入学是为了做官。元朝就曾规定："世祖中统二年，始命置诸路学校官，凡诸生进修者，严加教诲，务使成材，以备选用"，"自京学及州县学以及书院，凡生徒之肄业于是者，守令举荐之，台宪考核之，或用为教官，或取为吏属"。①这说明地方官学和中央官学一样，也是"养士储材"之所，即是直接培养和输送封建官吏的地方。至明代，朝廷更是把地方官学是否出人才作为考核学官成绩的标准。洪武二十六年（1393）颁发的《学官考课法》，就以中试举人多少作为判定一个学官成绩之优劣的标准。一般规定：学官为九年任期，在此任期内所教学生，如府学中试举人九人，州学六人，县学三人，那么学官便是成绩上乘者；如果中试举人极少，或者根本没有，那么学官的成绩便为劣等，即为不合格。虽然这是对学官的考核，但实际上是以中试举人多少为标准，来衡量府、州、县学的优劣，这就说明地方官学是为科举服务的，是直接为统治阶级培养官吏的。

综上所述，府、州、县一类的官学不属基础教育。从它们的生员定额、从他们为中央官学的预备学校，或者从它们是"养士储材"的基地，即直接为统治阶级补充官吏，都可以看出地方官学兼有高等学校和中等学校的性质。毫无疑义，这不是基础性教育的范畴。

因此，我们完全可以说，在中国古代的官学，无论是中央的还是地方的，虽有一部分属于中等教育，但就其总体而言，都是属于高等教育的范畴。书院对官学和私学的综合与改造，无疑就意味着对高等教育与基础教育的综合与改造，意味着中国古代教育正在发生一场深刻的变革，产生了一种与官学和私学相并立的新的教育。

翻开中国的教育史，宋代以前几乎是一部官学史，一部高等教育史。不管哪个朝代，都无例外地投入大量的财力和人力，创办大量的高等学校，

---

① （明）宋濂等：《元史》卷八十一《选举志》，中华书局，1976。

并专门设置管理高等学校的机构。这在汉代似乎已成定制，汉时已设置有太学、鸿都门学。到魏晋时期，除了太学以外，又设置了国子学。到隋代，高等教育有了进一步的发展，计有国子学、太学、四门学、书学、算学。至唐代则有"六学二馆"，即国子学、太学、四门学、律学、书学、算学和弘文馆、崇文馆。宋代基本沿袭了唐制，除了"六学"之外，还设立了画学，另外以广文馆代替了唐的"二馆"。元代因为是蒙古族主政，故而对高等学校有所调整，设置国子学、蒙古国子学与诸路蒙古字学等，明清时期的高等学校仍沿袭旧制。以上材料足以说明，历代王朝对高等教育是极其重视的。

基础教育在古代社会则完全是另一种情形。在中国历史上，真正带有民间性质的基础教育是在官学以后出现的，具体而言，就是从孔子办私学、提倡"有教无类"开始的。但就在私学出现不久，统治阶级便意识到如任其发展，必不利于自己对教育的控制，所以楚国的吴起变法和秦国的商鞅变法，都提出了"塞私门"的主张，即严禁私学，取缔私门授徒。到汉代，虽然有了一些进行基础教育的学校，但数量少，不具有普及性。汉代曾为贵胄子弟设立了"四姓小侯学"，这虽是一种程度较低的学校，但只限于东汉外族樊氏、郭氏、阳氏、马氏四姓贵族子弟入学，与广大的平民子弟无缘，这是一种教育特权的表现，范围极其狭小，算不上是真正意义的基础教育，是一种贵族教育。在汉代真正具有基础教育意义的是"书馆"。王充在《论衡》中曾自述：

八岁出于书馆。书馆小僮百人以上，皆以过失袒谪，或以书丑得鞭。充书日进，又无过失。手书既成，辞师受《论语》《尚书》，日讽千字。

经明德就，谢师而专门，援笔而众奇。所读文书，亦日博多。①

　　然而这种启蒙性质的"书馆"，多由民间自发创办，得不到政府的支持，因而极不稳定，其作用和影响也极其有限。真正把基础教育纳入国家的教育体系，似乎在唐代才出现。唐代宗宝应二年（763），给事中李栖筠关于广开学校奏议中就提到"虽京师、州、县皆有小学，兵革之后，生徒流离"，②要求加以恢复。宋神宗熙宁时，朝廷诏令也提到了小学的设置。哲宗时，"凡诸王属尊者，立小学于其宫，其子孙，自八岁至十四岁皆入学"，③并且又在诏令中提到"仍置小学教授"。虽然如此，基础教育仍限制在很小的范围之内，很不发达，到元代似乎才有了些起色。元世祖中统二年（1261）诏令地方办儒学时说道："江南诸路学及各县学内，设立小学，选老成之士教之，或自愿招师，或自受蒙学于父兄者，亦从其便。"④表面上看朝廷对小学似乎很重视，然而细释其诏令，并无实质性的支持措施与内容，只提到"亦从其便"，这充其量是承认了小学存在的合法性，简而言之，即承认了基础教育存在的必要性罢了。到明代，出身寒微的朱元璋登基后，似乎对民间一类的学校想要有所作为。洪武八年（1375）诏令天下设社学，仿效元代，农村五十家设一所社学。但基础教育的发展，意味着教育的下移，不利于统治阶级对教育的控制，也难以为统治阶级培养所需要的人才，因此这一诏令很快就停止执行了。清代的情形与前代相类似，此处不作赘述。

　　若将上述材料与前述高等教育的发展情况作一比较，我们不难发现两者之间存在着天壤之别。无论是在教育中所处的地位，还是政府的支持程度以

① （东汉）王充：《论衡》卷三十五《自纪》，陈蒲清点校，岳麓书社，1991。

② （宋）欧阳修、宋祁：《新唐书》卷四四《选举志（上）》，中华书局，1975。

③ （元）脱脱等：《宋史》卷一五七《选举志》，中华书局，1977。

④ （明）宋濂等：《元史》卷八十一《选举志·学校》，中华书局，1976。

及财力与人力的投入，基础教育都无法与高等教育相比拟。高等教育与基础教育相脱节，高等教育的发展并不意味着基础教育的发展，有时恰好是相反。历史的情形常常是这样的：当一个王朝建立之初，似乎都有一个兴办官学和高等教育的热潮，以满足其培养统治人才的需要。然而在中国古代，每次兴办官学的热潮几乎都不包括基础教育在内，也就是说，把基础教育排除在此之外。更有甚者，为了发展高等教育而压制基础教育，明代掀起的大规模压抑和废毁书院，尤属这种情形。因此，在中国古代，基础教育不受重视，受到冷落而得不到应有的发展。

二、书院不同于官学与私学

在书院出现之前，中国古代社会高等教育与基础教育发展相脱节的情形，影响到整个教育的平衡发展，尤其影响全社会整体文化素质的提高。教育是人类文明的圣火，无知是智慧的黑夜，要提高国家和民族的文化素质，必须做好基础教育。基础教育落后就意味着国民文化素质低，意味着社会文明落后。因此，促进基础教育的发展，乃是历史发展的一种必然要求，书院教育正是顺应这种历史要求而出现的。书院教育打破了高等教育与基础教育互不相干的局面，把两者均纳入自身的教育体系之中，形成了涵盖高等教育和基础教育在内的多层次的教育系统，培养人才、传承和发展文化、化育人生等多方面的教育职能在书院教育体系中都得到了充分的体现。

尽管具有悠久历史的传统私学也多属基础教育范畴，但是传统私学是一种自发性的教育，不仅很不稳定，而且因受到很大限制而难有发展。书院教育则不是这样，它是一种制度化的教育组织形式，一出现便成为基础教育的生力军，同时，也引起了基础教育的质的变化。从这个意义上来说，书院又是对私学亦即是对旧的基础教育的一种改造与发展。

同时，书院对官学亦即旧的高等教育也做了相应的改造。在书院多层次的教育体系中，包括了高等教育和中等教育这两个层次。书院除了担负着基础教育的重要使命之外，还具有为官学提供后备生源、为统治者输送官吏的职能。可以这样说，高等教育和中等教育是书院教育不可分离的组成部分。一般来说，省城书院和府、州、县类书院便属于高等教育和中等教育这两个教育层次。其共同特点是，分布在城市，规模大，程度高，招生地域广，对学生考核严格。这类书院因为在历史上便属于高等教育和中等教育，因此，在书院改制以后，也就直接成为了大学。如岳麓书院之于湖南大学、求是书院之于浙江大学，就属这种情形。另一部分书院改学堂之后，直接变成了中等学校。

为了说明这点，我们不妨对清代书院因改制而变为近代不同层次的学校做一局部的统计，以窥其书院高、中、低三级教育的结构体系。如广东，全省书院84所，改制后，小学堂49所，占总数的58%，中等学堂19所，高等学堂1所（后又改为省立广雅中学），其余为其他性质的学校。又如山东，全省书院计有84所，改制后，小学堂68所，中学堂12所，高等学堂1所，其余3所为其他性质的学校。湖南改制时有书院54所，改制后，小学堂44所，中学堂8所，高等学堂2所。根据我们对其他省份如河南、甘肃、贵州、河北、青海、宁夏等的统计，其情形亦大体相同，在此不一一列举。上述材料充分说明，书院确是包含了高、中、低三级教育层次的教育体系。书院改制后不同层次的学堂，归根到底是由书院本身不同层次的教育类型决定的。也就是说原来高层次的书院改制直接变为高等学堂，而大量较低层次的书院则成为小学堂，除此二者之外，还有一部分直接成为中等学堂。反过来说，改制后出现的高、中、低三种学堂是古代书院多层次教育体系的体现，也是证明书院高、中、低层次性教育结构的最有力的根据。

古代书院确实实现了高等教育与基础教育相结合，形成了一种新的教育制度。这种结合不是高、中、低三级学校的简单聚合，而是教育史上的一次深刻变革，其意义是多方面的。它从根本上改变了高等教育与基础教育相脱节的状况。从事初等教育的书院占绝大多数，因此，书院把基础教育真正放到了教育的首位，改变了过去高等教育畸形发展的局面，基础教育为高等教育的发展提供了坚实的塔基。

在这些变化中，尤在中国教育史上具有里程碑意义的是，书院教育改变了中国历史上长期轻视素质教育的倾向，结束了素质教育与应试教育相分离的状况。众所周知，素质教育是一个国家和民族教育的基础，它担负着培养和提高民族素质的神圣使命。任何一个人都应具备一定的素质，其中包含文化、道德、政治等多方面的素质。然而，素质不是天生的，必须依靠教育来培养和提高。由于此种意义上的教育是每个人应该接受的教育，所以称之为基础教育，亦称之为素质教育。从教育的分序来说，这属于初等教育。如前所述，绝大多数书院正是属于这一范畴，它们直接承担着素质教育的任务。可以说书院不仅继承了素质教育的传统，而且把这种教育推进到了一个新的发展阶段，使之向普遍性的方向发展。所以，在很大的程度上说，书院教育是一种素质教育。

但是，书院从另一方面来说又是一种应试教育，应试教育在书院中占有一定的比例。如分布在府、州、县及省城的书院，大都属于这类性质的教育。府、州、县书院是为高一级学校提供生源，或者说在此所进行的一切教学活动都是为了升学服务，省城书院则担负着科举应试的任务。所以书院教育不像官学那样，把应试教育与素质教育看成是相互排斥的两极，把两者绝对分割开来，恰恰相反，它把两者结合在一个教育体系中，形成一个相互融洽、相互协调的多层次教育结构体系。自古以来，应试教育是社会教育的一个重要组成部分，一个社会要发展精英文化，为统治阶级培养统治人才，就有赖于应试教育，而教育也正由此显示出它的作用和影响。毫无疑义，书院在教育中要确立自己的地位，提高自己的规格和社会影响，特别要在官学的压制中保持自己的独立性，就必须去占领应试教育这个领域，否则，书院就无法与官学竞争。因此，切不可以为书院参加科举应试就变成了官学的附庸。历史已经证明，书院在应试教育中也发挥了重要的作用。而书院本身所具有的应试教育和素质教育兼而有之的特点，正是书院独特之处的重要表现。说到底，这是书院将高等教育与基础教育相结合的过程中所带来的深刻的教育变化，它的出现标志着中国教育史上的深刻变革。

我们认为书院是不同于官学与私学的一种独特的教育制度，它是中国士人为了满足自身日益增长的文化教育需求，在新的历史条件之下，整合传统的官学、私学以及佛道教育制度的长处，创造并日渐完善的一种新的学校制度，自唐宋尤其是宋代以降，它和官学、私学鼎足而三，支撑着中国古代社会的教育事业。近代，当中国面对西方、走向世界时，它又以开放之势接纳西方学校制度与先进的科技知识，成为连接古代与近现代教育的桥梁，贯通了中国教育的血脉。主要观点有四，兹简述如下：

第一，书院既有官办，又有民办。如同书院起源于官民二途一样，书院教育事业历来即由官民这两种力量共同推动。唐宋以来，书院就有官立民立、官办民办、官建民建之分，抑或官办民助、民办官助之别，而且历元明清数百年，这种情况一直没有改变，此有两组数据为证：

一见于曹松叶先生《宋元明清书院概况》一文，发表于 1929 年 12 月至 1930 年 1 月间的《中山大学语言历史研究所周刊》第 10 集第 111～114 期中，谨将其历代书院创设兴复改造人物情况汇总如下：

表 1-1　宋元明清书院创设兴复改造人物统计表

朝代	统计	类别							
		民	官				不明	其他	合计
			地方官	督抚	京官	敕奏			
宋	院数	182	88	18	22	7	67	13	397
	百分比	45.84	22.17	4.53	5.54	1.76	16.88	3.28	
			34.00						
元	院数	83	42	18	6	2	51	20	222
	百分比	37.39	18.92	8.11	2.70	0.90	22.97	9.01	
			30.63						
明	院数	184	635	135	58	4	180	21	1217
	百分比	15.12	52.18	11.09	4.76	0.33	14.79	1.73	
			68.36						
清	院数	182	1088	186	6	101	210	27	1800
	百分比	10.11	60.45	10.33	0.33	5.61	11.67	1.50	
			76.72						
合计	院数	631	1853	357	92	114	508	81	3636
	百分比	17.35	50.96	9.82	2.53	3.14	13.97	2.23	
			66.45						

　　二见于 1997 年出版的《中国书院制度研究》第 354 ～ 361 页，兹将其历代书院建设情况汇总如下表：

表1-2 唐五代宋元明清书院创建情况统计表

朝代	统计	类别				
		官办	民办	不明	其他	合计
唐、五代	院数	3	39	5	0	47
	百分比	6.38	82.98	10.64		
			93.62			
宋	院数	108	502	101	0	711
	百分比	15.19	70.60	14.21		
			84.81			
元	院数	51	181	63	1	296
	百分比	17.23	61.15	21.28	0.34	
			82.43			
明	院数	972	507	216	4	1699
	百分比	57.21	29.84	12.71	0.24	
			42.55			
清	院数	2190	935	721	22	3868
	百分比	56.62	24.17	18.64	0.57	
			42.81			
合计	院数	3324	2164	1106	27	6621
	百分比	50.20	32.68	16.70	0.41	
			49.39			

在我们近些年的统计中，新发现有 424 所书院既无创建年代，又无创建人，以中国古代官本位的社会特色，一般不会是官府或官员所建，因此可以将其归于民办之列。这样，上表又可以修正如下：

表 1-3　传统书院创建情况总表

统计	类别				
	官办	民办	不明	其他	合计
院　数	3324	2164	1530	27	7045
百分比	47.18	30.72	21.72	0.38	
		52.44			

　　两组数据的统计时间相隔近 70 年，其所掌握的统计资料多少不一，统计出的官民比例容有区别，但历代平均之后的数值，官办比例前者为66.45%，后者为 50.20%（或作 47.18%），即官办书院超过半数或接近半数。这表明在推动书院的建设中，官、民是旗鼓相当的两支力量。这个统计数据对于判断书院的性质至关重要，但似乎以往任何一派论者都没有重视，其结论也就不可避免地有着以偏概全的毛病。

　　第二，分而视之，官办书院与官学同创于官府，具有同源性；民办书院和私学同创于私人，具有同根性。官办书院与官学的同源性使书院拥有官府的强大力量，可以获取合法甚至正统的社会身份，克服生存困难，从而发展壮大；同源性也带来了官学的影响与传统，使书院具有某些与官学相若相同的组织形态特征，形成正规化、制度化特色。民办书院和私学的同根性使书院赢得广大士绅世世代代的热情支持，其力较之官府虽显单薄，但绵长、持久而深厚，没有官方力量式微或消失所带来的困境，以天长地久的滋润推动书院成长发展；同根性也同样带来了私学的传统与影响，使书院具有某些与私学相似相同的精神风貌，形成自由讲学、为己求学、注重师承等气质、特色。

　　第三，统而言之，官府与民间两种力量相辅相成，交互推进，使书院千年不衰而弦歌长奏，让儒家文明传遍神州，移植海外；而官办书院和民办书院的长期并存，使官学与私学这两种不同的教育传统，对书院形成既交相影响又相互制约的合力，使其不至于从总体上变成完全的官学抑或完全的私学，但又长期保持某种官学与私学成分并存的结构态势，形成一种似官学而非官学，似私学而非私学的整体生存特色，并进而以这种特色与传统的官学和私学完全区别开来，成长为不同于官学与私学之外的全新的教育体系。

第四，书院教育制度除了借鉴同属于儒家体系的官学与私学的经验之外，还汲取佛教精舍与道家清规的养料，因此，佛道教育与官私两学一起，可以视作书院教育的三大主要来源。

第三节　书院教育是一个独立的教育体系

在千余年的发展中，书院能够满足不同时期、不同地区、不同人群的不同的文化教育需求，自成一体，成长为一个涉及不同教育领域、不同教育层次的可以独立运作的教育体系。

一、书院的教育对象十分宽泛

从年龄上讲，从童蒙至成年，书院的施教对象包括了各个年龄层次的人。一般来讲，书院级别越低，入院肄业者的年龄越小，反之年龄就越大；家族、乡村书院生徒的年龄较小，州县书院生徒的年龄较大。因此，大体而言，书院生徒年龄可以划分为未成年与成年这样两个大的区段。

未成年这一区段的生徒，在古人笔下多数笼统记作诸子、宗族子弟、乡人子弟、童子、小子、幼学者等，如宋人袁甫在《金斗书堂记》中，就说"书堂之建，将聚乡族之子弟而教之"[1]。又如清人黄文炜作《酒泉书院记》称，"析其舍为两院，一课成人，一训小子。择州文学二人为之师。余复敦延名宿开扶风之帐，集道辖之贡监文武生童月课而岁程焉。"[2]提到具体年龄的文献不太多，兹择一二介绍如下：

宋代筠州乐善书院，是一所培养赵宋王朝宗室子弟的特殊机构，相当于小学程度。嘉泰三年（1203）创建，由"尊属司选宗子幼而未命者"肄业，"以二十人为额"。据记载，宋制诸王宫设小学教宗子，原来规定："七岁入小学，能诵《孝经》《论语》，升大学。"熙宁、元祐之后，改为"八岁至十四岁者检举焉"[3]。据此可以推知，乐善书院的那些"幼而未命"的生徒，皆是七岁至十四岁的宗室子弟。

清代安徽休宁还古书院，康熙年间制订的《还古书院会规》规定："凡十五岁以下童子来听者，例不供给。如有志听讲，须浼亲友介绍，先具名帖，登名后上堂拜圣，叙次而坐。如无介绍名帖而入者，例不供给。"[4]院中以成人为主，但不反对十五岁以下的童子入书院听讲，可见院中生徒当有十五岁以下的童子。

清代台湾府彰化县白沙书院，知县杨桂森于嘉庆十六年（1811）制订的学规，最后三条分别是"作全篇以上者之学规""作起讲或半篇之学规"

---

① 陈谷嘉、邓洪波主编《中国书院史资料》，浙江教育出版社，1998。

② （清）黄文炜：《酒泉书院记》，转引自陈谷嘉、邓洪波主编《中国书院史资料》，浙江教育出版社，1998。

③ （宋）周必大：《筠州乐善书院记》，转引自陈谷嘉、邓洪波主编《中国书院史资料》，浙江教育出版社，1998。

④ 邓洪波：《中国书院章程》，湖南大学出版社，2000。

"六七岁未作文者之学规"，①可知白沙按是否作文将一院生徒分为三等，年龄最小的只有六七岁。

　　书院生徒中成年人最多，一般情况下，凡童生、生童、生监、贡生、举人等都是。具体到年龄，十五岁作为古代大学与小学的分界线，可以算作公认的成年人的下限。这从上引材料可以看出，或许这与孔子这位圣人十五岁而志于学有关，连外国教会书院也遵守中国人的这一习惯，如青岛德国同善会礼贤书院就规定："本书院录取诸生，小学堂学生当有蒙学教育，年在十岁以上者，方可考入。中学堂学生除本院小学毕业选升外，须有小学毕业及相当之程度，而年在十五岁以上十八岁以下者为合格，过二十岁以外，概不收录。"②鉴于童生没有严格的年龄限制，也有的书院将十六岁定为一个门槛，如福建南安诗山书院就规定："童生十六岁以下，宜先读《孝经》《小学》《四书》《六经》，以植根柢。"如果上述这些书"未经读毕，切不可躐等，遽教以子、史、时务等书，致荒本业而坏初基"。③

　　元代建康路儒学及明道、南轩书院有规定：儒生五十岁以下者，只参加"月课"，而"三十岁以下者，各各坐斋读书，延请讲书训诲，每日每习"。④可见，生徒主体虽是三十岁以下的人，但其上限已经到了五十岁。如果再考虑到清代书院时常有年龄六七十岁，甚至七十余岁的老学生应试糊口的记载⑤，那么，我们可以说，书院可以为从六七岁到六七十岁各个年龄层次的

① 邓洪波：《中国书院章程》，湖南大学出版社，2000。

② 蔚礼贤：《礼贤书院更定章程》，转引自邓洪波：《中国书院章程》，湖南大学出版社，2000。

③ （清）黄懋和：《诗山书院课规十则》，转引自邓洪波：《中国书院章程》，湖南大学出版社，2000。

④ 《行省坐下监察御史申明学校规式》，转引自陈谷嘉、邓洪波主编《中国书院史资料》，浙江教育出版社，1998。

⑤ 陈元晖、尹德新、王炳照：《中国古代的书院制度》，上海教育出版社，1981。

人服务，满足他们各自不同的需求。当然，书院服务的最主要的对象还是十五至三十岁这一年龄段的人。

书院是儒家教育机构，其主要服务对象当然是儒家士人，但是不排斥其他人等。如明代常熟虞山书院就规定，"孝子、顺孙、义夫、善士、寿官人等曾经表扬者，及山林隐逸众所推服者，俱许依诸生列坐而听讲，俱登名宾簿"；"百姓无论远近，其年高者或年虽少而颇知义理者，如有志听讲，俱先一日或本日早报名"，均可到院听讲；"释子①、羽流②虽非吾类"，但不管是"悔悟而来归者"，抑或是"自负自高"者，皆"不妨姑令听讲，许坐于百姓之列，若有所讲说，许上堂立论。若果有见，许坐于诸生之后"。③也就是说，无论年高年少，都可入院学习，就是那些不相信儒者之说的佛教徒与道士，也可进入书院听讲，甚至可以登堂讲说，进行学术交流与切磋。

总体来看，无论从年龄还是身份上来讲，书院的教育对象都十分广泛，内含"有教无类"的精髓，此则正是书院教育体系得以建立的宽厚基础。

二、书院的教学内容包罗甚广

书院教学内容可以分成普通文化知识、高深的学术研究、特种知识与技能等三大类别，形成大体与之对应的普通书院、学术型书院、专科类书院。

古代社会的普通文化知识，是指儒家的基本理论与基础知识。书院作为儒家的一种教育机构，当然以传播儒家思想与知识为天职。而自科举制度确

---

① 释子，僧徒的通称。

② 羽流，这里指道士。

③ （明）耿橘：《虞山书院会约》，转引自陈谷嘉、邓洪波主编《中国书院史资料》，浙江教育出版社，1998。

立，国家以经史词章取士之后，围绕着科举考试而组织教学也就不可避免地成为一种趋势，作为与科举始终相随的书院，其教学内容也就自然地表现为科举考试命题范围之内的经史词章了。其结果是，即使人们不断批评，从事举业时文的书院仍然还是占了绝大多数，历朝历代，概莫能外。甚至有论者直指书院变成了科举的附庸。这是一种无可奈何的事实，但仍然有其积极的意义。因为，科举的内容尽管不是儒家思想知识体系的全部，但在代圣贤立言的旗号之下，它无疑也就包含了儒家最基本的理念与最基础的知识。福建诗山书院规定十六岁以上童生必须先熟读《诗经》《小学》《四书》《六经》"以植根柢"，这是应试者所要掌握的最起码知识。四川潼川府草堂书院在府属各县招生，是较高一级的书院了，其清乾隆年间的条约规定："诸生既习举业应试，则五经、四子书、公（羊传）、穀（梁传）、左（传）、史（记）、东西汉（史）、魏晋八大家、陶杜诗、韩苏文，以及《性理通书》《近思录》等书，均宜留心讲玩。"①这是一个习举业应试者所要研读的书目，实际上包含了经史文学方面最基本的内容。因此，哪怕是以传授应试这些已经"缩水"了的文化知识为任务的普通书院，其历代绵延本身，也起到了维持、普及、推广儒家思想的作用。在所有书院中，以普通文化知识为主要教学内容的要占绝大多数，广大的家族、乡村以及州县各级官府书院，都在其列，分布的范围也很广。书院在如此广阔的时空之内普及文化知识，本身所具有的意义就非同小可，足以引起我们的重视。

　　传播高深知识，研究高深学问的书院，从数量上来讲是极少的。历代学术名家如朱熹、张栻、吕祖谦、陆九渊、王守仁、湛若水等理学大儒，戴震、钱大昕、姚鼐等朴学大师及其有名于时的高足弟子们主持的书院，毫

---

① （清）沈清任：《草堂书院禁饬条约》，转引自邓洪波：《中国书院章程》，湖南大学出版社，2000。

无疑问要归于此列。明清时期开始出现的省会书院，尤其是清雍正十一年（1733）奉诏设立于总督巡抚驻节之地的20余所省会书院，山长皆一时名流，生徒为一省精英，成为各省的文化教育中心。这些书院的生徒虽然也参加科举考试，但其教学授受重在德行道义、学术传承，已非一般时艺帖括之事，因而也可归入学术型书院之列。这类书院的教学内容，因为学术追求的不同，也各有区别，兹举清代两例，以见其概。

其一，道光年间，素有"福建通儒"之称的陈寿祺主持福建省城鳌峰书院十一年，他"整肃课程"，制订了《鳌峰崇正讲堂规约》，在第五条"择经籍"中，分经说渊薮、小学阶梯、史学川渠、考订之书、经济之书、子部集部等几大类，开列了一个包括近百种图书的书目，要诸生学习，认为"学焉而各因其性之所近"，无论聪颖或迟钝者，"皆可日积月累，以底充富"。事实上，他也是"悉发藏书"，要诸生"博观而精择之"，"日稽其课，月考其能"，不拘一格，"经史文笔因所长而裁成之"。史称诸生初以为苦，久之悦服，后来多成实学异能之士。①支伟成《清代朴学大师传》将陈寿祺列为吴派经学家，其主讲鳌峰书院，教学内容既重经史考订，也以经济之书为问政津梁而不放弃，强调"博学而屡守之"，颇具汉学家特色。

其二，康熙年间，豫中名儒李来章，主讲河南嵩阳、南阳、紫云等书院，又在任广东连山县知县时建连山书院讲学。其学有家承，以倡导理学为己任，所到之处即推销其《南阳书院学规》中的"读书次序"。它开列近六十种书目提要，多为儒家经书及宋明理学家著作，其大要"先以立志端其趋向，首标《孝经》《小学》以培其根本，体诸身心性命之微，严之戒惧慎独之际，验之日用伦常之用；以存心为主宰，以天理为浑涵，以持敬为功夫，而彻始彻终，贯之以一诚"。非常明显，李来章与陈寿祺不同，在书院教授

---

① 陈谷嘉、邓洪波主编《中国书院制度研究》，浙江教育出版社，1997。

的内容颇具清代理学特色，在当时有一定的代表性。如果能将其开列的五十余种书籍用力精研，寻求通透，必能成为一个影响一方的理学家。

需要指出的是，虽然以高深学问为教学内容的书院不是很多，但历代皆有，它们以培养学术种子为己任，带动学术创新，使儒学常新，下启普通书院而导其流变，影响一代学风，于教育、于文化的发展都具有重要的意义。

图 1-2　河南嵩阳书院

书院除了研究教授以程朱理学、陆王心学、考据之学等为主的儒家学术思想、文化基础知识，以及攻习帖括制义等科举之业之外，还关注特种知识与技能的教学，出现了专门教授医学、军事、标准化语言乃至综合性学科的书院。清代颜元在漳南书院设理学、经史、文事、帖括四斋之外，又设艺能、武备二斋，教以水学、火学、攻守、营阵、水陆、射御、技击等。从事医学教学的书院出现在元代，由蒙古族人千奴创建于山东鄄城，叫历山书院。历山书院办学至少有 20 余年之久，院舍完整，藏书丰富，有学田，聘师教其子弟与乡邻，诸生暇日习射，学文之外又习武。考虑到就医不方便，"复藏方书"，聘请医师，"以待愿学者与乡之求七剂者"。也就是说，书院设有文学之师和医学之师，开展文、医两科教学，学生学文学医之外还兼习军事，医师除教学之外，还要接待"乡之求七剂者"，设立门诊，开展实际的医疗活动。

书院进行军事教学的更常见，从唐代开始，历宋元明清都可以找到例证。一般的情况是在院中设立射圃，添置弓矢，让诸生在学文的同时兼习武事，以求达到文武双全的理想境界，其活动更多的是像今日的体育课，强身健体的目的大于习武从军的成分。明清开始，在文武并进的诉求声中，武军成分有加大的趋势。嘉靖年间，江西九江有以"射圃"命名的书院，有肄武书院，辽阳也建立了武书院，招武臣子弟或武举人肄业，命知文学者任教，以武经、六艺为教学内容，学生参加武举，有二十余人考中武进士。这标志着书院军事教育已达到一个更高层次，并和武举相结合，正式成为国家培养专门军事人才的机构。清代后期，外国侵略者入侵，除了今四川、湖北、江苏、福建、宁夏、吉林、张家口、呼和浩特等地八旗将军建书院以图策应之外，有些文书院加招武生童肄业，如吉林长春养正书院就是这样，并制订了《兼课武生童章程》以规范其事。湖广总督张之洞改革课程，在两湖、经心、江汉三书院设置兵法课，以兵法史略、兵法测绘学、兵法制造学教士，并附以体操课，"以强固身体"。凡历代兵事方略、测量山川海道形势、远近营垒、炮台体式、绘画成图、枪炮鱼雷制造、行军电报、行军铁路等皆为"初基"课程，其内容已大不同于中国固有的兵家理论，多系引进的外国先进军事技术，实为书院进行近代军事教育的开始，亦得视作中国书院近代化的标志之一。

标准化语言语音教育始于清代雍正六年（1728）的正音上谕，在广东、福建等方言特别难懂的地区推广，所不同的是，广东多设官学，福建则建正音书院。闽省（包括今台湾省在内）共有正音书院 112 所，其中 110 所是雍正七年"奉文设立"的，属典型的"奉诏旨所建"的官方行为，书院设有正音教习，且规定期限改方言而讲官话，否则不能参加科举考试。自雍正六年至乾隆九年（1744）近二十年时间为正音教育的全盛期，持续到乾隆末年。正乡音而习官话是正音书院的唯一任务，也是它最主要的教学内容。院中生徒主要是十五岁以下的少年，前期因为有不通官音即停科考的规定，故常常有很多成年人"补课"其中。以正音书院为主而展开的官话教育，虽然作为一场官府发动的运动是失败了，但它所从事的语言语音教育事业以及它所拓展的文化意义却不容忽视。

　　书院不仅在古代能够承担起"正音"的任务，对推广官方标准化语言多有贡献，而且在近代，当中国与外国交往之时，它又担当起进行外国语言文字的教学工作，成为中西文化交流的纽带与桥梁。开展外国语言文字教学的书院集中在通商口岸和边境省份，涉及的语种至少有英语、俄语、法语、德语、意大利语、日语。教学的形式，既有兼习，也有专攻。如光绪十三年（1887）创建的吉林珲春俄文书院是一所专门的外语教育机构；十年之后，王先谦在"称名最古"的岳麓书院新设译学、算学，与传统的经、史、掌故并立为五门课程，以外语（译学）为一新的学科教学内容，令诸生兼习。外国语言文字成为书院的教学内容，使人们获取了睁眼向洋看世界的工具，它极大地扩展了中国士人的文化视野。从此，与传统学问完全不同的新学、西学，包括声光化电等在内的近代科学技术知识源源涌入，更新着读书人的知识结构，推动着中国近代化的车轮奋然向前，这又是书院教授外语最积极的文化意义所在。

　　综上所述，书院的教学内容广博深厚，举凡古代社会的知识体系、近代西方的科学技能，尽皆收入其中，其势开放，无官学之僵硬保守而显活力，无私学之隘小细微而呈恢宏，师生授受之知识结构具有完整性，这正是书院涉及不同教育领域，从而自成一统，长久存在的原因所在。

三、书院的教学程度，从低到高，有着不同层次

20世纪30年代，柳诒徵先生就注意到了书院教学程度高低不同的情况，称"其卑者类义塾，其高者乃后之谓文科大学，或文学研究院"[1]。但近来，有学者强调书院生徒的年龄多在15岁以上，援古代大学、小学之义，而持书院为大学说，对书院教学程度高低不同的情况不予重视。其实，书院教学程度高低不同是一个客观存在的事实，只是其表现形式不尽相同，具有多样性，涉及到不同层次。概而言之，有大学、小学两个大类，而大学、小学各自又可分成不同的级差。其具体情况，容分述如下。

其一，程度高低不同的书院，通过某种机制组成联合体，在相互比较中可以看出其等级差异。宋代最典型的例证是见于《宋史·尹谷传》的"潭州三学"，潭州州学、湘西书院、岳麓书院三学以生员月试积分高等而递升，三学为三个层次。类似的情况在清代也出现过。乾隆年间，长沙岳麓、城南两书院隔江相望，虽同属省会书院，但岳麓在全省招生，城南在全长沙府招生，程度有别。湖南巡抚陈宏谋规定，每年年底"将两书院生童传齐汇考一次，核其有无精进，以定次年去留。城南书院生员中有佳者，送岳麓书院"[2]。

宋代的另一例在今江西，由江东提举袁甫实施，事见其《番江书堂记》：

---

① 柳诒徵：《江苏书院志初稿》，《江苏文献》1942年第7、8期。

② （清）陈宏谋：《申明书院条规以励实学示》，转引自陈谷嘉、邓洪波主编，《中国书院史资料》，浙江教育出版社，1998。

或问余曰："子创象山书院于贵溪，兴白鹿书院于庐阜，而又建番江书堂，何也？"余曰："子岂知余心哉！"……两书院盖士友所宗之地，振而起之，责实在余。故凡士愿处象山若白鹿者，名随其行辈与其望实，或畀领袖之职，或在宾讲之选，衿佩咸集，彬彬可观矣。而余之所深虑者，已成之材虽易于振拔，而后来之秀未保其嗣续。况士友之纷至，非接其话言、参诸履行，则未可得其为士之实。于是，选通经学古之士，率生徒而课之，余暇日亦数加考察。俟其立也，乃分两书院而肄业焉。此番江书堂之所以建也。①

　　非常明显，作为一种预备学校，番江的程度要大大低于"士友所宗之地"的象山、白鹿二书院。番江书堂在饶州鄱阳县，位于贵溪、庐山两地之间，有达源、止善、存诚、养正四斋，规模不小。袁甫在三地远距离构建书院教育体系，比起潭州三学同城隔江组成的教学体更有创意。

　　其二，与以上不同书院间通过某种机制联合组成一个等级差异有别的共同体不同，明清时期，出现了一地几所不同教学层次的书院共存但相互之间缺乏联系的情形。如福建省会福州，康熙年间由巡抚创建鳌峰书院，雍正十一年（1733）定为省会书院，专课生童。嘉庆二十二年（1817），总督汪志伊等创建圣功书院，专课童生。②同治三年（1864），总督左宗棠又建正谊书院，专课举人、贡生。③又如天津城，有辅仁、问津、三取三书院"鼎峙为三"，"皆为生童而设，孝廉不与焉"。至同治十三年（1874），官绅创

---

① （宋）袁甫：《番江书堂记》，转引自陈谷嘉、邓洪波主编《中国书院史资料》，浙江教育出版社，1998。

② 本书中书院童生指书院中未考中生员的学生，书院生童则包含童生和生员两类。

③ 欧阳英修，陈衍纂（民国）《闽侯县志》卷三十三，上海书店出版社，2000。

建会文书院，"专课举人"。①童生、生员、举人是三个不同层次的群体，各书院程度的不同是显而易见的。需要指出的是，这类书院的程度不是一成不变的，有时也会因为某种原因而出现由低而高，或由高而低的变化。如苏州府平江书院，创建于乾隆二十七年（1762），"凡吴、长、元三县童生，邑选十人入院肄业，诸生亦与焉。其后诸生尽入紫阳、正谊两书院，而平江书院专课童生。"②十分明显，苏州府属的平江书院，由生童并课到专课童生，其地位由高而低，出现了变化。

其三，同一所书院内部也有高低层次的不同。如山西夏县涑水书院，元至治年间邑令帖木儿不花创建，祀宋儒司马光，有"堂七楹，中设司马文正公像，颜曰粹德堂，左延宾，右延师，辟斋五，聚造士之俊选，与幼学者分授焉。游息之所，讲肄之堂，庖廪井厩，靡不俱备，复入田亩若干，岁入以赡，且以供祀事"③。可见涑水书院是成人与幼年分班授课。又如清代湖南平江县爽溪书院，为同治七年（1868）邑人李元度创建于李氏家庙之西的家塾，它延请"经师一、蒙师二，以分教子弟，先太高祖后裔皆入焉"④。经师、蒙师所授内容不同，知识深浅有别，不言自明。需要指出的是，不同程度的学生同处一院而"分授""分教"，和有些书院的"分班回讲"一样，是分级分班上课的表征，它是书院在教学方法上的一种创新，与近代西方学校的分班授课、依照程度而组织教学的原则相通，所不同的是，对这种教学规律性的认识与实践，书院要比西方学校早几个世纪罢了。

其四，书院教学程度的不同，可以用大学、小学这样的传统方式表述。

---

① 光绪《天津府志》卷三十五《建立会文书院记》，上海书店出版社，2004。

② 同治《苏州府志》卷二十五，凤凰出版社，2008。

③ （清）觉罗石麟：（雍正）《山西通志》卷三十六，凤凰出版社。2011。

④ （清）李元度：《天岳山馆文钞》卷十六《爽溪书院记》，岳麓书社，2009。

如元代建康府明道书院，就将自己的生徒明确分成"大学生员""小学生员"两类。"大学生员"十四人，又分"治经""治赋"两个专业，各七人肄业。"小学生员"无名额记载，其"课试"规定："每日从小学教谕出题受书训导，每遇三日一次供诗；每日背诵隔日书，授本日书，出本日课题，省诗对句，食后习功课，午后说书，《大学》《中庸》《论语》《孟子》《小学》之书，《通鉴》，出晚对，供晚对。"[1]两相对比，可以看出，其程度的不同明显而具体。

与明道书院一院同招大学、小学生员肄业不同，明代山东临朐县朐山书院"以小学为教"，所招全是小学生员。朐山书院乃嘉靖十年（1531）知县褚宝创建，其创建缘由、内部规制及运作情况，详见于当年的山东提学副使所作的《朐山书院记》：

> 又以储材在学校，而蒙养必先小学，乃仿古社塾遗意，创书院于邑城中，前为养正堂三楹，后为景贤堂五楹，翼以书舍十六楹，环以左右塾八楹。于是选民间之秀彦，立塾师以教之。朝钟暮鼓，聚散惟时，辩方书，正句读，吟诗习礼，考论名物器数，居处慎其（与）长幼，明其（节）勤惰，示其惩劝。令虽日事案牍不暇给，稍间，辄与诸生督课，时校艺，而进之右塾，升之左塾，升之堂。升之堂者，以需进于庠校。于是，邑之士咸观而向化。……嗟乎，今书院之设遍山左，然未闻以小学为教者。[2]

① 《行省坐下监察御史申明学校规式》，转引自陈谷嘉、邓洪波主编《中国书院史资料》，浙江教育出版社，1998。

② （明）王家士：（嘉靖）《临朐县志》卷四，上海古籍书店，1963。

　　这条材料十分典型，不仅可以说明朐山书院是小学，它可以与遍设山左的其他大学程度的书院并行特立，而且又以堂塾分成高低程度不同的三级，由右塾而左塾而升于堂，内部实行等级管理，便于提高生徒的学习积极性。事实上，清代虽行政区变化，临朐县附廓于海州州城，朐山曾一度升格为州级招收生童肄业的大学层次的书院，但到嘉庆七年（1802）知州唐仲冕率一州两邑士民创建石室书院之后，朐山书院又"改为小学，延诸生之勤笃者为童子师，属学官董之"。

　　其五，和小学层次的书院再分高下等级一样，大学这一层次的书院也存在着诸多等级差异。受区域性发展不平衡的影响，各地的文化教育整体水平各不相同，虽同属县级、州级、府级书院，但发达地区和不发达地区相比，其教学程度却不能相提并论。兹举陕西略阳县嘉陵书院为例，它位居县城，属县级书院，设山长掌教，有斋长经管院务，设院书、院夫协助，院舍宽敞，经费充足，规制谨严，在全县招数十名生童肄业。但其地接青甘，距省城一千余里，属落后地区，其教学要求，仅为熟读六经而已。有关情况，见道光十一年（1831）知县贾芳林为其制订的《嘉陵书院成规五条》第一条"定膏火"，其称：

　　　　前以读经书定膏火，读经者给膏火，不读经者不给，期于士皆通经。然亦有勤于用功而读经不能如数者，自宜略为变通。今定膏火五十分，读经膏火三十分，不读经膏火二十分。读经以《易》《书》《诗》《周礼》《礼记》《春秋左传》六经为定。六经尤以《春秋左传》《礼记》《周礼》为主。《春秋左传》十二本，《礼记》十本，《周礼精义》六本，诸生童于是三经，能二十日读一本者准膏火。……《易》《书》《诗》，每部均限八十日，能读熟者准膏火。然必《周礼》《礼记》《春秋左传》读完再读此三经者方准膏火，但能读此三经者不准。……其不专于读经，或读经不能如数者，生员膏火十分，童生膏火十分。①

　　《春秋左传》《礼记》《周礼》三经共 28 本，以 20 天读熟一本计算，需要 560 天，《易》《书》《诗》三经，以 80 天读熟一本计算，要 240 天，六经共计 800 天才能读完。书院一般每年放假两个月，按照规定的进度，每个生童必须在书院肄业三年方能读完六经。这样的教学水平太低，显然是不能和东南地区的县级书院相比的。

　　大学类书院的程度差别更突出的表现是通过官办书院系列的行政级差而形成县级、州级、府级、道级、省级这样一个由下而上的宝塔型书院结构体

图 1-3　广东广雅书院

---

① （清）贾芳林：《嘉陵书院成规五条》，转引自陈谷嘉、邓洪波主编《中国书院史资料》，浙江教育出版社，1998。

系。中国是一个官本位的社会，官府的级别越高，其权力就越大，就能支配更多的经费，聘请更好的山长主教，这是一方面。而另一方面，政区越大，读书人就越多，书院招生时选择的余地也越多，能够做到优中选优。二者合一，自然就会造成书院教学水平随行政区域的扩大而提高的局势，由州县而府道，由府道而省级，节节上升，构成一个由低而高的结构模式。

总之，书院的教学程度具有多层性，从低到高，各个层次都有，既有大学一级的，也有小学一级的，而且大学、小学又各有高下之别。这种层次的丰富性，历代皆然。到明清时期表现更加突出，尤其是清代，由家族、乡村、州县、府道、省会乃至联省，书院构成了一个事实上的完整的等级之塔，自成体系，差不多承担起国家的全部教育任务。[1]它的最大好处是可以满足读书人不同层次的文化需求，并在这种满足中赢得自身的壮大与发展。此则正是书院生命力旺盛的重要原因，也是它与官私二学相比而特立独行的表征。

---

[1] （清）程廷祚乾隆年间作《与陈东皋论书院书》，有"方今用与取之法不可谓不详矣，而所谓教者，惟各省之书院"之语，转引自陈谷嘉、邓洪波主编《中国书院史资料》，浙江教育出版社，1998。

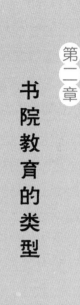

第二章

书院教育的类型

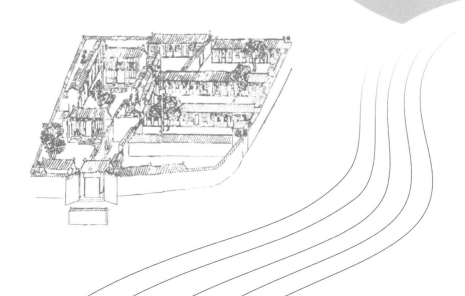

在千余年发展过程中，书院致力于满足不同时期、不同地区、不同人群的多样化教育需求，进而形成了一个包含各种类型，涉及不同教育领域、不同教育层次的书院教育体系。按照服务的对象，这一教育体系由家族书院、乡村书院、县州府省等各级官办书院、皇族书院、侨民书院、华侨书院、教会书院、少数民族书院等构成，各类型书院皆有自己的特色。

第一节　家族书院

中国传统社会的价值观是以伦理为本位的，它的核心是人伦关系，其出发点则是家庭。"父子有亲，君臣有义，夫妇有别，长幼有序，朋友有信"，这"五伦"就是从家庭关系外推于国家、社会的，家庭作为一个最基本也最重要的社会组织单位受到极大的重视。所谓"齐家、治国、平天下"，齐家是最要紧的，家不齐，何以治国，何以平天下？这在当时是一个公认不移的准则。如何才能齐家？办法很多，其中培养后代，对其实施文化教育，提高其整体素质，使其获得安身立命的本领是最重要的，因此，家学就在传统社会中受到相当的重视。唐宋以降，属于家学性质的书院遂成为众多中国士人所追求的一种造福后人的文化事业而得以显扬起来。

家族书院包括一个家庭创建供其一家使用、一个家庭创建供其整个家族使用、合族创建合族使用等三种基本类型。第一种类型的家族书院很多，如宋人周奕在江西安福一个风景秀丽的溪流边创建了一所书院，取名"秀溪"，请杨万里作记，其称："周奕彦博居其上，筑馆临之，命之曰秀溪书院，讲经有堂，诸生有舍，丛书于阁，招良傅以训其四子，曰伯纪、承勋、伯仍、大同，艮斋先生闻而嘉之，为大书四字以署其堂焉。"①宋人倪玠在其家乡江西安仁长城乡建锦江书院讲学，到元代元贞二年（1296），其子倪镗请王构作记时即自称"书院本家塾，承先世素志，非敢有所觊觎，误蒙二圣知奖"云云②，虽不无炫耀之意，但锦江书院为倪家所有则未夸张。元人刘倬在《山堂书院记》中开章明义，称："山堂书院者，南安王氏教子孙之所也。……家之士甲南安，沛然垂裕，何所不足，而方孜孜焉以藏书择师教子孙为急务，此盖古人心胸，吾党家法，而流俗所必无者也。"③元代富足之家致力于书院建设的形象跃然纸上。又有江西泰和县东南桃源溪之南薰书院，宋人萧行叔创建，到明代其裔孙萧安恒重修，请梁潜作记，即称"今南薰之建，萧氏特以教其一家子弟耳，而有古人党塾之遗意"（《南薰书院记》）④。明清之世，这种类型的书院各地都有，兹不赘举。

第二种类型的家族书院是第一种类型的推广，教育之泽由一家而推及一

<hr />

① （宋）杨万里：《杨万里诚斋集》卷七十七《秀溪书院记》，上海商务印书馆，1926。

② （清）刘坤一：（光绪）《江西通志》卷八十三，凤凰出版社，2009。

③ （清）黄鸣珂修，石景芬、徐福炘纂：（同治）《南安府志》卷二十，凤凰出版社，2013。

④ （清）刘坤一：（光绪）《江西通志》卷八十一，凤凰出版社，2009。

族。嘉定《镇江志》卷十载："金坛县申义书院在希墟前，太府寺丞张镐，参政文简公纲之孙，以其居去庠序远，因建书院，招名师，合族之子弟教之，且拨田为经久计，邑人刘宰为取《孟子》'申之以孝悌之义'名之。"这是一所典型的由一家创建而润泽全族子弟的家族书院。这类书院历朝历代全国各地都有，如浙江太平县方岩书院，是谢世衍兄弟"建以教其乡族子弟"的处所。① 又如桐原（一作源）书院在江西贵溪县南十里，本为"唐观察使高宽仁故居，至宋，其七世孙可仰建书院于此，以教乡族子弟，置赡田。元时，九世孙惠甫又割田以资书院费，元末毁。明宣德间，十四世孙吉昌重建。成化间余干胡居仁讲学其中，门人徐宏嗣主教事，一时称盛。万历三十一年，知县吴继京重修，申请裔孙绍宪奉祠"②。绵延数百年之久，高氏子孙皆在其中读书，可仰之遗泽可谓长矣。历经宋元明三朝至明代后期，虽然官府参与院政建设，但高氏裔孙仍主奉祠之职，书院的家族性质依然浓厚。刘岳申在《白沙书院记》中记述了元人张文先为族人创办书院的情况："吉水文昌张文先创白沙书院，教其族里俊秀子弟"，"其用意公平久远而不近利要名"，并盛赞此举"有近古者一，有古人所无者一，有异于近世者二"。所谓"近古者"在于"文先延名师，与族里讲求圣贤之学，将以为天下国家育材"。"古人所无者"为"古者田皆井授，故党庠遂序，不闻有田，今文先捐良田入书院内，岁入税赋于官，使师生廪膳可终岁"。"异于近世者"则在于"近世书院间有田，而捐田者先有长书院之意，既得一檄，则次第而进，爵禄可指而立俟，文先既不为其身谋，而谋及其族里与其子子孙孙甚远，此其所以异于近世者；又将以开来哲而继先志，则此田与书院相为无穷，必不

① 康熙《浙江通志》卷十八，凤凰出版社，2010。
② （清）刘坤一：（光绪）《江西通志》卷八十三，凤凰出版社，2009。

见夺于世家，坏于有司，此又其异于近世者"。①

　　第三种类型的家族书院，是家族成员共同创建共同享用的书院。如宋代浮梁县的新田书院，是绍兴年间由侍郎李椿年创建的，到嘉定年间李大有"率乡人新之，延李德俊教族子弟"②。严格地讲，新田书院只有到了嘉定年间李大有"率乡人新之"以后，才属于这类书院。又如建宁路浦城县为宋代名儒真德秀的故乡，其孙渊子在元代联合族人捐私田建书院，虞集《西山书院记》中载有其事："建宁路浦城县，真文忠公故居在焉。其孙渊子言其族人，用建安祠朱文公之比，筑室祠公，相率举私田，给凡学于其宫者，而请官为之立师。江浙行中书省上其事，朝廷伟之，名曰西山书院，列为学官，实延祐四年四月也。"③设学官是元代故事，不足以改变西山书院之家学性质。这类书院多为大姓旺族所建，它们原则上属于宗族事业的一部分。翻开明人张浚等人编纂的《张氏统宗世谱·张氏古今迁居地理图》，我们就可以看到游汀竹兰二先生书院、处州桂山书院、汉州紫岩书院、南雄府九龄公书堂、惠州府留公书院等赫然标注其上，且与张氏宗祠并然而立。在地方志中，这类书院的记载也很多，如咸丰《顺德县志》卷五《学校志序》载："其有大宗名族，自设家塾，亦称书院者，如采册所载龙涌陈氏之北池书院，浔氏之东梁义学，甘村甘氏之渤海书院，霞石何氏之霞石义学，豸浦之萃涣书塾，菱溪之德星书屋，名目不一，皆集备公费，立有课程，但究属一家之私，附存其目，以示奖劝可矣。"有意识地将"集备公费"的家族书院区别出来，说明方志作者已经认同了这类书院的存在。这类书院还有一种变通形式，那就是两个或两个以上不同姓氏的族众公建，非参建族众不得享用的书

①　（元）刘岳申：《申斋集》卷五，迪志文化出版有限公司，2003。
②　（清）刘坤一：（光绪）《江西通志》卷八十二，凤凰出版社，2009。
③　（元）虞集：《道园学古录》卷七，上海商务印书馆，1937。

院。如明代宣化怀来、马营两地的二贤书院就属于此类。据嘉靖《宣府镇志》记载，上谷除学校之外，"怀来与马营又俱有二贤书院，盖范文正、欧阳文忠之后裔居其地，相与建之，以祀其祖，以启其学云"。

图 2-1　广东陈氏书院

　　上述三种类型的家族书院，具有如下最基本的特点。一是它的家族性。其创办经费、日常营运经费都是家族提供的，主持院务者为家族成员或受聘于家族成员，其服务的对象则为家族成员的后一代，所谓"若子若孙，非我族姓不得入内"是其一般性的原则，当然也不排除出于各种原因而接收他姓子弟或游学之士入院读书的可能性，但这不是通例，影响、改变不了其书院属于家族的特质。二是以教学授受为主要任务。开办家族书院的目的都很明确专一，那就是为培养下一代，使其具有较高的文化知识、良好的道德素养，从而提高家族的总体素质，为其繁衍发展提供更为强盛的生命力。这种目的决定了其坚持以教学授受为主的特性。当然，除了教学之外，也不排除像上述二贤书院那样的祭祀先祖的其他活动，但如同奉祀先祖是为了提高后人的荣誉感和见贤思齐的上进心，从而提高其学习的积极性一样，其他活动都是围绕着教学中心而开展的，都处于辅助协从的地位。三是教学程度不高，属于普及性教育。家族书院就学的学生为族中子弟，年龄都不大，多属蒙童之列，这就决定了这类书院不可能有太高层次的教学内容，一般来讲属启蒙教育或略高于蒙学的阶段，能进行较高层次教学或研究的只是少数的例外。

除了上述三种基本类型之外，还有一种是儒家圣贤先哲、历史名人后裔创建的家族书院。其情形分自建和地方官府创办两种情形。自建者意在光耀先祖，培养后人，如元至正五年（1345）聚居苏州的范仲淹裔孙，将宋咸淳年间创建的仲淹祠堂改作文正书院，仍供祀仲淹，集族中子弟肄业其中。自后，历明到清数百年，文正书院一直办学不断，而且一直不设山长，仅"慎选族人之贤者充主奉"，主持院政，[①]成为范氏宗族奉祖育才的神圣之地。官建者则意在扶持儒先，维系斯文，如青浦（今属上海）的孔夫子后裔，到清代出现衰落，"子姓多力农，无弦诵声"，有失圣人体面，有辱斯文。咸丰二年（1852），知县余龙子慨然捐建庭闻书院，"集费延师，专为孔氏家塾。二十年来，有游于庠者，有贡于廷者，彬彬乎渐有成焉"[②]，几经努力，终有振起之势。这类书院为数虽不是很多，但分布则较广，凡圣人、圣贤、先儒哲嗣所在之处，皆有可能找到踪影，影响亦较大。其特点，大而言之有两条，一是它的家族性，无论自建官建，"固不得以为一邑之公所"，二是教学与祭祀并重，甚至祭祀还是第一位的，"是则名为书院，实仿庙制，岂家塾党庠所能牵混"。

---

① （宋）范仲淹：《范文正集》补编卷四、补编卷五，上海商务印书馆，1937。

② 光绪《青浦县志》卷十一，上海书店出版社，2010。

第二节　乡村书院

传统的中国社会是农业社会，城镇极少，绝大部分人口分散居住在广大的乡村山寨，他们远离城市，生活自给自足，加上交通设施极为落后等原因，很多人一生一世都难得进府、州、县城一次。于是一些有识之士就在乡村山寨间创建书院，令乡民子弟就近入学。我们把这种不建于中心城市或其近郊而就近招收乡里子弟肄业的书院称作乡村书院。它有两个界定，一是建在乡村，二是以一乡一村或几个邻近的村社为招生范围。乡村书院的创建有几种情形：

第一种情形是某个有力之人单独创建以教乡人。如江西广丰县杉溪瑜山书院，宋提刑俞掞创建，"集里之贫士读书其中"。[1]江西吉水县文昌乡文昌书院，"元翰林编修王相创建，以教其乡之子弟及四方从游者"。[2]河北深泽县北乡东故罗村乐善书院，元至正五年（1345），"乡人杜儒建以启一乡子弟。当时抠衣环听者动以百人，顺帝闻而义之，授雷州路教授，赐今名"。[3]这类书院的院址一般都选在创建者所在的村庄，受惠者则首先是其家中子弟及族人，然后才是乡人子弟。实际上它是前述家族书院的延伸，由一家推及一族，由一族推及一乡，范围越来越大。由于乡村聚族而居的现象特别普遍，一个自然村寨的人同姓同族者比比皆是，所谓族人往往也就是乡人了。

第二种情况是，以某个人为主倡建，众人响应共襄其成。如攸州（今湖

---

① （清）刘坤一：（光绪）《江西通志》卷八十二，凤凰出版社，2009。

② （清）刘坤一：（光绪）《江西通志》卷八十一，凤凰出版社，2009。

③ （清）许来音：（康熙）《深泽县志》卷二，中国书店出版社，1992。

南攸县）凤山书院，在州城东南一百四十余里的凤岭，元元贞二年（1296），谭渊"以其里之士距州几二百里，庙学瞻仪讲肄之弗及，度地凤山麓为书院，面峙三峰，罗浮江发源其下，属禹洞之水，与攸水会而西，山水明秀，朋来宜之，乃捐田百亩，又率亲友欧阳发炳、赵宜孙、刘忠节益田百五十亩，以资廪膳。潭州总管赵公全行县，躬为相牒之府，以凤山书院为额，凡里中之士隶焉。崇门严严，燕居申申，东西序祀先贤，枕山为堂曰明德，笾豆几席，舍庋庖湢既具既戒。大德元年（1297）八月朔行释奠祀，前进士黎君桂肇开讲席"（《凤山书院记》）。[1]凤山是元代一个带有官学色彩的乡村书院，其创建之由、环境、规制等皆可从所引文字中概知。一般来讲，凡建在乡里，地方志中载明由邑人、乡人、邑绅、乡绅某某"倡建"的书院，皆属于此类。如清代湖南茶陵州（今茶陵县）即有四所这样的书院："大湖书院在州北潞水上坊，庠生颜可象倡建"，"龙湖书院在州上一都，咸丰元年谭叙伦倡建"，"鳌峰书院在州下十一者，咸丰五年李春辉倡建"，"范乐书院在州二十三都，蓝纯夫倡建"。清代茶陵共有乡村书院13所[2]，分乡人公建和某人倡建两种类型，其中倡建者占总数的30.7%，公建者占69.3%。由此可以推知，这种类型的乡村书院也不是少数。

第三种类型的乡村书院与官府有关。有官府创建者，如江西上犹县大傅书院，在县西一百里之礼信乡，地接湖南，"宋淳祐间知军陆镇请建乡学于礼信乡，设山长教授，赐名大傅，以其乡有大傅山，故名"[3]。有官吏倡建修复者，如清代湖南浏阳县东西南北四乡共有狮山、洞溪、文华、浏西、石山等五所乡村书院，其中东乡狮山、南乡文华两书院皆由知县胡泰阶创建于

---

① （清）李瀚章等：（光绪）《湖南通志》卷六十八，岳麓书社，2009。

② 同治《茶陵州志》卷十三，江苏古籍出版社，2002。

③ （明）李贤：《明一统志》卷五十八，迪志文化出版有限公司，2003。

道光二十一年（1841）、咸丰元年（1851），知县赵光裕增修文华，咸丰十年，知县蔡式钰又重建狮山①，可谓频频关顾。

第四种类型是乡人公建。如东馆书院在四川眉州城之西七十五里东馆镇，"宋绍兴初，东馆乡士仿古乡校，创为肄业之所，冯时行为记。元至元间重修"②。又如湖南兴宁县程水乡，"古有书院四，酿泉最先，观澜继之，辰冈次之，文峰又次之。其圮而废也，均数百年矣，何故也？辰冈归袁（姓），文峰归焦（姓），酿泉、观澜归曹（姓），其成也方术同之，其毁也一姓私之"。到清咸丰七年（1857），"合乡谋建书院，欲统四书院而两成之"，于是就有各族各姓合力捐资，兴建郴侯书院之盛举。③乡人"公建""同建""共建""谋建"的乡村书院比较多，这从前述茶陵州此类书院占乡村书院总数近70%的比例中可以推知，这种现象是乡村士民要求提高文化素质愿望的反映。

上述四种类型的乡村书院，除了官府关顾者外，其余三类皆与家族书院有较深的联系，从某种意义上说，它们都是家族书院的推广与延伸，因而也就具有家族书院的某些特质和属性。但其区别也是明显的，"止一姓一族，教泽所及未广也"④，此乃家族书院的短处，也正是乡村书院的长处所在。

综合而言，乡村书院有如下一些基本特点。一是数量较多，分布较广。凡书院不建在府州县城、通都大邑及其近郊者，凡书院建于乡村而不属于一

---

① （清）李瀚章等：（光绪）《湖南通志》卷六十八，岳麓书社，2009。
② （明）李贤：《明一统志》卷五十八，迪志文化出版有限公司，2003。
③ （清）曹惟精：《郴侯书院志·郴侯书院志叙》，转引自赵所生、薛正兴主编《中国历代书院志：第5册》，江苏教育出版社，1995。
④ （清）曹惟精：《郴侯书院志·建造郴侯书院记》，转引自赵所生、薛正兴主编《中国历代书院志：第5册》，江苏教育出版社，1995。

家一姓者，无论官建民建，皆属乡村书院，数量多，分布范围广。以四川遂宁为例，据民国所刊《遂宁县志》卷七《书院》记载，该县在清代正式列名的书院有县城书台书院、吉祥乡云龙书院、东禅乡金鱼书院、白马乡天睿书院、桂花园桂香书院、县城内宝善书院、德阳陌德阳书院、仁里乡旗山书院、安居镇安溪书院、横山乡龙翔书院、卢家场仁和书院、观音场玉堂书院、金龙场云峰书院、河沙乡凤栖书院、北坝莲峰书院、三教镇鹿鸣书院、拦江镇凤鸣书院、西眉镇敷文书院、拦江镇玉泉书院、老池沱昭德坝昭文书院、分水岭××书院，凡 21 所。除书台、宝善二书院在县城，书台书院为全县诸生肄业之所，宝善书院则为"楚人自设"，以为侨居此地的楚人子弟肄业之所，其余 19 所分布在 18 个乡镇，且未标注属于某一家族，皆得视作乡村书院，占当时全县书院总数的 95%。由此，即可推知这类书院在全国的分布和数量情形。二是乡村书院的招生范围较小，一般是以参与建设的乡村为限，不投资者不享其利。但一般由名人所建者则往往招收从其游学的外地人，不过这不是普遍的现象，难以改变其乡村书院的属性。还有一种情况值得指出，那就是官府插手的乡村书院其涵盖的范围往往是多个乡村，比一乡一村的教泽更广，具有乡村联办的属性。三是乡村书院所招学生绝大多数与家族书院相类似，属子弟之列，即未成年人。因此程度不高，多为启蒙教育或稍高于蒙学，属于初级教育阶段。但也有例外，从前引材料中我们也看到了供贫士读书、集里中士人肄习等记载，"士"则为成年人，其学识远高于蒙学童子，至少应是中等教育程度。而数村数乡联办的书院，虽所招多为子弟，但这些子弟往往已在家族书院或家学、私塾中学习过一段时间，程度已高于蒙学。总之，无论是生徒年龄和学识程度，乡村书院大体上都要高于家族书院，这又是两者间的区别所在。

　　以上乡村书院的特点，向我们展示了这样一个事实，即从数量上讲，它是书院的主体，承担了中国古代社会普及教育的任务，成为将儒家文化意识

和观念源源输向广大农村的主要管柒道线，此正所谓"书院补学校之不逮"的意蕴所在。

第三节　官办书院

书院是唐宋时期形成的一种独具特色的文化教育组织，其管理体制既借鉴了传统官学、私学及寺庙制度的长处，又随着时代的变化而不断演变。唐代即有县级官办书院出现，至清乾隆年间，各级官员成为推动书院发展的中坚力量，逐步构建起一个包含省、道、府、州、县的多层级官办书院教育体系，书院进入普及性发展阶段。

一、县级书院

县本指那些远离国都，悬于大夫的采邑之间，而直辖于国君的地区，始置于战国时的秦国。秦统一全国后，确立郡县两级制，以郡统县。到隋文帝时始撤郡，县隶属于州。唐沿隋制。宋则以县隶属于府、州、军、监。元代的县有路总管府直辖的，也有府、州所辖的。明清两代，县或隶属于府、州，或隶属于厅。不论如何变化，自秦以降，县始终是统辖乡村镇场的最低一级的正式国家政区。我们所要讨论的县级书院，就是由这个最低的国家政区的官府所创办的书院，也可以称作县立书院。

唐代龙溪县（今福建漳州市）的松洲书院当属县级书院之祖，它由县令席宏聘请陈珦主持，向士民讲学，是县级"乡校"。到宋代尤其是南宋，这类书院日渐多见，元代的县级书院仍然不少。明代，虽然"书院之建非制也"，但各地父母官多以兴教劝俗为务，县级书院得以比较普遍地建立起来，如湖南一省，计有34所书院为知县所建，占明代湘省书院总数122所的1/4还强。这些书院绝大多数创建于县城或城郊风景名胜之地，成为全县的文化教育中心。进入清代以后，书院普及，除少数边远落后地区之外，每个县都建立起自己的书院。文化发达的县份，家族、乡村等类型的书院较多，县府除予以支持之外，主要精力则放在经营县级书院上。如清代四川遂宁县，有云龙、金鱼、天睿、桂香、德阳、旗山、安溪、龙翔、仁和、玉堂、云峰、凤栖、莲峰、鹿鸣、凤鸣、敷文、玉泉、昭文等十多所家族、乡村书院，还有湖南籍商人建立的宝善书院。历任知县对这些遍布全县城乡集镇的书院多有支持嘉勉，但其注意力始终集中在县级书院上。

县级书院的学生来源于一县所辖范围之内，"凡本辖生员到院投考，皆得正身正名，以凭取舍，不得混填越辖生员名字，并假冒监生，致乱院规"①。一般来讲，外县生童是不能报考肄业的，主要是因为经费有限，若外县生童入院肄业，势必挤占本县生童名额，减少本籍士人的读书机会。县级书院的学生，有身份上和学业程度上的区别。按身份来分，主要有生员、童生两大类，二者习惯上合称生童。生员，在唐宋时期是指通过州县考试合格，进入州、县学学习的学生，在明清则是指通过郡试合格取得秀才身份的县、州、府学学生。

县级书院的学生除了身份上的生童之别外，还有学业程度上的不同。首先，生童虽同居一院肄业，其学问之大小实际存在着差别。因此，在招生和平时考试时，生童是分开录取，分别确定名次，而且其待遇也是有厚薄之分的。如清代直隶（今河北）唐县焕文书院，建在县城东门外，属县级书院，道光二十一年（1841）知县饶翠酌改旧章，规定："书院额设肄业生监二十

---

① 《马巷厅志·附录下》，光绪十九年补刊本。

名，童生正课十名，附课均不计名数。俱于正月间由县悬牌扃试甄别，如有携卷外出及起更后尚未交卷者，概不收录”，“每月初三日为官课，十三、二十三为掌教斋课，均扃门考试，榜示等第。所收超等、一等，不拘名数，总以每月官课取定生监前二十名、童生前十名为正课”，“正课生监二十名，每名每月制钱一千文，童生十名，每名每月制钱五百文，附课并正月间甄别，均无膏火”，“每月官课，生监考列正课第一名者，奖赏一千文，二名至五名，奖赏五百文，六名至十名，奖赏二百文；童生考列第一名，奖赏制钱五百文，二名、三名，奖赏三百文。斋课无奖赏”。[①]一般来讲，生员包括监生系统是以超等、特等、一等分别等第的，童生系统则以首取、优取、上取、中取、次取等名目分别等第。在正式场合，生童的服饰亦有区别，如盛京锦州府义州（今辽宁义县）聚星书院规定，每年第一场考试“甄别场，生顶帽，童缨帽，齐集点名时，行一跪三叩首礼毕，礼房当堂发卷。其寻常考课，一概便衣，亦贵整齐，点名礼节向上恭揖”。[②]

其次，县级书院诸生程度上的差别，还反映在其平日所做的功课上。试以福建台湾府彰化县（今台湾省彰化县）白沙书院为例。白沙书院在县城内，乾隆十年（1745）淡水厅同知摄县事曾曰瑛创建于圣庙左。嘉庆十六年（1811），知县杨桂森订立《白沙书院学规》，院中有三个不同层次的学生肄业，这所县级书院还招收六七岁的儿童学习。换句话说，院中肄业者成年人占少数，这在县级书院中是较为少见的，只能以边疆地区情况特殊来作解释。

县级书院的学生，有参加科举考试，获取举人、进士等功名者。如直隶（今河北）昌黎县揭阳书院，在县城南街。道光二十九年（1849）知县王应奎捐建。其经费筹措、课试规条皆经知县“定式”，是为县级书院。据记载，

---

① 光绪《唐县志》卷四《焕文书院条规》，上海书店出版社，2006。
② 民国《义县志》卷中《聚星书院条规》，南京：凤凰出版社，2006。

同治甲子（1864）科乡试，院中高材生五人考中举人，悬"五凰齐飞"匾。丁卯（1867）科又中举人三名，其中经魁一名。癸酉（1873）科再中举人五名（其中经魁一名）、副榜二名，高悬"斗宿腾辉"匾。"至光绪年间，捷春秋榜者踵相接，皆得力肄业考课也"。①像这样春秋两榜连捷的县级书院虽并不多见，但在全国各县级书院生徒中也时见记录，这固然是书院办学成就的体现，也从一个侧面反映出县级书院学生学业水平不低。

县级书院的山长一般实行聘任制，任期多为一年，可以连任。聘任之权，起初操于官府之手，但随着徇情延请、滥充讲席、不亲到馆而遥食束脩等弊端的暴露和地方绅权不断扩大，聘任之权出现了一个由官府逐渐下移至邑中士绅的趋势。下移之后，为了确保官府的权威，也为了防止劣绅作弊操纵地方，发放聘书多由官府主持，其权虽放，而于中仍可起到控制的作用。当然，一些未下放聘任权力的书院，地方士绅亦可通过某种机制对官府予以监督。

县级书院聘请山长时，山长的籍贯也有讲究。有主张聘请本县人，以防山长不能常年住院主讲之弊者。如清代湖北孝感县西湖书院规定，"书院掌教，由首事绅衿择本邑品学兼优之举人、进士公举聘请，住院训迪。其非举人、进士，毋得延膺讲席。如文品不符公论及各衙门荐非本邑之人，许绅士呈明辞退"②。江西万载县龙河书院章程称："山长专延本邑先达，原以耳目近则见闻易周。……务须自二月至十月常川在馆。"③有主张不请本县人充当县级书院山长者。如直隶（今河北）无极县圣泉书院规定，"延请院长，不由官荐，以杜请托之弊，不准董事擅主，不许请本邑人，必众董事访

① 民国《昌黎县志》卷五《教育志》，上海书店出版社，2006。
② （清）朱希白主修，沈用增纂修（光绪）《孝感县志》卷四《详定续捐书院事宜》，江苏古籍出版社，2001。
③ 张芝甫等修，龙赓言纂（民国）《万载县志》卷六之二《龙河书院章程》，凤凰出版社，2013。

求外州县品学兼优者主讲。每年议定后，禀官出盖印关书。董事徇情，公议罚款"①。山长是否聘请本县人，也视情况而有变化，如广东三水县凤冈书院山长，起初多聘外省名宿，但县中士人各操"土音"，难以听懂官话，外省籍山长讲授困难，所以来院肄业者很少。到乾隆四十六年（1781），知县改变章程，决定凤冈山长聘请本县举人。语言相通，学者称便。也有不重籍贯而特别注意其品学者，如江西余干县东山书院就规定，"山长须品学兼优方足范围多士，本邑有能胜其任者，脩金一切仍照旧章，不能增益。亦不得泥沾积习，必以本邑举贡轮当，致隘观摩。若延邻封隔省科甲，始得酌加脩脯……官府滥荐亲友，学官、首事概不准徇情承应"②。以上三种情形，前两种各有利弊，当以第三种不唯籍贯而重学行者较为可取。

山长为书院之首，是诸生表率，其选聘自有标准。一般来讲，各书院首先强调的是学问和品行，其次才是出身、资格。唯道德文章皆是软指标，执行时间一长，能够作为标准的也就渐渐只剩下出身、资格了。但这也不是说，那些劣迹昭著不堪师范者仍可窃据皋比之座。如清代后期，鸦片成为公害，人们视其为洪水猛兽，对吸食者也极为痛恨，山长若有此种行为，必不能保其位置。河南临漳县《古邺书院规约》第四条就规定："山长到馆之后，如有烟瘾难为生童师表者，立即辞复。"③县级书院山长的资格，一般要求是贡生、举人以上。但也有以生员甚至还没有秀才资格者充任的，如康熙四十八年（1709）福州龙溪县《正学书院禁约》就有"正学书院师系乡居列岁试一名"的记录。当然，文化较为发达的地区，其起点至少是举人，有

---

① （清）曹凤来：(光绪)《无极县志》卷二《圣泉书院条规》，成文出版社有限公司，1970.。

② （清）区作霖修，曾福善纂：(同治)《余干县志》卷六《捐置东山书院青火经费善后规条》，成文出版社有限公司，1970。

③ （清）骆文光：(同治)《临漳县志略备考》卷二，成文出版社有限公司，1970。

"山长必科甲""先甲后科"的说法。如直隶（今河北）清河县县级书院为经正书院，在县城，由知县创建并主管。另有春晖书院一所，在县境东部廉塚集，为乡村书院。民国《清河县志》卷八《教育志》列有两院山长表。经正书院载八人，其中六位举人出身，二位进士出身；春晖书院载四人，其中岁贡生三人，增生一人。二者之间的等级区别比较明显。诚然，举贡、科甲、生监等出身的高低不能作为衡量一个人的学术水平、教学能力高下的唯一标准，但它作为书院选择山长的参考系数是必要的，当它和"文行兼优""学行皆本众望"等软指标结合时，必会为书院生徒延聘到较高水平的师长，即便是软指标系统出了问题，它仍能作为硬指标对保证师资质量起到一定的作用。

以上我们从师生两个方面探讨了有关县级书院的基本情况。元、明、清三代的散州、清代的厅，其下皆不领县，其长官品秩虽高于知县，但州、厅的地位实则与县相同，因此这类州、厅级书院，实际也就是县级书院，其学生皆直接来自乡村或家族书院，其情形不再另述。

二、府级书院

宋代，府级书院开始出现。府级书院之祖，当推北宋初年名列天下四大书院的南京（今河南商丘）睢阳书院，又称作应天府书院、南京书院，但后来它被改作应天府学。

南宋府级书院中最有名的要数建康府（今江苏南京）的明道书院。先是以程颢曾任上元县（今江苏南京市）主簿，淳熙初年，知府刘珙建祠于学宫祀之。绍熙年间，主簿赵师秀移祠于主簿厅。嘉定八年（1215），主簿范和改建，更名明道书堂。至淳祐元年（1241）始改名书院，九年，理宗赐御书"明道书院"匾额，祠程颢。其后多有修葺，规模日大，计有程颢祠、御书阁、春风堂、主敬堂、燕居堂，尚志、明善、敏行、成德、省身、养心六斋，以及米廒、钱库、直房、后土祠、大门、中门等建筑。设置山长、堂长、堂录、讲书、堂宾、直学、讲宾、钱粮官、司计、掌书、掌祠、斋长、医谕等共十三种职位，构成书院的组织管理体系，其中前四位居书院的核心地位，各设有专门的办公场所，分别叫做"山长位""堂长位""堂录位""讲书位"，分处主敬、春风左右二堂。另有"职事位"二所，居处其他职事生员。山长以下各有月俸、日供，由"钱粮官掌其出纳"。山长、堂长同居首要，山长主持教务，堂长躬领日常院务。

明清时期，府的建置稳定下来，上隶于省，下辖州县，成为省与州县之间的一级政区。明代的府级书院比较多见，知府成为书院建设中的重要力量。明代知府的建院讲学不能完全等同于元、清两代的官学化，他们在院中所讲的并不都是官方哲学，以广东韶州府为例，嘉靖十九年（1540），知府符锡在府城曲江（今韶关市）为湛若水创建甘泉精舍，集府属各县诸生，听七十余岁的湛老先生讲论"随处体认天理"之学。到二十七年（1548）春天，知府陈大伦又创建明经书院于曲江，延请江右王门胡直"教六邑诸俊。先又延乡缙绅邓纯峰居书院中为侣"。到秋天，王门大弟子钱德洪（浙中王门）至韶州，陈大伦又"延留书院中"，相与讲学。据胡直《困学记》称，陈大伦"尝从阳明先生学，后专意玄门"。胡直为王门高弟欧阳德（人称南野先生）的学生。邓纯峰名鲁，"亦游南野先生门。后专意禅宗"。[1]由此可知，明经书院，实为宣扬王学，而且是渐趋于禅的王学的阵地。由此可知，一些有名的府级书院，成了王、湛各派的学术论坛，遇有名师、名家讲学，本府以外的生徒皆可慕名前来听讲，府属界限就比较模糊了。

进入清代，府级书院比较普遍地建立起来了，各个府城都有自己的书院，

---

① （清）黄宗羲：《明儒学案》卷二十二《江右王门学案》，沈芝盈点校，中华书局，1985。

以为所属州县生童的肄业之所，而且在当时人们的心目中，府、州、县级书院的等级概念是相当明确的。有些地方志还明确地将书院标分为"府书院""县书院"，如广西平乐府所属平乐县，其光绪《平乐县志》卷五《书院》之下列"府学院"道乡书院，"县书院"明贤书院、三渠书院、敬业书院。而民国《平乐县志》卷四《书院》则标分为"府书院""县书院"。

图 2-2 清代府级书院——金台书院

清代府级书院山长的聘任，各地、各院皆有些许差别，就是同一书院在不同时期，也有不同之处。有聘任之权操于官府并派官监院者，有官绅皆得推荐山长，官府派员监管者，如广东南雄府道南书院，也有绅荐官聘，官府派人监院者，如甘肃兰州府五泉书院、广东韶州府相江书院。

清代府级书院的生徒，和同期州级书院一样，以生童为主，二者虽同院肄业，但招生、课试、奖罚皆自为系统，并不相混，这是通常的情形。一些经济文化发达的地区，间有招收举人入院肄业者，于是院中生徒就分为举人、生员（包括贡、监、增、廪各生）、童生三大系列了。到清代后期，还出现了少数专课童生或者专课举人的书院，前者如苏州府的平江书院，后者如天津府的会文书院。

府级书院的招生范围，如同州、县级书院在本州、本县招生一样，理所当然地是在本府之内，这是常规，一般情况之下，各府皆照此办理。也有个别地处交通要道，商品经济发达的府级书院，为了满足各种人士的就学要求，而打破只招本籍生童的框框，设置一定的名额招取外府、外省籍士人入院肄业。如扬州府，"凡安定、梅花（书院）肄业生监，每取百名，府属生监占额七十名，外府二十名，外省十名。每岁开考时，本籍贡、监均验照收考，外府、外省生监须由本籍或游幕衙门起文，或由同乡在扬官员出请送考。其肄业童生，止取本府八属，外府、外省概不收考"①。

至于府级书院的招生人数，不同地区、不同书院以及同一书院的不同时期，各不尽相同。如甘肃兰州府五泉书院，道光年间定为生监正课十五名、附课十名，童生正课十五名、附课二十名，合计六十名。②陕西汉中府汉南书院，嘉庆年间定住斋名额为生员二十三名，童生二十名。③招生人数有多至数百人者，如江西袁州府（今宜春）昌黎书院，在书院斋舍外增立学舍，按照籍贯以为府属各县生徒的寄宿之所的办法，在各级书院中都属罕见，院

---

① 光绪《江都县续志·书院章程》，转引自柳诒徵：《江苏书院志初稿》，《江苏文献》，1942年第7-8期。

② 道光《兰州府志》卷三《五泉书院条规》，凤凰出版社，2008。

③ 严如熤主修（嘉庆）《汉中续修府志》卷十三《汉南书院规条》郭鹏校勘，三秦出版社，2012。

中肄业者数百人，在全国府级书院中也属少有。招生数额的大小，主要取决于经费的多少，概而言之，经济发达地区的书院比不发达地区书院的数额要大，同一书院的前期比后期的数额要小。但不论数额是大是小，与所属各州县书院相比，府级书院的招生人数一般都要多一些，这是没有问题的。府级书院高出州县书院的情形，从这些数字亦可得到反映。

三、道级书院

道，在历史上曾被当作监察区、军事区、政区的名称，我们所讨论的道级书院是指政区"道"所属书院。道级书院之设仅限于清代。清代道级书院一般建在各道长官驻节之地，其择师选生的范围有几个府，因此其程度自然高于府级，其有关情况，兹以湖南省的船山书院为例而予介绍。

船山书院在湖南省衡永郴桂道驻地衡州府城（今衡阳市）。光绪初年由湖南学政朱逌然倡议，至十年（1884）始由士绅集资创建于衡州城南门外大码头横街。次年，以院舍逼近城市，湫隘嚣尘，不足以安心教学，遂由兵部尚书、邑人彭玉麟个人独捐白银一万二千两，买地改建于城南六里之湘江东洲，而将原院舍改作船山祠。自此，船山书院一直办学不辍，延至民国四年（1915）始改为船山存古学堂。船山书院是为纪念其邑人、清代著名的思想家王夫之而创建的，创办之初，两江总督曾国荃就将家藏《船山遗书》三百二十二卷的全部刻版捐置院中，以便刊印，其纪念性很强，而其时它还只是衡阳县县级书院。但改建东洲之后，它"集衡永郴桂府州所属举贡生监肄业其中"，"凡延聘师儒，甄别生徒，整饬院规，发给膏火，皆应归衡州分巡道主持其事"①，是名副其实的道级书院。

---

① （清）彭玉麟：《彭刚直公奏稿》卷六《改建船山书院片》，上海古籍出版社，2010。

船山书院的领导权集于道台，士绅则参与民主管理。前引延师招生、整饬院规、发给膏火诸权皆归于巡道，明确规定了道台"主持"书院事务的权力。在具体操作上，道台主要掌握着选师择生两途。船山院长"不以借才异地为嫌，及外省籍贯皆可，惟择学问名望素优者，由本籍士绅商请巡道关聘，由巡道转达学政，不得徇私由人滥荐，亦不得掌教不到院"，这是彭玉麟所一再强调的。《章程》也规定院长"永不聘衡永郴桂四府州之人，藉杜请托"。巡道以行政权力干预院长选聘，主要是为了保证院长人选学问、名望的双重质量，同时也显示着官府对书院的实际制控权。在招生过程中，这种权力显示得更加充分，"先由巡道札饬各府县及各学公同详慎举报，出具切实考语，送道应试。每年定二月初旬由道甄别一次后，复试以定录取"。从报名、甄别、复试、录取，一切权力皆操于地方官之手。如此这般，书院的主体师生二者皆制于掌中，这是一方面。另一方面，书院又设监院一员、首士二员主持院中管理工作，监院、首士皆由地方士绅出任，并由选举产生，这与推荐院长一起，构成了地方士绅管理书院的权力。官立绅办是有感于时弊而提出来的，它既可保证官府对院政的控制，又可发挥士绅的能动性，从管理体制上来讲是一种进步的表现。

船山院长学行并重。最先任院长的是李扬华，其时书院为县办。改成道办之后，聘有邓辅纶、王闿运二位掌教。邓为本省宝庆府（今邵阳市）新化人，曾与王闿运同学于省会城南书院，声名播于湖湘，著有《白香亭诗文集》，任院长六年（1885—1890）。王闿运为本省长沙府湘潭人，为晚清一代硕学鸿儒，出掌船山以前就曾应张之洞之邀任四川省级书院成都尊经书院院长，代郭嵩焘掌长沙思贤讲台，其声名特盛，时有"南王（闿运）北俞（樾）"之说。他任船山院长达二十五年（1891—1915）之久，成为船山的旗帜。因为有全国一流的学者任院长，船山不仅发扬王夫之之学，成为"清末王学（特指王夫之之学）"的大本营，而且"海内执经问学者踵相接"，时有"经学大明，弟子称盛"之誉。船山生徒定有名额。按《章程》规定，每年只招住斋生徒四十名，其中正课、副课各二十名，"如遇文卷不敷或者院款不足，可酌减拾名或捌名"。船山以衡州、永州二府及郴州、桂阳二直隶州共二十三县为生源之地，举贡生监何止千百，而四十名之定额及报名、应试、甄别、复试的严格把关，使得入院肄业者必为百里挑一的名优之士。对于船山后裔除正常考取之外，也只照顾一个名额，而且"必经院长考核认定，告知首士查明属实"之后，方准入院。这里所体现的原则精神和延聘院长的原则一样，都是唯学问是举，唯道德是闻，船山之门只向真才实学者敞开。入院之后，"分经授徒"，"分经命题"，每月官、师两课。正课与副课可以根据月课成绩互为升降，月课第一名课卷还存档收入课艺刊印。将竞争机制引入教学管理之中，大大提高了学生的学习积极性，因而培养了杨度、丁奎联、谢玉立、廖卓夫、蒋啸青等这样一批名人，至于"船山之士经四川、山东、江西及本省各学堂聘充教习者，已不下数十百人"，其于中国教育由古代向近代转化中所起的积极作用显而易见。船山生额虽然有限，但并不拒额外之人于门外，如光绪二十五年（1899），除杨度、夏寿田等四十名正副生徒"住斋讲习"外，还有王兆涵、颜楷等"居院外问业"，"其余西江、苏、浙流寓衡、永、郴、桂人士往来受业者，不可悉纪"，以至"斋舍不能容"，只得"别开学舍"，以居住这些从游受业之人。船山书院不仅是清末与省城长沙岳麓、城南、求忠、校经诸书院鼎立湖湘大地的著名学术研究中心、教育中心，还是一个出版中心，除刊印曾国荃所赠《船山遗书》三百二十二卷本之外，还先后刊印了张宪和增补的《船山遗书》六十种、王闿运的《湘绮楼全集》十一册、《周官经》一册、《周易说》一册、《尚书笺》二十八卷、《尔雅集解》十九卷，以及作为课本用的《唐诗》和优秀课卷《船山课艺》等。这些书籍为传播船山绝学，促进学术研究，提高学生学习积极性等都有着积极的作用。

以上以船山书院为例，从师资建设、学生管理、办学规模与层次、书院的功用等几个方面对道级书院作了描述。但要指出的是，道级书院并不如府级书院那样普遍，在很多省份都找不到其踪迹，道台参与书院建设的记录也比较少。之所以造成这种情况，与道台"佐藩臬，核官吏，课农桑，兴贤能，厉风俗，简军实，固封守，以倡所属而廉察其政治"[①]的职掌仍然偏重于监察官吏而轻于地方军民之政这一点有很大的关系。也正是因为这一点，造成道级书院不甚发达。官办书院除了上述县级书院、州级书院、府级书院与道级书院外，至明代始又有省级书院的出现，其相关情形此处不再做具体分析。

第四节　皇族书院

皇族书院是指与历代帝王、皇室相关的书院，它是家族书院中比较特殊的一类。从我们所辑录的资料看，皇族书院又有宗室书院、藩府书院、皇家书院之别。

一、皇家书院

皇家书院见于清代。见于记载的有三所，全在皇家园林圆明园内，兹将各院概要介绍如下：

---

① 赵尔巽等：《清史稿》卷一百一十六《职官志三》，中华书局，1977。

1. 碧桐（梧）书院

碧桐书院在圆明园中部，东南西北分别与曲院风荷、天然图画、慈云普护、澹泊宁静相邻，属园中四十景之一。书院原名梧桐院，建于雍正年间，九年（1731）三月初六日，雍正皇帝御书"碧梧书院"，制成长六尺五分，宽二尺一寸的漆匾悬于门外。乾隆二年（1737）九月二十五日，"奉旨：梧桐院内所挂之匾四面，准做'碧桐书院'匾一面，其余三面不必做。嗣后，梧桐院改为碧桐书院"。到九年七月十六日，乾隆皇帝又御书"碧桐书院"绢字横披一张，托纸装裱。书院前后五进，内设地炕二铺、楠柏木床三座，铺设地毯、床毯等。今有《碧桐书院图》藏于中国第一历史档案馆。其皇家书院气派于此毕现。

图 2-3 清代碧桐书院图

2. 汇芳书院

汇芳书院在圆明园西北角，东南西北分别与多稼如云、日天琳宇、鸿慈永祜、顺木天相邻，亦属园中四十景之一。乾隆初年创建。七年（1742）五月初六日，乾隆皇帝御书"汇芳书院"，九月二十三日制匾悬挂。九年九月十二日绘制《汇芳书院图》绢画一张，以纪其实。书院分四进，有抒藻轩、涵远斋、翠照轩、眉月轩、平台殿、倬云楼、延赏亭、随安室、秀云亭、挹秀亭等建筑。院中陈设有古玩，门首悬挂紫檀玻璃挂灯（后改成绢

图 2-4　汇芳书院图

画），共计六对。①今中国第一历史档案馆藏有《汇芳书院图》，可知其院合规制。至于书院的功用，我们从乾隆九年（1744）皇帝所作诗联中可窥知一斑。乾隆皇帝御制《汇芳书院诗》一首，其称：

> 书院新开号汇芳，不因叶错与华裳。
> 菁莪棫朴育贤意，佐我休明被万方。

又为涵远斋撰联一副，其称：

> 宝案凝香图书陈道法；
> 仙台丽景晴雨验耕桑。

3. 莲池书院

莲池书院方位不明，其记载见于《钦定总管内务府现行则例·圆明园》：

> （乾隆）四十六年十一月，奏请新建莲池书院，并旧有中所曾奉谕旨各座殿宇，安摆陈设处所既多，地面辽阔，必须派员专司其事，请照依熙春园之例，酌减署苑副一员、笔帖式一员、园户十名，添设六品苑丞一员、七品苑副一员、八品苑副一员、署苑副一员、笔帖式一员、园户二十名，作为该园额缺，即令管理长春园事务员外郎一体董率。再，查熙春园、绮春园各有效力柏唐阿四名，并无钱粮，应照依本处库守之例，给与二两钱粮，其新建莲池书院，亦请照此办理。……奉旨：改添七品苑丞一员、八品苑副一员、笔帖式一员，其六品苑丞一员、署苑副一员，

----

① 中国第一历史档案馆编《圆明园》，上海古籍出版社，1991。

不必添设。余依议。钦此。①

　　清代皇家书院的功能，从涵远斋的对联来看，当是藏书、读书之所。但自乾隆四十年（1775）文源阁落成，《四库全书》副本陆续入藏阁中之后，而四十六年又有莲池书院创建来推论，似乎又不应以藏书为主，至少莲池书院是这样。而"菁莪棫朴育贤意"之句，又表明书院具有教育功能，至少汇芳是一处授徒之所。不论是藏书、读书，抑或是教书，皇家书院的基本情况还有待发掘资料作进一步的研究。我们所要强调的是，雍正九年有御书碧梧（桐）书院匾，两年之后，即十一年就有改变压制书院政策，令各督抚于驻节之地建立省城书院上谕的发表，从此清政府全面扶植并力加控制，使书院进入普及化的大发展阶段。无论有意无意，皇家书院之建实开清代书院之先声，其于推动书院迅速发展之功不亚于历代皇帝之赐书、赐额、赐诗、赐帑金之效。

二、藩府书院

　　藩府书院见于明代，明代藩王加入到书院建设的行列，并创造出了独具特色的王府书院刻本，这是宋元两代都不曾有的现象，它既表明皇室成员对书院的支持，也反映出书院可以满足藩王这一特殊人群的文化需求。为了强化皇帝集权的中央专制制度，明代自朱元璋开始，将其子弟分封为王，遣往各地设藩建府。各藩王府政治上受到严格控制，不得参与朝政和干涉地方政务，但其社会地位崇高，经济实力强大。其政治上既不得用力，于是就转而朝向文化事业，进入书院建设的队伍。

---

① 中国第一历史档案馆编《圆明园》，上海古籍出版社，1991。

藩王府投身书院建设的具体情况不一。有捐田助学者，如饶藩永丰王朱厚爌，嘉靖三十四年（1555）秋，捐置都昌柳氏田产 292 亩给白鹿洞书院，岁入紫阳仓租谷 432 石，"以养俊髦"。邹守益曾作《宗藩义田纪》以纪其事，并对这种"藩封世禄"不像一般王府那样"徼福佛老"，而进入"隆儒重道"的助学行为大加赞赏。也有建院讲学者，如南昌宁王府朱宸濠，正德六年（1511）创建阳春书院，请安成举人刘养正主讲，网罗人才。当时声名传于远近，王守仁曾遣其门人冀元亨到书院讲学。冀看出阳春书院讲学的背后是为宁王反叛而罗织人才，很快设计逃脱。后来，因此而兴冤狱，王守仁受拖累不轻，冀则死于狱中。平叛之后，阳春书院改名为正学书院，继续聚徒讲学，但已划归地方而不属藩王府所有。经此一段由书院讲学而滑入政治斗争的变故，藩王府书院大多已不再讲学，转而以刻书为主要事业了。据叶德辉《书林清话》等文献记载，并考之以传世刻本图书，至少有 9 所王府书院曾经刻书。

从以上情况来看，明代藩府书院自正德开始活动。嘉靖、隆庆、万历年间直至明末皆有活动，其轨迹与明代书院复兴历史合拍，应是明代书院大发展的产物，而且它是一种长期并较广泛存在的文化实体组织。其活动前期以讲学为主，而且带有较强的政治色彩，这是其特点之一。其二，自宸濠之乱之后，藩府书院脱离政治，转而走向文化出版事业，出版了一批至今仍称善本的书籍。所出之书除了文学之作外，多属道家羽流著作，其逃避现实、寻求神仙之境的趋向十分明显。出书最多的勉学书院虽涉及儒经之书，但从藩王多以"道人"相称这个事实，也可看出其脱身政治之势。藩府号称王者，虽涉足书院，但在"书院之建非制也"，而且历遭禁毁的明代，它终难发展成势，至今除了其所刻的著作之外，我们就难以找到其活动资料了。书院至明代已经成为满足藩王府这部分特别人士——地位极高而又不能在政治上有任何作为之士——精神需要的文化组织，其功能又有扩展，是一个不争的事实。

三、宗室书院

宗室书院见于宋代。《明一统志》卷五十七载："乐善书院在（瑞州府）府治南瑞阳门外，宋郡守王淹以郡中宗姓实繁，乃创书院置田，以教育宗子之孤幼者。"光绪《江西通志》卷八十一也载："乐善书院在（瑞州府）府治治西，宋宁宗时，州守王淹建以训宗室子弟，太祖六世孙、开府仪同三司赵不黯崇祀于此。"按，宋太祖赵匡胤一支，以"德、惟、从（守）、世，令、子、伯、师，希、专、孟、由"为字派来分昭穆，宋太宗赵匡义一支，则以"元、允、宗、仲，士、不、善、汝，崇、必、良、友"为字派来分昭穆，故不黯当为太宗赵匡义之后，而不是太祖之裔孙。从引文中可知，乐善书院是地方政府官员为宋代宗室成员创建的教育机构。至于其创建缘由、书院规制等，宋人周必大《筠州乐善书院记》载之甚详：

> 舜命夔典乐，首教胄子；周大司乐，治政专合国之子弟。是时公卿大夫多出宗姓，崇德向贤，率于此乎。取之本朝，至道元年，以近属繁衍，初置学官，于是教授之名立。迨咸平迄祥符，南宫北宅复置侍教，十岁以上并令肄业。治平初，增小学教授十有二员。此命名分职大略也。旧制七岁入小学，能诵《孝经》《论语》，升大学，又能诵两经、善书札，宗正以闻。熙宁、元祐，并敕诸院立小学，八岁至十四岁者检举焉。是时厥后，其制益详，此进德修业次序也。南渡以来，杭越首置诸王宫大小学教授，西外、南外并立宗学，人知为善之乐，以荡陵德者鲜矣。
>
> 今高安郡守王淹，文正公旦六世诸孙也。追惟文正被遇章圣，遍历要近，与闻有才之本末，思原德意，不坠先烈，乃与贰车玉牒希宰议，即郡庠之侧，创乐善书院，外设重门，东西两庑，庑各三斋，中为讲堂

三间，列直舍于后，廪庖器用各焉，庀工嘉泰三年之季夏，讫工孟冬。先下尊属司选宗子幼而未命者，以二十人为额。既望，帅郡僚延处六斋，斋各有名。择老成之士训以经史，教官总其课程。别立一斋，待不率教者。市田千亩，用足岁计。属某记之。

尝闻《关雎》："基王者之化，其应见于麟趾"，虽系周公，实美文王。其在《大雅》曰："肆成人有德，小子有造，古之人无斁，誉髦斯士。"是又甚言文王遐不作人，一视亲疏，可以传无穷，施周极也。共惟祖宗，作成宗英，越二百年，圣王在御，推广家法，公族振振，髦士峨峨，将同符于王文。奋州复能助宣圣化，无愧民之师帅。是皆宜书，乐为之记。明年正月既望。①

按筠州在南宋宝庆初年（1225）改名瑞州，时距乐善书院之创建仅二十二年。从性质上讲，乐善书院是皇族宗学。据《宋史》卷一百六十五《职官志》载，嘉定九年十二月（1217年1月）南宋王朝始复置宗学于首都临安，时在乐善创建之嘉泰三年（1203）之后十几年。"宗学置教授、博士、宗谕，立讲课，隶宗正寺掌之。学立大成殿、御书阁、明伦堂、立教堂、汲古堂，斋舍有六，匾曰贵仁、立爱、大雅、明贤、怀德、升俊"②。两者比较，我们可以发现其相似之处，复置的宗学受到了乐善书院的影响，二者间存在着某种联系是可以肯定的，至少可以说，礼失而求诸野，或此之谓也。至于宗室书院的一般规制、限额招生、设师训导、教学内容等，与宋代同期的一般书院包括家族书院并无大的不同，只是别立一斋以待"不率教者"的做法极为少见，或许王者之后，要求当更为严格。

---

① （宋）周必大：《文忠集》卷六十，迪志文化出版有限公司，2003。

② （宋）吴自牧：《梦粱录》卷十五，山东友谊出版社，2001。

第五节　少数民族书院

中国是一个历史悠久的统一的多民族国家，历史上，除了汉族之外，其他各民族也有利用书院进行文化教育活动的。一般来讲，少数民族书院有两个界定，一是少数民族自己创建以教其子弟，一是汉族官吏创建以教育少数民族子弟。从现有的资料来看，最迟自元代起就有少数民族书院出现，明清日多。至于所涉及的民族，至少有苗族、土家族、瑶族、高山族、回族、维吾尔族、蒙古族、满族等。兹以民族为别介绍各书院的情况如下：

1. 苗族书院

最早的苗族书院见于元代武冈路儒林乡（今属湖南城步），叫儒林书院。地方志记载为路总管延承直建，实为杨再成等人"创制"，事见元人赵长翁《儒林书院记》，其称：

> 武冈郡僻在万山，一郡三邑，庙学皆称。儒林乡地名（名，疑为属）城步寨，自古屯兵控制溪峒，其地八十四团，盘错联络，延袤千里，东邻荆湘，南通广桂，西接古徽，北界大水，其俗居民知书尚义。皇庆二年，县尹延公承直团公委经其地，目击山川秀丽，民俗质朴，叹曰："胜概若是，惜未有申孝弟，明教化以淑人心者。"言未既，绥宁杨再成者自陈愿捐己财创建书室，招集团峒子弟，立师帅之，助化民成俗之万一。公嘉其志，申于府，敦勉劝谕，克竟其事。再成幼知书，长好义，见善信明，道笃不谋利，刻意儒风，确乎不可拔。爰筮爰卜，乃经乃营，正殿、讲堂、门壁、斋庑、墙垣、厨湢，内外完具，先圣先师十哲从祀，塑绘森严，

庙貌相称。……①

据记载，杨再成为苗族人，"团峝子弟"即苗族子弟（可能也有侗族子弟），创建于皇庆二年（1313）的儒林书院，为我国第一所苗族书院。书院环境清幽，而且化民成俗卓有成效。儒林书院绵延办学，毁于明代天启年间，其间三百余年，为苗乡培养了大量的人才，更为移风易俗、民族融合作出了重大贡献。②

湖南西部为少数民族聚居之地，在清代被称为"苗疆"，当时多建有书院。如凤凰厅（今凤凰县）敬修书院，乾隆十二年（1747）通判潘曙创建。又如永绥厅（今花垣县）绥吉书院，乾隆二十二年（1757），同知张天如创建。永顺府（今永顺县）崇文书院，乾隆二十六年（1761），知府张天如创建，集府属永顺、保靖、龙山、桑植四县生童肆业其中。到嘉庆年间，巡道傅鼐在湖南苗疆建有六所书院、百处义学，受到清政府的表彰。③在光绪《湖南通志》中，我们可以找到其中的四所，它们是保靖县雅丽书院，乾州厅（今吉首）立诚书院，永绥厅（今花垣）绥阳书院，泸溪县浦阳书院。这些苗疆书院及义学所起的作用，我们透过傅鼐的《治苗论》可以看得十分清楚：

> 不申之以教，其心犹未格也。故添修苗馆若干处，延师教读。所读四子书而外，如《孝经》《小学》诸书，悉今讲诵之，使知孝亲敬长之道，进退揖让之礼。而其中苗生尤俊秀者，取入书院肆业，给以膏火，阅课八股诗律，榜示甲乙，使知奋勉。久之，则今日书院之苗生，即可为异

① （清）李瀚章等：（光绪）《湖南通志》卷六十九，岳麓书社，2009。

② 杨进廉：《从儒林书院的创建谈古代城步教育的发达》，《岳麓书院通讯》1986年第2期。

③ 赵尔巽等：《清史稿》卷三百六十一《傅鼐传》，中华书局，1977。

日各寨之苗师，以苗训苗，教易入而感动尤神，则礼义兴而匪僻消，苗与汉人无异。司此土者，苟永守成宪，毋扰毋弛，则边地生民安居乐业，世世子孙永享太平矣。①

2. 蒙古族书院

在元代有很多蒙古族官绅加入到了创建书院的行列，成为书院建设中不可忽视的力量。如至正年间，县尹帖木儿不花建温公书院于夏县；至正十八年（1358），浙西道肃政廉访使丑奴重修杭州西湖书院；后至元六年（1340），浙东道都元帅锁南班建鲁斋书院于宁波；天历二年（1329），知县燮理溥化建龙眠书院于舒城县；后至元年间，唐兀崇禧建崇义书院于鄄城县；千奴建历山书院于鄄城历山；县尹贯阿思南海牙建天门书院于天门；泰定年间，监察御史忽鲁大都兴亚中创建文贞书院于剑阁；达可建墨池、草堂、石室三书院于成都；等等。虽然其中只有历山书院等少数书院专为蒙古族子弟所建，但表明元代已有蒙古族书院。这些书院多已不用蒙古语教授，其所传授的也多为儒家文化知识。

到清代，在蒙古族聚居之地亦建有书院训迪其子弟。如雍正二年（1724），土默特都统丹津在归化城（今内蒙古呼和浩特）建立学宫、文庙，光绪年间又设启运书院，专招蒙古族子弟入学。它与满学书院——长白书院（启秀书院）、汉学书院——古丰书院比肩并峙，称为绥远三书院。

3. 土家族书院

土家族书院见于明代永顺土司。永顺土司由来已久，自五代梁开平四年（910）彭瑊起，世代割据，统治境内土家族人民。传至十六世彭万潜，

---

① （清）黄应培、孙均铨、黄元复：（道光）《凤凰厅志》卷十二，岳麓书社，2011。

时当元代，实行土司制度，称永顺宣抚使司，明代改称永顺宣慰使司。到清代雍正年间，才改土归流，废除世袭制。永顺土司统治期间，境内长期没有学校等文化教育组织，就是明太祖洪武二十八年（1395）下令诸土司皆立县学，彭氏土司亦抗旨不行。直到弘治十四年（1501）明孝宗朱祐樘诏令，"土司及土官子弟，凡要承袭土职者，必须入学，不入学者不得承袭"，在不入学则不保其位的情况下，永顺始有土司子弟彭明辅就学于辰州的记录。到万历年间，土司彭元锦、彭象乾先后就读于酉阳。元锦字衷白，以军功授湖广都司都指挥使，进阶骠骑将军。他是一个开明的土司，任宣慰使时，于万历十五年（1587）在土司衙署所在地福石城（今永顺县城东三十里老司城）建立若云书院，集土司及土官子弟肄业其中。①若云书院的具体情况，由于资料缺乏，今日我们已无从查考得知，但其建立意义重大，它不仅翻开了永顺教育史的第一页，而且成为土家族人民融入中华文明的一个显著标志。又如重庆黔江的墨香书院，清光绪六年（1880）创建，除招汉人子弟外，还兼收土家族、苗族子弟，这是一所多民族混合的书院，此又有别于只招土家族子弟的若云书院。

4. 瑶族书院

瑶族书院比较多见，兹以今湖南江华瑶族自治县为例而予介绍。瑶族进入江华始于宋元之际，其后各姓瑶族民众陆续迁入，居住在萌渚岭的深山老林中，过着刀耕火种的原始生活。历元至明，皆无学校，其教育职能唯以巫师、歌手的宗教典礼活动和礼者、长辈的言传身教来维系。清代则大有改变，学习经史之人从无到有，并呈增加之势。政府则因势利导，于康熙四十一年（1702）准许瑶族子弟与汉人一起参加岁科考试。雍正四年

---

① 张相楚：《永顺书院建置史略》，《岳麓书院通讯》1986年第2期。

（1726）又规定凡岁科两试，皆于额外增补瑶族生额三人。到乾隆年间，以上这些"归化新民"（指瑶族民众）的措施大见成效，儒家文化薪传有种之后，政府又在各瑶族聚居之地创建义学、书院，进一步推广、普及儒家文化。乾隆九年（1744），"江华县衙饬于瑶地适中处设立义馆，延师训课，每年廪饩银各十六两，均由县赴司领给"。于是当年就在锦岗义学、锦田义学的基础上创建秀峰、锦田两书院，以教瑶童。次年，又在"上伍堡瑶"设义学。今存湖南学政李汪度所撰《伍堡建义学记》石碑，其称：

> 上伍堡之义塾为徭（今改为瑶，下同）而设者也。……楚粤之交苗徭杂处，历有理苗、理徭之专官。夫理者治也，而治莫善于文治。《易》曰："观乎人文，以化成天下。"文教者，帝王御世之权而移风易俗之大机也。《论》曰："化民成俗必由于学。"惟游之于学之中，仁熔而义冶，礼陶而乐甄，则文教聿宜，虽雕题交趾之伦，可跻跻麟趾鹊巢之化。楚南永、宝徭籍，与内地生童一体应试。往，雍正十年，徭生有登贤书而膺民社之任者，是固渐摩于圣化者深乎，抑亦学之效也。惟是徭地界连两粤，重岩密菁，族姓滋蕃，荒材陋落中容有梗化而弗若于训者，将筹所以理之者，故不在簿书讼狱之间，而在化导薰蒸之有其具，此伍堡义学之设，官其地者所为兢兢也。理徭官丞斯建学舍，绘图呈报，堂庑斋庐，宏敞整齐，将集徭人之秀者肄业其中，谓非涵揉磨革之善术与？予惟抚绥蛮荒，惟以不鄙夸其人为要义。徭人皆隶版图，同为赤子，如使以徭人外之，彼亦自外于齐民。人性皆善，惟学以复其性，以启其尊君亲上之心，与内地之化行俗美无异致也。阳明先生以龙场驿吏坐拥皋比，讲习不辍，其时之闻风来学者，赤衣鸠舌之徒雍雍济济，遂俾尼山之铎施及罗施鬼国，弦诵流传，以迄今日。伍堡义塾诚得其人以司教事，江华、宁远之间，讵不邹鲁若乎？

从上引文字中我们可以明了瑶族义学、书院设置的缘由及其化民成俗、融合民族文化的目的。到乾隆三十八年（1773），知县欧阳柱又将伍堡义学扩建为三宿书院，招收竹子尾宿、上下半宿、平岗宿三宿瑶族生徒肄业其中。三宿书院院合较大，有大小房12间，肄业者常有四五十人。院中置有学田83亩，年收租谷120担以供经费。设山长主持教学，所授以四书五经为主，属普及教育。①

5. 高山族书院

高山族书院仅见于台湾一省。光绪二年（1876），台湾道夏献纶巡视水沙连，至日月潭，登上珠屿（今光华岛），令驻守官丁汝霖创建正心书院，以教育水沙连"化番"子弟。所谓化番即脱离蒙昧转向文明的高山族同胞。书院由丁汝霖创建，有房屋两栋，一栋长四十三米，宽九米，建于山顶，一栋长十六米，宽五米，建于山坡。不设山长，由丁汝霖及幕僚吴裕明兼司教事。

6. 回族书院

清同治年间，陕甘总督左宗棠经营西北，在甘肃设置化平川厅（今宁夏泾源）安置陕西回族民众。十三年（1874），提督喻胜荣捐建书院，专教回族子弟，左宗棠为其取名"归德书院"，并命幕府施补华撰记。"归德"有以儒家文化训迪回族子弟，争取民族融合之义。②

---

① 黄绘新：《江华六书院与瑶族文教事业》，载湖南省书院研究会、衡阳市博物馆编《书院研究：第二辑》，湖南大学出版社，1989。

② 廖子季：《渌江书院山长左宗棠与边疆书院》，载湖南省书院研究会、衡阳市博物馆编《书院研究：第二辑》，湖南大学出版社，1989。

7. 维吾尔族书院

在维吾尔族聚居之地新疆，清代乾隆年间建有八所书院，它们是桐华书院、虎峰书院、昌吉县书院、绥来县（今玛纳斯）书院、阜康县书院、济木萨（今吉木萨尔）书院、呼图壁书院、奇台县书院。其中桐华书院为将军阿桂创建，谪臣徐世佐、纪昀先后主讲，唱和甚欢，其时"边疆初开，专勤训迪，士气蒸蒸"[①]。其他七所书院皆属义学性质，是乾隆三十二年（1767）办事大臣温具奏创建的，其称："新疆地方兵民子弟，教演技艺固属要务，而讲习文理亦当稍知文墨，请于每城置房数间，各设义学一所，于民人内择其品行端方，文理通顺，堪以教读，并于年老辞粮兵丁内择其弓马娴熟者，每学拣选二名，作为教习。其应需膏火，令各处于附城空闲地内量其支用拨给田亩，雇人耕种，每年所获粮石作为教习之费。"[②]这些书院中是否有少数民族子弟就读还不甚清楚。到光绪年，省城迪化（今乌鲁木齐）又建有博大书院[③]，其学生民族成分亦不得而知。以上九所书院的生徒，照理推测应有维吾尔族子弟，是否确然，姑且存疑，但哈密伊州书院招收维吾尔族子弟则为不争之事实。伊州书院为光绪初年，维吾尔族王爷沙木胡索特创建，招维吾尔族、汉族子弟肄业其中，用满、汉两种语言教授《百家姓》《千字文》《三字经》《论语》《孟子》等，属初级教育。肄业诸生出院后多任通事，从事翻译工作，亦有派往南疆任职者。[④]

---

① （清）李瀚章等：（光绪）《湖南通志》卷一百七十七，岳麓书社，2009。

② 嘉庆《三州辑略·义学》，成文出版社有限公司，1968。

③ 袁大化修，王树枏等纂《新疆图志》卷三十九《学校二》，上海古籍出版社，1992。

④ 李国钧主编《中国书院史》，湖南教育出版社，1994。

8. 满族书院

清代统治者对汉民族推行"修其教不易其俗，齐其政不易其宜"的民族政策。一方面为了统治先进民族，它不得不鼓励落后的统治者向被统治者先进的文化学习，责令满洲子弟研究、信奉儒家文化，将程朱之学定为国家官方哲学。另一方面，它又害怕被同化，因此在八旗之地长期禁止建立书院等这一类汉人固有的文化组织。顺治元年（1644）十一月，清兵刚刚入关，国子监祭酒李若琳就上疏建议："满洲八固山地方，各觅空房一所，立为书院，将国子监二厅六堂教官分教八旗子弟。各旗下设学长四人，俱就各旗书院居住，朝夕诲迪。臣等不时亲诣稽察勤惰。仍定每月逢六日，各师长率子弟同进衙门，臣当堂考课，以示惩劝。"①但建立八旗书院的建议被否决，各地则普遍建立起了八旗官学以教旗人子弟。自此以后二百余年，清政府对八旗建书院多持反对态度。如道光二年（1822）吉林将军请求以罪臣原工部郎中马瑞辰改派吉林任白山书院山长主讲，遭到申斥："东三省为我朝根本之地，原以满语骑射为重"，"议课生徒学习文艺，必致满语日益生疏，弓马渐行软弱，究之书院，仍属具文，于造就人才毫无裨益，是舍本逐末，大失所望。"同年，又不准将军徐焜为西安驻防八旗子弟创办书院的请求，认为"近来各省书院日就废弛，均系有名无实"，为八旗子弟创办书院，"行之日久，必致仍属具文"。十八年（1838），又申斥新疆乌鲁木齐都统鼓励捐修书院的请求，认为新疆"若照各省州县建立书院之例，徒务虚名，是重其所轻，必致轻其所重，所有恳请鼓励各员之处著不准行"。直至光绪年间，新政渐行，才算解除建书院课试八旗子弟的禁令，先后同

---

① （清）鄂尔泰等：《八旗通志初集》卷四十七，台湾学生书局，1970。

意在张家口和江宁（今南京）为八旗子弟建立抡才书院、崇文书院。[①]

在是否建书院以教满族人这个问题上，最高统治者也是意见不一。康熙皇帝就不反对，并于十五年（1676）钦准宁古塔（今黑龙江宁安）将军哈达所拟满洲学房方案十例，赐额"龙城书院"，所辖各旗每牛录（基本的户口和军事编制单位）限送六人入院肄业。这表明康熙皇帝是支持建立课试满洲子弟的书院的。不仅如此，当八旗子弟接受先进的汉族文化之后，必会形成崇儒尊道之风，书院之禁就难以执行，出现一些专课旗人的书院也就势在必然了。除了上述提到的龙城、抡才、崇文三书院之外，还有如下一些满族书院值得记述。

满城维新书院。设在宁夏宁朔。据民国《朔方道志》卷十载："满城维新书院，系雍正年满营筹建，为宁夏驻防八旗子弟肄业之所。光绪二十九年，副都统志锐改为驻防满营两等小学校。民国四年，宁朔县治移驻满城，知事钟文海改为宁朔县第一高等小学校。"

白山书院。设在吉林（今吉林省吉林市）。嘉庆十九年（1814）将军富俊创建，学舍五楹，八旗及民籍子弟俱在内肄业，分满汉两门课士。其时"彬彬弦诵，文教日兴"。道光间虽遭皇帝批评，但一直办学不断。到光绪年间，仍设汉文教习四员，满文教习二员，分舍教授各旗子弟。白山书院是吉林省第一所书院，开启吉林书院教育之先河，对于促进民族文化发展居功甚伟。[②]

昌明书院。设在吉林珲春城北，光绪十七年（1891）副都统恩泽创办，有大门、孔子殿、满文官学房、汉文官学房等十六间，招满族子弟肄业，先学习《三字经》《千字文》《百家姓》《论语》《孟子》《大学》《中庸》，继之

---

① （清）刘锦藻：《清朝续文献通考》卷一百，浙江古籍出版社，2000。

② 赵家骥等：《吉林省书院考略》，《湖南大学学报》1987年第1期。

以《诗》《书》《易》《左传》《礼记》等。二十六年（1900）七月末，被俄军焚毁。

八旗少城书院。设在成都满城内，同治十年（1871）总督兼成都将军吴棠捐建。据同治《重修成都县志》卷四记载：

> 成都驻防八旗子弟，向有官学二所，分为上下四旗，延师教读清文，其生童等系在附学肄业，并无专设书院。同治十年，总督兼署成都将军吴棠捐廉八百两创建。并司、道、府、厅、州、县各官公捐平银五千二百两，发成都府交典商生息，每年总息银六万二十四两，以作山长束脩、诸生膏火等用。计山长束脩银二百两，薪伙银一百两；每年订为十课，每课文生超等六名，每名银一两五钱，特等文生六名，每名银一两，上取文童三名，每名银一两，中取文章五名，每名银八钱；斋夫一名，每月工食银二两；山长节敬每节银四两。余作每年岁饰及每课造册试卷之费，由该管协领按季呈报查考。每月初二日官课，十六日师课。山长关券由协领具来延订。同治十年八月十六日，兼署将军札仰管协官学事务协领固勒洪阿、署协领札木丹遵照现定章程办理。

长白—启秀书院。设在绥远城（今内蒙古呼和浩特），清同治十一年（1872）将军定安劝建，主招满洲旗籍子弟，兼收蒙古族、汉族子弟。其有关情况见于民国《归绥县志·教育志》："启秀书院在新城东南隅，同治十一年，绥远城将军定安督功八旗官兵捐建，名长白书院，以余款五千两发商生息，作为经费，并延请山长按月扃试，由八旗官员内选派协领等经理其事，蒙汉人等愿应课者均准入考。光绪三年，将军庆春又以余款二千两发商生息。五年，将军瑞联复饬归绥道阿克达春集商捐银四千两，充备公费，改名启秀书院。"其时，启秀书院与启运书院、古丰书院齐名，并称绥远城三书院，分课满族、蒙古族、汉族三族子弟。

长安营书院。在湖南城步长安营同知厅，道光二十四年（1844），宝庆府同知朱百顺倡建，以为八旗官兵子弟肄业之所。但这是一所"议而未成"的书院，朱百顺刚议定《学要》三则、《学规》三则，就以调任临（武）蓝（山）同知而离开长安营。道光《宝庆府志》的作者，以其"良德美意必有履而成之者"，故"存其名录其文，以待后之君子"。虽然终无君子修成美事，但其《学要》《学规》则可反映当年满族书院的追求和具体运作情形。

除了专课满洲族籍子弟的书院之外，在八旗驻防之地，有些书院还设旗籍名额，安置旗人子弟就近入院肄业。如广东广州粤秀、越华二书院，江苏南京钟山、镇江宝晋二书院，湖北荆州辅文书院等，都设旗籍若干名，准许旗籍生童与民籍子弟一体参加甄别，按名额择优录取。此种情形，可以视作满族书院的一种变例而予注意。

少数民族书院的出现，表明书院作为一种文化组织，具有满足各民族人民文化生活需要的功能，而其发展则表明，书院已经成为多民族共同认可的文化标志，亦成为中华民族的文化象征之一。

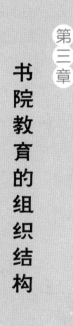

第三章

书院教育的组织结构

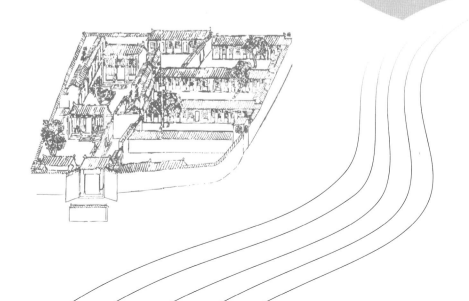

　　书院是唐宋以后社会的文化教育组织，具有多种文化功效，长期以来，为了适应各种文化需要，形成了以山长为核心的组织管理结构。各职事责有专门，相互配合，共同维系着书院的正常运转。由于各个地方乃至各个书院的情况不同，需求有别，各职事的设置也就不尽相同，呈现差别。据统计，唐宋以来各种书院的职事有一百五十余种，可谓名目繁多，而且好些职事名称虽然相同，但任职资格、责能范围却有差异。众多职事的设置，正从一个侧面反映出书院职能的繁富，亦能展示书院适应各种文化需要的能力。

第一节　书院山长

一、山长负责制

　　书院的学术带头人、主讲者兼行政负责人称为山长。山长之名始于唐五代，如唐刺史孙丘置学舍于阆州北古台山，以尹恭初为山长；五代蒋维东隐居衡岳讲学，授业者称之为山长。书院沿用此名，与其大多数创建于山林秀美之处有关，既取其主掌院务、教务之实，亦兼退隐泉下、居山养老之意。宋元以来，书院普遍设立此职，清初亦沿袭不变，到乾隆皇帝，认为名称不雅，多山野之气，于是乾隆三十一年（1766）专门下了一道诏书，将山长改为院长。但习惯上多称山长，官方文书则山长、院长并用。

山长的产生，宋代多由不愿出仕或弃官归田的学者建院自任，少数由地方政府聘任或公众推举。宋理宗景定年间诏由吏部任命，遂为学官，故宋末多有由州府学教授兼任山长者。元代书院例置山长，与教授、学正、学录、教谕等为学官，由礼部、行省及宣慰司任命。明代则地方官聘请、地方公众选聘、学者建院自任三者都有。清代由地方官礼聘，亦有部分由地方公众聘任者。山长的职责要求其人选必须具有较高的学识和较好的德行。一般来

图 3-1 清乾隆年间岳麓书院山长王文清手定读书法拓片

讲，名气愈大的书院，对山长的要求愈高，尤其是一些以教育与学术中心称名天下的书院，山长概为当时全国一流学者担任。州县书院的山长也是选择"经明行修，堪为多士模范者"出任，明清时，很多书院还提出了进士、举人等出身资格的限制。乡里书院山长或为学行道义之士，或为举人、秀才，亦有较高要求。

与山长、院长职事相同的还有山掌、山主、洞主、主洞、洞正、馆师、掌教、院师、主讲等。馆师以下各名称在明清书院中比较常见，基本上是山长或院长的别称，其他则不为一般书院所常设。山掌仅见于清代湖南芷江县秀水书院[①]，山主仅见于宋度宗时的上蔡书院[②]，洞主、主洞、洞正也只见于宋代庐山白鹿洞、潮州韩山等少数书院。韩山书院"洞主，郡守为之。山长，郡博士为之。职事则堂长、司计各一员，斋长四员"[③]，可知洞主实为书院行政负责人。有些大书院还设有两院长，如清光绪年间江苏南菁书院聘请黄以周、缪荃孙同为院长，分别主讲经学、词章。还有一些书院则给院长配以副手，分担其工作，于是就有副山长、副掌教、副讲等职的设置。如岳麓书院在南宋设有副山长，由欧阳守道担任。欧阳守道后来出任江西吉安白鹭洲书院山长，培养了状元宰相文天祥这样的英雄。山长之下设副职的都是一些名望极大的书院。

山长负责制是一种确立山长为书院领导核心的管理模式。其组织构成繁简各异，家族乡村小型书院，比较简单，如宋代盱山书院，山长之外，有堂长、学长、斋长诸职"相与励翼之"[④]，其最简者可以就只山长一人。官府

① 同治《芷江县志》卷十二《酌定秀水书院条规》，江苏古籍出版社，2002。

② （清）黄宗羲：《宋元学案·王爚》，陈金生、梁运华点校，中华书局，1986。

③ （明）解缙：《永乐大典》卷五三四三，中华书局，1982。

④ （宋）包恢：《盱山书院记》，转引自陈谷嘉、邓洪波主编《中国书院史资料》，浙江教育出版社，1998。

主持的大中型书院，职事较多，如号为天下四大书院之首的岳麓书院，在宋代就有山长、副山长、堂长、讲书、讲书执事、司录、斋长等，而建康府（今江苏南京）明道书院则是宋代管理组织最庞大最完善的书院。它设有山长、堂长、堂录、讲书、提举官、堂宾、直学、讲宾、钱粮官、司计、掌书、掌仪、掌祠、斋长、医谕等共十五种职位，构成一个庞大的组织管理体系。其中，前四位居书院的重要地位，各设有专门的办公场所，分别叫作"山长位""堂长位""堂录位""讲书位"，另有"职事位"两处，居处其它九种职事。山长位高权重，主持教务，取舍诸生，是书院的核心，每月三次课试及逢一、三、六、八日讲课时到院，堂长为其副手，住院掌理日常院务。其他各职各有责守，分工明确，协助山长、堂长维持书院正常的教学、研究、祭祀、图书、经费等各项管理，甚至院中师生的身体状况亦有医谕来做保障。

山长负责制在不同的时期、不同的书院又有不同的表现形式。如潮州韩山书院，设置依仿白鹿洞书院，有"洞主，郡守为之。山长，郡博士为之。职事则堂长、司计各一员，斋长四员"[1]。这是洞主领导下的山长负责制。非常明显，洞主即郡守，是一级地方行政长官，也就是说，韩山书院的山长要向地方政府负责。沿此成习，后世官府书院多采此种管理模式。

堂长负责制，是南宋特有的现象。当时，书院、书堂混用，有些书院设置堂长以行山长职能。如九江濂溪书院，"招致名儒以为堂长，诸县举秀民以为生员，仍至田租以赡之"[2]。金溪县槐堂书院，叶梦得《槐堂书院记》称，"李子愿为堂长以主教事，职事生员各立定数，因其岁之所收而差次其

①　（明）解缙：《永乐大典》卷五三四三，中华书局，1982。
②　同上。

廪给”①。但这不是一种普遍的现象，一般而言，堂长位次居山长之下，如建康府（今江苏南京）明道书院之类，其责在"纪纲庶事，表率生徒"。元明以后，堂长地位下降，变为学生首领，负责考勤、课堂记录、搜集疑难等。

山长之学术水平、道德水平的高低可以决定书院的兴废盛衰。书院制度确立时，人们就特别重视山长一职。岳麓书院的首任山长周式，就因为"学行兼善，尤以行义著称"，而受到宋真宗召见，并赐对衣鞍马，授官国子监主簿，享有亘古未有的殊荣。到绍兴年间，大学者胡宏"力辞召命，自请为岳麓书院山长"之后，"山长之称，人以为非实行粹学者莫宜居"。②乾道年间，张栻主讲岳麓，虽与朱熹、吕祖谦并称为"东南三贤"，但他是胡宏的学生，不敢以山长相称。由此可见，山长资格之重，非同一般。大概也就是从这时候开始，岳麓书院在较长的时间内就以"堂长"主教事。某堂长逝世之后，有一位"颇能为诗""文采可观"名叫周愚的自荐顶替，官府以其事"商度"于王炎。王氏因作《论请岳麓书院堂长》一文，其称：

炎前此闻其人颇能为诗，至于学问之浅深，行义之优劣，炎实未能知之，不敢轻于所议……夫差一职事，在使府径自行下，岂有不可？又使炎退而议焉，不惟见其重于许与？盖虚中待下之备，今之君子所未有也。窃谓书院得名，由山长周式以行义闻于真庙之朝。今湘中九郡，惟一书院，书院惟一堂长，先生以命世儒宗主盟吾道，士之一经品题者，身价便重，视他人所谓差充职事，事体似不同也。……如周愚果堪充上件职事，酌

<hr>

① （清）刘坤一：（光绪）《江西通志》卷八十一，凤凰出版社，2009。

② （宋）欧阳守道：《白鹭洲书院山长厅记》，转引自陈谷嘉、邓洪波主编《中国书院史资料》，浙江教育出版社，1998。

之乡论，出自使府，招之使来，人谁闲言？[①]

由此可知，书院负责人的任用需要考察多方面的因素，仅有文采、能诗文是远远不够的，学问之深、行义之优是必备条件，还要兼顾"乡论"，始得由官府差遣。虽未明言官府应依何种具体的制度任用堂长，但按章法行事之迹昭然若揭。事实上，到南宋中后期，书院山长一职渐由吏部差授，只是"山长之未为正员也，所在多以教授兼之"。理宗景定四年（1263），"诏吏部诸授书院山长者，并视州学教授"，山长成为正式的学官，可以修建山长厅作为官署办公，京城新进士有资格充任。

二、以山长为核心的教学职事设置

作为文化教育组织的书院，其业务工作主要分为学术研究、教学、讲会、藏书、刻书、祭祀等，它们涉及文化的积累、研究、创造、传播等各个方面。

1. 教学和研究职事

教学和研究是相辅相成的，它们构成书院最主要也是最重要的业务工作。这方面的职事至少有山长、副山长、副掌教、经师、馆师、教主、副讲、都讲、讲书、讲书执事、讲宾、助讲、助教、学师、堂长、堂录、堂宾、学长、管课学长、学副、学录、经长、分校、正教习、副教习、训导、司录等三十六种。山长之外，负责教学与研究工作的主要有如下职事：

---

① （宋）王炎：《双溪类稿》卷二十二，转引自陈谷嘉、邓洪波主编《中国书院史资料》，浙江教育出版社，1998。

堂长 堂长之名多见于宋代。书院、书堂等混用，堂长即山长的别称，叶梦得《槐堂书院记》即有"李子愿为堂长以主教事"的记载。也有一些书院，在山长之下设堂长，如岳麓、白鹿洞等书院皆曾设置，其责则为"纪纲庶事，表率生徒"。元明以后，堂长的地位下降，变为书院的学生首领，负责考勤、课堂记录、搜集疑难等。

学长 学长之名由来已久，北宋真宗当年教授大臣文笔时，即令张耆为学长，张景宗为副学长。书院设此职，始于元代，《光绪江西通志》卷一三五载奉新人阴用炤"元季为临汝书院学长，讲心性之学，聚徒数百人"。临汝之学长，其责守似与山长相同。明代吉安白鹭洲书院在未设山长之前，曾委任府学生员为学长代行其责。清代道光年间，广州学海堂进行体制改革，不设山长，设八学长代行山长之责。每年四课，每课由两学长经管，周而复始，当班经管的学长称为"管课学长"，全权处理堂中教学与行政事务。光绪八年，广州菊坡精舍亦仿此设四学长共理舍中教务。清代河北金台书院也设学长、学副、上舍等职。另有一种情况是山长之下再设学长"司分教之任"，如白鹿洞书院治事斋即设礼、乐、御、射、书、数、历律七学长分主教事。清末陕西泾阳崇实书院亦设致道、求仁、学古、兴艺四斋学长于"识达古今，学通中西"的山长之下，分管各门专业教学。学生首领也有称作学长的。如清代陕西泾阳味经书院即在诸生中公推三人为学长，"主持斋中诸事，稽察学习勤惰，互相警戒，德业相劝，过失相规"[①]。

分校 分校之职见于清代广州广雅书院。据光绪十五年（1889）《广雅书院学规》规定，书院在院长之下，"设分校四人，经学、史学、理学、文学，分门讲授，以代院长之劳"。其职责相当于分司教学的学长。

---

① （清）刘光蕡：《烟霞草堂文集》卷七《味经（书院）创设时务斋章程》，上海古籍出版社，2010。

讲书　讲书本为学官之职，宋代书院始设此职，如岳麓书院在欧阳守道任副山长时，即请欧阳新为讲书，讲《礼记》"天降时雨，山川出云"章。宋绍熙年间，朱熹重修岳麓书院时，还设有"讲书执事"。

正、副教习　此职见于清末新式书院，只管教学，没有行政责权。如光绪年间杭州求是书院在总办、监院之下设正教习一人，教授化学及各种西学，兼课图算语言文字，聘西方人充任；设副教习二人，一教授算学、测绘、舆图、占验、天文，一教授外洋语言文字及翻译书籍报章等，由中国学人担任。

训导　训导本为官学之职，专司训课。元代书院职事纳入官学系统，故其书院多设此职，如湖州府（今浙江湖州）安定书院即设训导二员，地位仅次于山长，由行省任命。明代白鹿洞书院曾设此职。清代乐安县鳌溪书院也于山长之下设《大学》训导一员，教育生徒。

经长　此职不多见。白鹿洞书院经义斋曾设五经长，分讲《易经》《尚书》《诗经》《礼记》以及《春秋》三传等儒家经典。当时规定"凡学徒有疑义，先求开示于经、学长，不能决，再叩堂长，不能决"，再依次叩副讲、山长等人。

助讲　此职不常见。清代河南明道书院曾设此职，由举人杨仲唐担任。杨氏同时兼任监院，协助院长黄舒昺主持教学，制订学规，多有成绩。

都讲　此职亦不常见。清代福州鳌峰书院曾设此职于山长之下，事见梁章钜《归田琐记》及《退庵自订年谱》。

司录　司录为书院中负责记录讲学、会讲情况的职事。《宋元学案·南轩学案》记载：张栻讲学岳麓书院时，张庶"执笔为司录"。职责与此相当的还有堂录等。这些职事人员记录下来的文献成为我们今天研究书院文化的重要资料之一。

2. 学术活动职事

讲会、会讲、文会、诗会等是书院重要的学术活动，旨在交流各自的学术主张、治学经验、学习心得等，唯因或在院内活动，接受山长领导，或是联院举行，不能常举其事，而且会必有期，其职事的设置自不必像教学、研究那样名目繁多，常见者有会主、会长、副会长、教主、主盟、知宾等。

会主　会主即讲会或会讲的主持人或主讲者，相当于今天学术会议的主席之职。明代无锡东林书院每年大会两次，集天下同志讲学，每月小会一次，一般为院中同学参加，会期都是三天。《东林会约》规定："大会每年推一人为主，小会每月推一人为主，周而复始。"会主先说《四书》一章，此外"有问则问，有商量则商量，凡在会中，各虚怀以听，即有所见，须俟两下讲论已毕，更端呈请，不必搅乱"。由此可见，对会主的学术水平有较高水准的要求。

会长　会长有讲会之会长与文会之会长的区别。明聂豹《复古书院记》载："会有期，司会有长。会凡若干人，若某等数十辈皆面承良知之教，与东廊同游者，虽所诣有浅深，要皆斐然成章，而协赞书院之成咸有力焉。"这里的会长，即是讲会的会长。明嘉靖以后，王阳明的弟子往往建书院联讲会，风动东南。讲会活动中，多有会长之设，入选之人，必具较高的学术水平，至少对某一问题有较多的研究。文会或会文活动一般在院内进行，文会会长的责任在于批改文章，帮助同学提高写作水平。如明方世敏所订《瀛山书院学规》在"会文"一款中规定"于诸友中择一学行老成者为会长，每月三会，每会书一、经一、诗表判策各一，务要篇数俱完。先呈会长批阅，次与同会互正，须各倾倒知见，以相裨益，不得阿附雷同，亦不得长傲咈善。如此则道日以明，德日以进"。文分高下，能者为尊，因此文会会长之任职常有变化，有的书院还有正、副会长之设。如白鹿洞书院就以每月初

二、十六日大会之一二名，轮为二十六日小会之正、副会长，由他们"执笔评次"各卷，再交主洞复阅。①

教主　教主也是书院学术活动的主席，与此相类似的还有盟主、主盟等职。明万历三十四年（1606）耿橘所订常熟《虞山书院会约》规定，每月初九日讲学于院中学道堂，除了本院生徒外，知县要率儒学各官听讲，其他"乡荐绅、孝廉、生童、孝子、善人悉会听讲。讲时不掣签，不命书，不拘生童，随有志有见者讲论三五章以发其端"，学问大旨则由知县"随时聘请教主阐发"。

知宾　知宾是书院学术活动的接待人，上述东林、虞山书院等皆置此职，其任务是接待来宾。凡院外学者要来院讲会，须先要来信通报知宾，登记造册。到院之日，则由知宾延入讲堂。

3. 藏书、刻书职事

藏书、刻书是体现书院积累、传播文化功效的重要活动。刻书职事的设置，始见于唐丽正、集贤二书院，先后有修书官、修书学士、修撰官、检校官、校理官、刊正官、校勘官等名目。宋以来，书院多有刊印经籍者，其出版物史称"书院本"，以版本精善而受到藏书家的重视。从现存书院本来看，书院刻书多由山长亲自主持，精心校勘，刊印各职除检字排版启用工匠外，辑稿、编排、初校、复校等例由院中诸生兼任，也有兼容社会力量编撰刊印的，如岳麓书院清康熙年间由长沙府丞赵宁主修《新修岳麓书院志》，除主修外，设司辑、参订、考订、参考、同纂各职事，供职者有一百四十三人，其中参考三十人，皆由岳麓诸生充当。道光年间，山长欧阳厚均编印《岳麓诗文抄》，全院生徒一百零一人都参加了校勘工作。也有一些书院设置了相

---

① （清）毛德琦：《白鹿书院志》卷八，清康熙五十九年刊本。

应的职事专管或兼理刊印书籍，如以刊印大型丛书《皇清经解》而著称的广州学海堂，全部书板一百零九架，编列字号，标明板片数目，收藏于文渊阁，设守阁一员看守，藏板房门锁钥则归值课学长收管，"每逢刷印，守阁到学长处领出钥匙。每发板片不过十架，收回旧板再发新板。每次按字号点明板数，不得有误"。[①]光绪年间陕西泾阳味经书院，设"刊书斋长"，主管刊印书籍，每年有经费二百四十两银子，其中三分之二刊经史典籍，三分之一刊时务书籍。

书院藏书的保管、借阅等工作，多由院办、院书、号房等文秘类职事和斋长、学长等职事生员兼管，也有监院、首事等行政职事兼辖者，学海堂则由管课学长掌管。专职职事只有司书、掌书、司事等。

司书 司书之职见于清胡林翼《箴言书院志·规制》，其称："司书一人，掌收登书帖，以时晒之，缺者补之，残者完之，守其目录，副记其假借。"此外，司书还"兼充书吏，凡斋课，监院饬令备试卷，造册唱名及发案写榜，皆此人"。

掌书 掌书见于清代广东一些书院，如广州广雅书院设掌书二名，由诸生担任，"经营收藏冠冕楼书籍，诸生领阅缴还，随时记簿。领阅藏书者，不得污损遗失及携出院外"。[②]

司事 司事多为行政之职，清代江西修水凤巘书院则设此管书，其"学规"规定，"书籍购觅善本可资诵读，每年于肄业诸生中保举老成一人作为司事，斋生欲阅何书，须具领纸与司事，司事将书检给。阅后送还，不得涂抹污损。卷页多者以五本为率，挨次请领。非在书院内居住者，不得领阅。

① （清）林伯桐著，陈沣补编著《学海堂志·藏板章程》，广文书局有限公司，1971。
② （清）张之洞：《广雅书院学规》，转引自邓洪波：《中国书院学规》，湖南大学出版社，2000。

如有散失，即令赔补"。[①]

4. 祭祀职事

祭祀被人称为书院的三大事业之一，一般由山长主持，也有由当地行政长官或监院主持者。有关祭祀的职事除举行祀典时临时设置的主祭、陪祭、司仪、引赞、赞礼、赞引、通赞、司祝、司爵、司鼓、司钟、司尊、司香、司酒、司帛、引班、主献、正献、分献、祀生、礼生、歌生等外，还有常设的主奉、主祠、掌祠、炉主、值董、春秋二祭领事等职。

主奉 主奉之设见于苏州文正书院。该院奉祀宋人范仲淹，创建于元代。当时因为经费紧张，范氏子孙遂以"义廪不自给"为由，请求官府"但建书院以祀公（指范仲淹），慎选族人之贤者充主奉斯足矣，官除山长则乞免焉"，得到官府同意。院中不设山长，一切皆由主奉总持，其地位相当于其他书院山长，其责则以供奉祭祀，并传授被供者学行道义为主。此制沿袭数百年，直至清康熙年间。范仲淹的十八世孙必英、十九世孙能濬都曾先后出任文正书院主奉。[②]

主祠 主祠见于宋代道州濂溪书院。该院祀奉周敦颐，在山长、斋长之外，又"选族之长主祠，提其纲，专教谕之责"。可见主祠除以族中长者身份管理祭祀事务外，还主教育生徒之职。先后任主祠的有原周氏宗学讲书周不比、原源溪书院斋长周正雷等人。[③]

掌祠 掌祠见于宋代书院，掌管院中祭祀的香火、祭器、供品的备办与

---

① （清）朱点易《凤巘书院志》卷四，转引自赵所生、薛正兴主编《中国历代书院志：第2册》，江苏教育出版社，1995。

② （宋）范仲淹：《范文正集》补编卷四，上海商务印书馆，1937。

③ （清）李瀚章等：（光绪）《湖南通志》卷二七九，岳麓书社，2009。

管理事宜，与由受祀者后裔专任的主奉、主祠不同，得选举士绅或院中诸生担任。如建康府明道书院，择诸生担任，其地位还高于斋长。

炉主　此职见于清代台湾奎壁书院，掌管庶务并主持祭祀。

值董　此职见于清代台湾文石书院，专掌院中祭祀大典。

春秋二祭领事　此职见于清代岳麓书院。掌祭祀田租，备办香油、供品，保管祭器等事。①

第二节　书院行政职事

书院作为文化教育组织，行政事务本来较少。宋元时期除财务由司计、直学等管理外，院政皆由山长统摄。明代以降，随着书院的发展，教学管

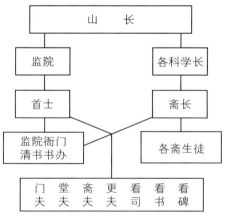

图 3-2　晚清岳麓书院组织系统图

---

①　（清）周玉麟：《岳麓书院续志补编·书院各缺佃约》，岳麓书社，2012。

理、学生管理等行政事务渐多，于是设立了院总、监院、监理等职，以分山长之劳，并逐渐形成行政、财务、勤杂等比较完备的职事系统。

一、书院行政职事构成

1．书院行政职事

监院　监院是书院中仅次于山长的职事，实际上往往处于行政负责人的地位。院中"庶务"包括行政、财务、学生管理、图书管理等，皆统于监院一职。监院之设起始于明，盛行于清。监院主要是由地方行政长官委派或以学官兼任，也有地方公推的。官命监院有称作"监院官""监院教官"者，权力较大，名义上受山长制约，但它是官方在书院的代表，可以越过山长直接向主管衙门负责。河北唐县唐岩书院的监院就由儒学教官"教谕、训导，按月轮流管理"，"如肄业生童内有嗜酒闲游，不勤攻读者，该监院随时训责。如有不遵约束者，即牒县逐出"。公众推举的监院有任职资格的限制，任期多依工作好坏而定，往往还兼负聘请山长之责。与监院之职类似或由监院之职分解出的职事还有"院总""生童监院""孝廉监院""副监院""监院提调"等。

总办　总办之职见于今浙江大学的前身杭州求是书院。按该院章程规定，院中设总办、监院、司事及正、副教习，不设院长。总办为名义上的书院行政负责人，"综核事务，随时稽查"，由杭州府知府兼任。监院"管理院中一切事宜"，负实际行政责任。

掌管　掌管类似监院的副手。清胡林翼《箴言书院志·规则》记载，"掌管二人，掌收契约、理田产、量租谷、葺房屋、发膏火、经庶用；祠堂、书院祭祀之规必饬焉；仓库器具之数，书籍之储，以时佐监院而稽核之"，并负有与监院共商聘请山长之责。

监理 监理之职不常见，它相当于董事会的董事，通过对书院执政者的监察而参与书院的管理工作。清光绪年间湖南《巴陵金鹗书院志略·酌议章程》规定，"书院由邑绅公举山长一位，设立监理四、监院一、账房一、管理田庄首士二、斋夫二"。监理公举公正绅耆担任，其责在于监察监院、账房等是否称职，如果监院、账房等"不能胜任及有事故，即会同各监理及大捐主随时另举"。

董事 董事亦有称"董理"者，负管理、督办之责。清代各地书院多设此职，其人选强调公正勤谨之外，还有要求家资殷实以防贪占院产者。浙江鄞县光绪《鄮山书院志·条规》规定，书院设司事一人"专司出入账目"，设董事十二人，分四班，四季轮值，"凡庄当存款生息，核对所立循环簿，膏火花红动用出入银钱，修造屋宇什器，均责成稽察查看"。所有董事，以其所负责任大小、所管事务性质的区别，又分"董正""董副""总董""监院董事""营造董事""支发董事""催收董事"等。以上董事之职，多选公正士绅，是书院管理中民主精神的体现。

首事 亦作"首士"，参与书院管理或主管某一方面的工作，其职责、任职资格等与董事类似，多见于清代书院。湖南浏阳狮山书院设八首事，"管理诸务，三年更换，留旧二人，添新六人"[1]。湖南益阳箴言书院首事数人，"共襄公事，轮流派任掌管"[2]。南宫县（今河北邢台）东阳书院首事二十四人，轮流监课，"经营分收课卷，给发奖赏、饭资等事"。

司事 司事之设在清代书院中比较多，其职责也不尽相同。安徽祁门东山书院设司事二人，"先由本乡文约公举，再由各乡允议"，每年轮换。其责

① （清）萧振声：（光绪）《浏东狮山书院志》卷三，转引自赵所生、薛正兴主编《中国历代书院志：第4册》，江苏教育出版社，1995。
② （清）胡林翼：《箴言书院志·规制》，转引自赵所生、薛正兴主编《中国历代书院志：第5册》，江苏教育出版社，1995。

为每课随同知县或监院赴考棚登名、发卷及散发点心，备办饭食，登记在院诸生出入，清算院中账目等。①光绪年间杭州求是书院设司事二人，"一簿记账目，给发纸笔及收掌书籍仪器，一查记学生出入告假，并料理伙食一切杂事"。②同治年间徐寿为上海格致书院拟订章程，规定设司事一人，凡所有肄业生徒及游观绅商的籍贯姓名、出入时间，以及院中书籍器具，令其"分别登记号簿"，并责其留心看管院中书籍、仪器设备。

以上是书院负有全面或一个部门领导责任的行政职事，在其领导之下，还有一些相当于秘书的司吏、学吏、缮写、书办、书记、书吏、请书书办、经承书办、驿道书办、学书、院书、司堂、礼房、号房等职事，以及相当于办事员的经营原差、租赶、租差、传代、管事等职事。另外还有白鹿洞书院负责接待的典谒、宋代道州濂溪书院的掌御书臣、宋建康府明道书院负责医疗保健的医谕等职。

书院管理财务的职事，除上面提到的"催收董事""支发董事""司事""首事"等之外，还有如下一些。

钱粮官　钱粮官主管书院田产钱粮。宋代书院曾设此职，如宋《景定建康志·明道书院》载，该院当时有田产四千九百零八亩多，岁入米、稻、菽、麦等一千三百七十九石又三千六百六十二斤，又有折租钱、白地房廊钱、赡士遣支钱五千一百一十贯七百文，皆由钱粮官"掌其出纳"，并设"司计"一职为其助手。

直学　直学本为学官，宋太学设以"掌诸生之籍及稽察出入"③，书院

---

①　（清）唐治：《咸丰东山书院志略·新定条规》，转引自赵所生、薛正兴主编《中国历代书院志：第8册》，江苏教育出版社，1995。

②　邓洪波主编《中国书院学规集成》，中西书局，2011。

③　（元）脱脱等：《宋史·职官志》，中华书局，1977。

设此掌诸生德业簿，视其德业修否"参考黜陟"。^①元代凡路、府、州学及书院，皆设此职。明清书院，其地位职责不尽相同，如明澄江书院"设山长一员，直学一员"^②；清鳌溪书院设"山长一员，《大学》训导一员，直学一员"^③。明代白鹿洞书院则设此为学生首领，其位在堂长之下，每旬轮值一次，其责为置"直学簿"记录"某人过失某事，无则止"^④。

司总　司总之设，见于《紫阳书院志略》卷四，其称"遇有业产公商，即置司总。不得私行挪移，假名借领，如有存匣者，公设三锁三钥，司总互相稽察"。

经理　经理亦称"经理收务""经理首事""经理首士"等，主管书院收支财务的职事。光绪《井陉县志·皆山书院》载："择绅士十四人，以二人为经理，十二人轮流值年，将每年收租、利息及消金膏火之费，皆使经理人收管，量入为出，逐一登簿清查。"

司计　司计之设见于宋代书院，其责为主管钱粮，一般由居院肄业生徒担任。如潮州韩山书院，除洞主、山长外，职事有室长、司计、斋长。春秋二试，"堂计斋职以分数升黜，一如郡庠规式"。^⑤

管干　管干之职见于白鹿洞书院，"专管洞内一切收支、出纳、米盐、琐碎修整部署诸务"，以洞中诸生中"有才而诚实者为之，不称则更易"；事务较多，又设"副管干"。

账房　账房之设多见于清代北方一些书院，其职责明确，主要是管理院

---

① （宋）周应合：《景定建康志》卷二十九《明道书院》，南京出版社，2009。

② （明）赵锦：（嘉靖）《江阴县志·书院》，上海古籍出版社，2011。

③ （清）朱奎章修，胡芳杏纂（同治）《乐安县志·书院》，凤凰出版社，2013。

④ （清）毛德琦：《白鹿书院志》卷十一，转引自赵所生、薛正兴主编《中国历代书院志：第8册》，江苏教育出版社，1995。

⑤ （明）解缙：《永乐大典》卷五三四三，中华书局，1982。

中收支账目，向监院、首事或董事负责。核账发现账房贪污冒领行为，除赔偿罚款外必择公正之人另代。[1]

财帛　财帛之设见于清代台湾龙门书院，主管院中账目，类似会计。

礼书　礼书之设见于清代台湾仰山书院，主管院中账目，类似会计。

为了搞好饮食、卫生、门卫以及有关课试、祭礼、保管财产、收取田租等一应事务，各书院还设置了后勤杂务方面的职事。这类职事，类似今天的员工，其任职以勤谨可靠为基本条件，一般由首事公择，不称职者随时可以撤换。由于工作需要，大多常年住院，所领工资，叫做"工食钱""工食银"。他们的地位低，属于书院组织结构的下层成员。

2. 职事生员

学生自理自治并参与书院管理乃至教学工作，是书院管理制度的一大特色。这方面的职事设置始于宋代。堂长、学长在有的书院即是学生首领，管干、司计、掌祠、掌书、典谒、司录、经长等多在肄业生中择优选拔，这些担任职事的学生被称作"职事生员"。各职事选拔的标准根据职责的要求，可以是成绩优秀、老成持重、善于理财、长于交际、学有专长等。任职之期则视工作好坏而定，体现出书院任人唯贤的用人原则。一般来讲，这些职事生员能获取类似职务津贴的"贴食钱""辛资"等酬劳。有关祭祀典礼的临时职事也由在院诸生担任，与此相类似，历代多有书院进行以"习射"为主的军事训练，习射之时也有规定的仪典，称作"射仪"。射仪所设职事概由诸生充当。如明常熟虞山书院即设有通唱、司正、副司正、市侯、司旌、司鼓、司钟、司丰、司爵各一名，请射、约矢各二名，乐生四名。

学生自治中最主要、设置最多的职事是斋长。斋长之设起于分斋管理学

---

① 王兰荫：《河北书院志初稿》，《师大月刊》1936年第29期。

生的古代官学，南宋以后，书院亦设此职，如创建于淳祐三年（1243）的
潮州韩山书院定额招斋生二十名，设"斋长四员"。斋长一般从住院生徒中
选择品行端正、老成持重、学业优秀者担任。其职责主要是稽察考勤、劝善
规过、辨疑析难，同时还帮助管理财产、图书，协办考试事务、发放膏火奖
资，甚至稽核斋夫等员工。其地位，宋元时期在同属学生首领的堂长之下，
明清以来斋长之上基本不设堂长，直接向山长或监院、首事等负责。同其他
职事生员一样，斋长也领取相应的津贴。明清时期，有些大的书院设有"副
斋长""协理斋长"等，以协助斋长工作。如清代岳麓书院即设协理斋长。[1]
光绪年间江苏江阴南菁书院"于课生中择最优者为正斋长，次为副斋长"。[2]
还有的书院由于事业的需要，设立专职斋长，如黄彭年在正谊书院另辟学古
堂，"聘学长雷深之先生主讲席，选高材生胡君玉缙、章君钰为斋长，任典
守渐陶之责"。又选拔"吴生寿萱为算学斋长，示有专家"。斋长一职，有
由士绅担任的，实为书院的行政管理人员。如清代直隶（今河北）东光县
观津书院"择公正斋长二人"，"经理书院租资账目"[3]；唐县道光二十一年
（1841）所订的《唐岩书院条规》规定，设斋长四人，"书院一切事宜，斋
长分季管理"，轮班当值的斋长叫"值季斋长"，又称"经营斋长"。[4]

司纠 司纠类似今天的学生寝室长，掌稽察生徒善过，择老成者担任。
清光绪二十四年（1898）开封明道书院助讲兼监院杨仲唐订《明道书院学
则》："每斋或四人或五人，必择老成持重者一人为司纠，稽察一斋诸友之善
过而登记之，己之善过又赖同斋诸生纠察之，以备斋房不在一院，恐监院、

---

① （清）周玉麟：《岳麓书院续志补编·扣发课米章程》，岳麓书社，2012。
② 民国《江阴县志·书院》，凤凰出版社，2008。
③ 光绪《东光县志》卷四，上海书店出版社，2006。
④ 光绪《唐县志》卷四，上海书店出版社，2006。

斋长不能遍及也。"

院长 院长由肄业生担任，并且只管理行政事务，事属特殊，仅见于清代河南上蔡县书院，其"建置与规条"规定：院设经师一名，主持教学；书记二名，登记出纳课租兼写杂事；庄头三名，催纳课租；院长一名，则四斋长员挨次充任，"总结院中一应事务"。①

二、清代岳麓书院组织结构

为更深入了解各书院组织结构的具体情形，我们以清代岳麓书院为例，再做分析。清代岳麓书院的组织体系远迈元明，而臻完备。考其系统成员，有山长、监院、学长、教习、监院衙门书办、学书、首士（事）、斋长、门夫、堂夫、斋夫、看司、看碑、看书、更夫、火夫、厨子等职，兹将其分述如下：

1. 山长

清代岳麓书院山长负责书院的组织管理和主要教学工作，同时还有权参劾约束岳麓寺庙住持僧众及附近居民，真可谓一山之长。清初，山长多由巡抚从居院诸生中选"老成者"充当，康熙以来，尤其是雍正年间进入省会书院行列之后，则按部颁标准礼聘耆宿担任，如李文炤、王文清、罗典、袁名曜、欧阳厚均、丁善庆、王先谦等，均为一代宗儒。这里要强调的是政府"以礼宾之"的举措，构筑起天下名院宾师景观，难能可贵。岳麓山长多有"奉诏掌教""奉谕旨留馆"之说，可谓神气，而考其由来，则渊源有自，除了朝廷诏令、谕旨的规定，更得力于湖南巡抚等地方长官的身体力行。兹举

---

① 刘卫东、高尚志：《河南书院教育史》，中州古籍出版社，1991。

巡抚乔光烈礼聘王文清再任山长一例为证。时在乾隆二十八年（1763），王文清已七十六岁高龄，寿高德重，乔巡抚依前任陈宏谋之议，作《请王九溪先生掌教岳麓书院启》，专使奉到素有"经学之乡"的宁乡铜瓦桥王府，其词恳切，礼数崇隆，谨录如下：

伏维老先生足下，通明成性，负补天浴日之才；刚介褆躬，立精金美玉之品。未老而志在养亲，归供菽水之色笑；即耄而手不释卷，共骇龙马之精神。闭户乡村，长吏不得识其面；等身著述，寰海争乐读其书。允作完人，诞膺厚福。八旬偕老，有当年举案之人；四世同堂，看绕膝舞衣之庆。久已息驾悬车，无复束装就聘。弟窃思一壑一丘，独乐畎亩之道义；如何五经五典，焕发桑梓之人文。况平生成己成物，群仰泰山北斗之型；至今日树德树人，应廓荆土南金之贡。惟兹岳麓书院者，先贤遗脉，奎宿名山。鹤井兰亭，甚属林泉之佳胜；清风明月，堪供杖履之逍遥。今者诸生执贽，正在梦卜以求师；询谋佥同，特为高贤而虚席。束帛戋戋兮遄贲，干旄孑孑兮来迎。伏冀鉴兹懿好，惠然肯来。聚枌榆而共砚田，以父老而兼师长。上讲堂则左图右史，拓开万古心胸；入文苑则茹古含今，岂囿八行帖括。先器识后文艺，教衍朱张；学礼乐辑羽仪，道宗邹鲁。风吹云麓，嘘庶草以蕃昌；雨浥洞庭，溉九皋而润泽。将楩楠杞梓之丛出，何止桃李成行；抑骊黄牝牡之忘形，仁见骅骝满厩。高冈鸣凤，好栖穴畔之梧桐；空谷遁驹，勿弃场中之苗藿。谨启。[①]

又如山长罗典，其七十岁寿诞时，湖南学政钱澧以全省儒生之长而称晚

---

① （清）乔光烈：《请王九溪先生掌教岳麓书院启》，秦薰陶编《王九溪先生年谱》，长沙铅印本，1948。

辈，恭作《罗慎斋前辈七十寿序》，以为庆贺，极词称其笃名教、崇敦朴、惩虚伪、行忠孝节义等学行道义，至有光风霁月、秋霜冬雪、巨川广泽、青天白日之比，[①]可谓恭敬有加。

岳麓书院山长的待遇很高，其束脩、薪水、聘金、节仪、寿仪、贽仪、酒席、食米等各种的收入，每年在五百两银子左右。以乾隆年间为例，"岳麓书院掌教每年束脩银三百六十两，每月薪水银七两，每年开馆酒席银四两，生辰、端午、中秋、年节每节银六两，每年共四百六十五两。或遇另延，聘仪临期酌送"，"每年十一个月，食米二十二石"。除此之外，还配有专门的厨师、火夫："厨子一名，火夫一名，每月每名工食银六钱，每年共工食银一十四两四钱。"[②]而同期城南书院山长的待遇却要低很多，兹将两院山长收入列表如下，岳麓书院山长的体尊望重于焉得以落实。

表 3-1　乾隆年间岳麓、城南两书院山长收入明细表

书院	名目								
	束脩	薪水	开馆酒席	生辰	端午	中秋	年节	食米	合计
岳麓	360 两	77 两	4 两	6 两	6 两	6 两	6 两	22 石	银 465 两，米 22 石
城南	120 两	60 两	2 两	4 两	4 两	4 两	4 两	16.5 石	银 198 两，米 16.5 石

到嘉庆年间，随着经费的增加，岳麓山长薪酬再上台阶，每年有"束脩、薪水共银四百四十四两，按季支送。聘金、起馆贽仪、酒席、三节节仪、寿仪，共银四十两，按时致送。舟资脚费、舆金杂费十二两，于续筹加款项下动支，按季致送。置备什物暨凉棚等项，约计银二十余两，于加增膏火项

---

① 秦薰陶编《王九溪先生年谱》，长沙铅印本，1948。

② （清）陈宏谋：《申明书院条规以励实学示》，转引自邓洪波主编《中国书院学规集成》，中西书局，2011。

下动支"。^①总收入在白银 516 两以上，而同期城南书院山长每年收入只有 276 两，比岳麓山长少 240 两。这种差距要到道光年间城南书院改为通省肄业之所之后才得以拉平。

图 3-3　乾隆《长沙府志》所载岳麓山图

2. 监院

乾隆四十四年（1779），巡抚李湖建两进三间院落，以为监院住所，可见乾隆间岳麓书院已有监院。监院一般由省城长沙府、善化县、长沙县三学教官轮值充任，其地位在山长之下，管理书院财政、图书、生徒膏火奖赏、管理人员之考核与罢选等日常事务，但其主要责任还在督导生徒，考其

---

① 同治《岳麓续志》卷一《书院旧规》，转引自（明）吴道行、（清）赵宁等修纂《岳麓书院志》，邓洪波、谢丰等校点，岳麓书社，2012。

言行，协助院长工作。监院也可直接与巡抚、学政联系，传达其指令，实际上又是地方政府管理书院的代表，由巡抚颁发"岳麓书院监院官之钤记"一枚，以作书院印信，实为今日单位之公章，是岳麓书院公信力的象征。由此可知，监院是官学化的产物之一。

岳麓监院之设，或许始自康熙四十六年（1707）巡抚赵申乔的一纸奏疏。其时，陈际鼎任善化县学训导，以"相尚以道，多士宗之"而引起赵巡抚注意，特疏题请分驻湘江西岸的岳麓书院，"以专职掌"。①此疏可能关乎监院始设之事，谨录其全文如下，以备参考：

> 该臣看得长沙府岳麓书院乃宋儒张栻、朱熹讲学之所，为四大书院之一。左建先师孔子圣殿，俨如黉序。康熙二十六年，蒙皇上特赐"学达性天"匾额，并颁给解义经史诸书。宸翰辉煌，奎章炳耀，凡属臣民觐光恐后。兹据布政使详称，书院在郡城西岸，远隔江涛，诚恐崇奉无人，致贻陨越，查地属善化，议将该学训导移驻看管等因，具详前来。臣思书院既有先师圣殿，又重以御笔之光悬，赐书之宝贮，万世咸仰，君师崇奉，宜有专责。请以善化县学训导移驻岳麓书院，并酌给闲房，捐资添盖，令其居住，庶瞻天仰圣，永依云汉之为章，而入室升堂，长护门墙之数仞矣。②

陈际鼎康熙四十六年至六十一年（1707—1722）任善化县学训导十六年。上任不久，即因赵巡抚特疏题奏，从省城训导署移驻河西岳麓书院，兼

---

① （清）郭金门：《善化学陈公去思碑》，转引自（明）吴道行、（清）赵宁等修纂《岳麓书院志》，邓洪波、谢丰等校点，岳麓书社，2012。

② （清）赵申乔：《赵恭毅公剩稿》卷一《请分教职移驻岳麓书院以专责成疏》，齐鲁书社，1996。

摄馆政。陈"以斯道自任，崇正学，黜浮华，慎丹黄，严课式，大湖以南人士，经其指授，获登贤书赋采芹者，后先相望"，诚所谓"俎豆宫墙，顿开生面。湘兰沅芷，悉入甄陶"。待其"拔擢大尹，谒选都门。诸人士之薰其德而沐其教者，不能忘也"，①乃请原任山长郭金门作《善化学陈公去思碑》，以纪其教泽，以表其怀念，内有"与朱张一灯共照千古"之颂，评价甚高。陈际鼎在岳麓书院的身份，当事人、巡抚赵申乔记作"县学训导移驻岳麓书院"，郭金门称赵巡抚"特疏请分驻，以专职掌"，其后，李（发甲）巡抚"复命公兼摄馆政"，而李文炤任山长时则称"与广文临皋陈先生共襄厥事"。②可知康熙晚期十六年间，陈际鼎是以善化县学训导兼摄岳麓馆政，与山长共襄院务。惟其久而有功，同治《岳麓书院续志》卷二将其归于山长之列，而作小传，光绪《湖南通志》卷一二七则称赵巡抚"聘为山长"，将其"与朱张一灯共照千古"的颂祠等视，则未为不可。

继陈际鼎之后，罗士撰任善化县学训导十四年（康熙六十一年至雍正十三年，1722—1735），据易宗涒《岳麓书院记》载：雍正十一年（1733），巡抚钟宝"延李君天柱为主教，以司训罗君士撰司其管钥。俾诸生读书其中，授以饔飧，资之膏火"，③由此可知，罗训导继陈训导"兼摄馆政"之后，亦参与岳麓书院管理，主管书院钱粮事务。将康雍之世陈、罗两训导管理书院之事与乾隆年间善化县知县明英兼理书院及董理岳麓书院教官，领取"膳资"的记录联系到一起，则岳麓书院监院之产生、演变已然成立，宜乎

---

① （清）郭金门：《善化学陈公去思碑》，转引自（明）吴道行、（清）赵宁等修纂《岳麓书院志》，邓洪波、谢丰等校点，岳麓书社，2012。

② （清）李文炤：《恒斋文集》卷一《岳麓书院同窗年谱序》，善化李氏四为堂乾隆三年刻本。

③ 同治《岳麓续志》卷四，转引自（明）吴道行、（清）赵宁等修纂《岳麓书院志》，邓洪波、杨代青等校点，岳麓书社，2012。

乾隆四十四年（1779）由巡抚李湖正式建造两进三间院落，以为监院住所。

监院知名者有武陵贡生陈惠钧，于乾隆四十三年至五十二年（1778—1787）任浏阳县学教谕，其间"以癸卯年秋（即四十八年）奉檄监书院"，留有《岳麓山房东壁新开一窗，诗以纪之》《麓山病松为樵人窃去其皮》二首五言古诗，收入《沅湘耆旧集》卷一百二十二。由此可知，岳麓书院监院除省城三学教官之外，外地教官亦可奉檄充任。又有戴祖暄，新化县举人，道光二十二年至二十八年（1842—1848）任长沙县学教谕。二十九年（1849），升任长沙府学教授，任期至咸丰五年（1855）。其任教谕期间，曾应诸生呈请，报请当局动用公帑修复院中祠庙。再如何之亨，桂阳县举人，道光十三年至二十三年（1833—1843）任长沙府学教授，任内曾据诸生呈牒，移请善化县知县讯究私取道乡祠佃规银的僧人。戴、何两监院事迹见光绪《湖南通志》卷一二七及欧阳厚均《道乡台祠田汇记》，其时当在道光二十二、二十三年（1842、1843）。

监院由教官兼任，属朝廷正式官员，有官俸，因而在书院只领取属于补贴性质的"膳资银"，从乾隆前期的董理教官到后来的监院，岳麓书院都是每年白银36两，比城南书院的20两要高出16两之多，这种差别要到道光年间城南在全省范围招生之后才予拉平。

监院由学官兼任是为通例，但亦有变例。如乾隆十三至二十四年（1748—1759），江西南城人邓士锦任湘潭县丞，其间，因巡抚杨锡绂"旧与友善，檄为岳麓监院"。据光绪《湘潭县志》记载，邓士锦，字太初，其家自明初即为名族，他"有行义，工词翰"。雍正初，特举孝廉科。乾隆初，应博学宏词科罢归，荐升知县，坐公事降为县丞，到湘潭任职二十年。因与巡抚杨锡绂同乡友善，檄为岳麓书院监院。对这种特殊情况，《湘潭县志》做了解释，其称："监院例以省城学官为之，越用外县丞，是不欲屈吏也。然士锦在官二十年，未尝以位卑自戚，兼善行楷书，至今人珍藏之。"

3. 学长

学长是"新学"进入书院后增设的教职。光绪末年，山长王先谦改岳麓课程为经学、史学（包括舆地）、掌故学、译学、算学五科，前三种由山长新兼，译、算则设学长、教习主持教学，并制订规条，译学学长曾发表《岳麓书院新定译学会课程》。

4. 教习

教习始见于王先谦主院改革时期，原则上译、算两学皆设学长、教习从业。

5. 驿道书办

乾隆二十八年（1763），陈宏谋所订《申明书院条规以励实学示》载有此职，责任为承办书院文册。

6. 学书

与驿道书办同期设置。

7. 监院衙门书办

监院衙门书办之设，见同治《岳麓书院续志补编·书院各缺佃约》，其称："监院衙门、清书书办二缺，专管文案卷宗、赍送束脩、散给膏火银米及缮写册案等事，如有违误，由斋长呈明院长斥革，一面会同首士另招妥人，俟院长验其可用，即谕监院具文盐宪更换。"①

---

① （明）吴道行、（清）赵宁等修纂《岳麓书院志》，邓洪波、谢丰等校点，岳麓书社，2012。

8. 清书书办

清书书办之设立与职责，与监院衙门相同，其工作重点在新老监院移交御书楼藏书时清理库存图书及春秋晾晒图书。与其相关的还有监交。

9. 监交

监交之设见嘉庆末年所订《岳麓书院捐书详议条款》，其称：监院"新旧交代之时，添设监交二员。省城内现有三学，共教职六员，除新监院之同学者不派外，其余两学各派一员监交，一体具结申报。倘有遗失书籍不即行禀报着赔者，至下届交代时查出，即责令与监院各半分赔"。[①] 监交由省城三学教官中临时派充，不属常设职事。为保公正，监交不得与监院同属一所官学，如监院为长沙府学教官，则监交要在长、善二县教官中产生。

10. 首士

首士又作"首事"，书院所有收支出纳、房舍修理、基建部署、朱张渡的管理及书院门役斋夫的招选等，都由首事具体负责。其人选一般由地方绅士公推。

11. 斋长

斋长在住斋生徒中产生，每斋一人，或两斋一长。主要职责是督促诸生学习，在生徒与山长间起联系作用，同时还协助监院、首士管理书院财物，稽核斋役门夫等。同治年间，又设置"协理斋长"会同斋长工作。据记载，清代岳麓、城南两书院斋长之设始于道光年间，其选取、职责及管理都有章

---

① （明）吴道行、（清）赵宁等修纂《岳麓书院志》，邓洪波、谢丰等校点，岳麓书社，2012。

可循："肄业人数众多，必须恪守礼法，潜心讲习。诸生朝夕共处，易于稽查。岳、城两书院请各设斋长二名，于取录正课中择其老成端谨者，由山长选定，监院具详。每月酌加膏火银一两，于上年筹备续增膏火款内动支，以昭奖励。各生童若越礼犯分，不守学规，斋长即禀明监院，详请逐出，以端士习。如斋长徇隐不报，甚至随波逐流，该监院随时禀明山长，详请更换。"①岳麓书院斋长最知名的是宾凤阳，湖南新政时期，他以上书王先谦院长，反对时务学堂传播康梁民权、平等之说而归于保守顽固之列。

12. 看碑

看碑一人，管理看守自卑亭、极高明亭、道中庸亭、禹碑、北海碑等。

13. 看书

看书一人，又作"看役""书役"，检修、打扫御书楼，看管、晾晒书籍。

14. 更夫

书院东西两区各设更夫一人，负责夜晚巡视打更。始设于乾隆年间，山长王文清列其为当局"四大德政"之一。

15. 火夫

火夫是为书院师生做饭的员工，类似今日的炊事员。一般各斋设火夫一人，全院有火夫七人以上。山长专设火夫一人，即厨子。厨子是专为山长做饭的员工。

---

① （清）余正焕、左辅、张亨嘉编撰《城南书院志》，岳麓书社，2012。

16. 其他

门夫设一人，负责大门、前台、两辕门的漏湿排检、沟水疏通及本区卫生等。门夫以下各属员工，每月工食银六钱、米二斗（同治年间增至三斗），一年以 12 个月计算。

堂夫设一人，负责讲堂、二门、两苑的检盖、湿漏、沟水及卫生等。

斋夫又称斋火夫，每斋设一人，一般有六人，负责各斋炊事，各司打扫卫生、保管财物之责。另外监院内外，成德堂、讲堂两旁之日新、时习斋的卫生、检修也由各斋夫分担。

看司一人，巡视、打扫、检修半学斋及圣庙、文昌阁、崇圣祠、岳神庙、四箴亭、濂溪祠、崇道祠、六君子堂、山斋、校经堂等。

以上是岳麓书院各职事的基本情况，但不同时期，其组织和人员构成均有所不同。如乾隆二十八年（1763），巡抚陈宏谋整顿书院，核定书院组织结构，可图示如下：

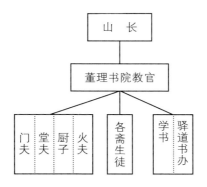

图 3-4　乾隆年间岳麓书院组织结构图

同治七年（1868）大修书院后，书院组织经院长丁善庆、周玉麟相继整顿，更加完善，整个组织系统可以下图表示：

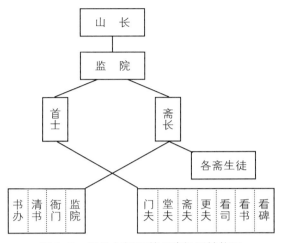

图3-5 同治年间岳麓书院组织结构图

光绪年间，在维新变法和"新学"的影响下，岳麓书院增设经学、史学、掌故之学、算学、译学等项目，其教学组织形式随之发生变化，院长之下，设置各学科学长，其组织系统如下图：

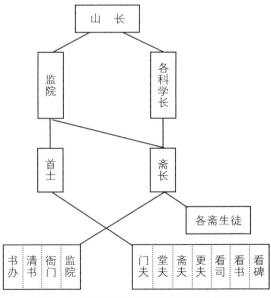

图3-6 光绪年间岳麓书院组织结构图

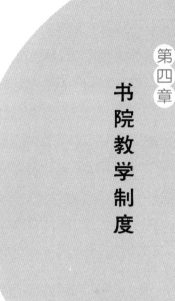

第四章

书院教学制度

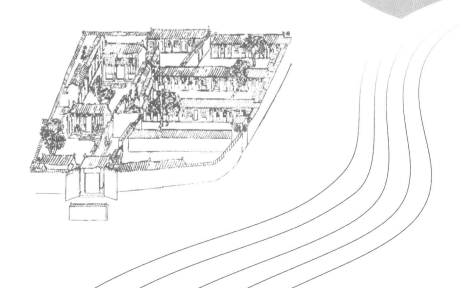

第一节　书院教学管理

制订学规、章程，规范和约束书院师生的言行举止，劝善规过，提升品位，是书院教学管理的重要内容。

一、书院学规与章程

书院学规，也作规约、学则、规式、揭示，最早的是吕祖谦的《丽泽书院学规》。学规的内容，因时因地因院而各不相同，包罗甚广，约略而言，则有三端：一是确立办学宗旨，宣示书院教育的方针，为诸生树立鹄的，为同仁确立目标，意期立志高远，养成正确的人生理想；二是规定进德立品、修身养性的程序和方法，多理性之分析与规劝，更重日用伦常规范的建立，为学者提供更多至善达德的帮助；三是指示读书、治学的门径和方法，多为山长半生攀登书山、畅游学海经验的总结，言出肺腑，语凝心血，无论是正面的引导，还是反面的戒饬，皆得视作书院教育实践经验的理论结晶。

书院章程，又作规程、学榜。南宋状元徐元杰的《延平郡学及书院诸学榜》，是现存最早的书院章程，但与官学共享，相比之下，稍后的《明道书院规程》则更加纯正。与学规的远大追求不同，章程强调细密的做法和可操作性，内容涉及招生、考试、奖惩、平日功课、教材、簿书登记、祭祀仪式、讲学方法、请假、经费等等，皆是具体而硬性的规定，意在从各个侧面去维系书院的正常运作。它是书院制度具体而生动的反映，也体现书院管理水平的高低。

图 4-1　清乾隆年间岳麓书院学规拓片

以下我们将择要介绍《白鹿洞书院揭示》《丽泽书院学规》《延平书院日习例程》，从几个侧面来了解书院规章制度建设的情况。

1.《白鹿洞书院揭示》：理学家高扬的书院精神

《白鹿洞书院揭示》，又名《白鹿洞书院学规》《白鹿洞书院教条》《朱子教条》，由朱熹制订。淳熙七年（1180），白鹿洞书院完成重建，朱熹以南康军长官的身份，率僚属及院中师生行开学礼，升堂讲说《中庸》首章，并取圣贤教人为学之大端，揭示于门楣之间，作为院中诸君共同遵守的学规。这就是著名的《白鹿洞书院揭示》，全文如下：

父子有亲，君臣有义，夫妇有别，长幼有序，朋友有信。

右五教之目。尧舜使契为司徒，敬敷五教，即此是也。学者学此而已。而其所以学之之序，亦有五焉，其列如左：

博学之，审问之，谨思之，明辨之，笃行之。

右为学之序。学、问、思、辨四者，所以穷理也。若夫笃行之事，则自修身以至于处事接物，亦各有要，其列如左：

言忠信，行笃敬，惩忿窒欲，迁善改过。

右修身之要。

正其义不谋其利，明其道不计其功。

右处事之要。

己所不欲，勿施于人。行有不得，反求诸己。

右接物之要。

熹窃观古昔圣贤所以教人为学之意，莫非使之讲明义理以修其身，然后推以及人，非徒欲其务记览为词章，以钓声名、取利禄而已也。今人之为学者，则既反是矣。然圣贤所以教人之法具存于经，有志之士，固当熟读深思而问辨之，苟知其理之当然，而责其身以必然，则夫规矩禁防之具，岂待他人设之而后有所持循哉！近世于学有规，其待学者为已浅矣；而其为法，又未必古人之意也。故今不复以施于此堂，而特取凡圣贤所以教人为学之大端，条列如右，而揭之楣间。诸君其相与讲明遵守而责之于身焉，则夫思虑云为之际，其所以戒谨而恐惧者，必有严于彼者矣。其有不然，而或出于此言之所弃，则彼所谓规者必将取之，固不得而略也。诸君其亦念之哉！①

　　《白鹿洞书院揭示》首先以儒家的"五伦"立为"五教之目"，并强调"学者学此而已"。非常明显，朱熹将传统的人伦之教作为为学的目标，是针对"务记览为词章，以钓声名、取利禄"这一情况提出来的，具有很强的现实性。并且朱熹明确指出，尧舜时代之"敬敷五教"，就是做此事情的。这是用《尚书》标举的施行人伦教化于民众的事迹，表明书院的教育目标不仅仅在士人个人的道德修养，还有传道而济斯民的更高诉求，它是一个由道德、伦理、济世三者组成的共同体，相对于科举学校之学来说，体现出一种很特殊的浸透了理学教育理念的书院精神。

　　指出为学的方向之后，朱熹又提出了学、问、思、辨、行的"学之之序"。前四者皆为"穷理"之法，属于学习方法，行即是践履。这表明，理学家已经将实践也看作是"学"的一项内容了。更有甚者，《白鹿洞书院揭示》在学、问、思、辨之后，从修身、处事、接物三个方面分解"笃行之

---

① 邓洪波：《中国书院学规》，湖南大学出版社，2000。

事"，显示出强烈的道德实践的倾向。

综合所述，我们可以看到，《白鹿洞书院揭示》针对当时务记览取利禄的学风，回归传统，将"学"定义于五教五伦，并提出为学的目标和程序。经过如此重新定义，"学"就落实到了现实的人伦世界，而维持人伦世界的秩序就变成了"学"的最终目标。为达此目标，必须穷理而笃行。也就是说，穷理和笃行构成"为学"的两大部分。两大部分中，《白鹿洞书院揭示》只点到学、问、思、辨，而详述"笃行"，这表明书院对蕴含经世之志的道德践履的高度重视。这是典型的理学家的教育理念，和张栻在岳麓书院提出的"岂特使子群居佚谭，但为决科利禄计乎？抑岂使子习为言语文词之工而已乎？盖欲成就人才，以传斯道而济斯民也"的教育宗旨，以及体察求仁的方法，分辨天理人欲的讲求等等，如出一辙。其所反映的正是他们所高扬的经世济民、传道济世或传道济民的理学精神。

《白鹿洞书院揭示》后来成为书院精神的象征。绍熙五年（1194），朱熹任潭州知州，重建岳麓书院，将《白鹿洞书院揭示》移录其中，史称《朱子教条》，传于湖湘。淳祐元年（1241），宋理宗视察太学，手书《白鹿洞书院学规》赐示诸生。其后，或摹写，或刻石，或模仿，遍及全国书院及地方官学。于是，一院之"揭示"，遂成天下共遵之学规。而随着中国书院制度之推广，它又东传朝鲜、日本，不仅当年被奉为学规，至今尚有高揭而作为校训者[1]，可见其影响既深且远。

---

① 〔日本〕平阪谦二：《被称作书院的日本学校》，载朱汉民、李弘祺主编《中国书院》，湖南教育出版社，1997；平阪谦二：《日本的兴让馆——〈白鹿洞书院揭示〉还活在日本》，熊庆年译，《江西教育学报》1997年第1期。

2.丽泽书院学规：书院倡导的行为规范

吕祖谦文集中《学规》所收五种丽泽书院"规约"，记录了他六年内对书院制度化建设所做的贡献。最早的是《乾道四年九月规约》，提出"以孝悌忠信为本"；其次是《乾道五年规约》，"以讲求经旨，明理躬行为本"。以上是学规的主体。第三是《乾道五年十月关诸州在籍人》，是为分散在各州的在籍人士所订的通信问学、互商学行的规矩。当年十月，他离开丽泽书院，赴任严州州学教授。次年，升太学博士，曾回家乡，与诸生会讲丽泽，并订立第四个规约，即《乾道六年规约》，共七条，属补充性质，内容皆是关于家庭道德、士人行为举止。第五个是《乾道九年直日须知》，集中讨论吊慰、丧礼、祭钱、赙仪等问题，都是丧葬礼仪，这与第三个规约的部分议题重复，但内容更周详具体。谨移录前两个规约如下。

乾道四年九月规约

凡预此集者，以孝悌忠信为本。其不顺于父母，不友于兄弟，不睦于宗族，不诚于朋友，言行相反，文过饰非者，不在此位。既预集而或犯，同志者，规之；规之不可，责之；责之不可，告于众而共勉之；终不悛者，除其籍。

凡预此集者，闻善相告，闻过相警，患难相恤，游居必以齿相呼，不以丈，不以爵，不以尔汝。

会讲之容，端而肃；群居之容，和而庄。（箕踞、跛倚、喧哗、拥并，谓之不肃；狎侮、戏谑，谓之不庄。）

旧所从师，岁时往来，道路相遇，无废旧礼。

毋得品藻长上优劣，訾毁外人文字。郡邑正事，乡间人物，称善不称恶。

毋得干谒、投献、请托。

毋得互相品题，高自标置，妄分清浊。

语毋亵、毋谀、毋妄、毋杂。（妄语，非特以虚为实，如期约不信，出言不情，增加张大之类，皆是；杂语，凡无益之谈皆是。）

毋狎非类。（亲戚故旧或非士类，情礼自不可废，但不当狎昵。）

毋亲鄙事。（如赌博、斗殴、蹴踘、笼养、酤饮酒肆、赴试代笔及自投两副卷、阅非僻文字之类，其余自可类推。）

乾道五年规约

凡与此学者，以讲求经旨，明理躬行为本。

肄业当有常，日纪所习于簿，多寡随意。如遇有干辍业，亦书于簿。一岁无过百日，过百日者同志共摈之。

凡有所疑，专置册记录。同志异时相会，各出所习及所疑，互相商榷，仍手书名于册后。

怠惰苟且，虽漫应课程而全疏略无叙者，同志共摈之。

不修士检，乡论不齿者，同志共摈之。

同志迁居，移书相报。[①]

非常明显，凡"同志"而又"同学"于丽泽者，不论身在何处，或亲身预集，或通信联系，从此就变成了一个具有相同理念（同志）的团体，也就是说，书院的概念已不仅仅局限在院舍之内，以丽泽同志而可作相当大的延伸。此其一。其二，学规虽然也讲"孝悌忠信""讲求经旨"，但其落脚点却在"明理躬行"，强调的不是学术、学理本身，而是学术思想指导下建立的

---

① （宋）吕祖谦：《丽泽书院学规》，转引自邓洪波：《中国书院学规》，湖南大学出版社，2000。

日用伦常准则，是如何身体力行去做，去实践。院中同志"闻善相告，闻过相警，患难相恤"，彼此规劝，意在能实践所学。为了做到这一点，甚至不惜开除不合格者。其所反映的是一种典型的道德实践的理学教育理念。

《丽泽书院学规》的特点是"范其体"，和《白鹿洞书院揭示》五教之目的"事其心"相辅相成，正好可以互为补充。因此，稍后便有人将二者合而并行，称作"朱吕学规"。如《陆象山全集》卷三十五《语录》中，记有陆九渊批评许昌朝集朱吕学规教金溪县学诸生一事，而魏了翁《跋朱吕学规》，则对二规异曲同工之妙大加赞扬。正反两面的事例，正好说明上述两个"异训而同指，异调而同功"的学规在当年就产生了很大的影响。

二、书院课程内容

书院新生入学后，大多数书院订有功课表，规定每天的学习内容和时间安排，称作"日程""日课"。与上述朱吕学规一重精神的指引、一重行为的规范不同，徐元杰的"日习例程"则将教材、考试等落实到了每天的课程之中。南宋绍定五年（1232），徐元杰以状元之身任延平州知州，秉承"郡政以学化为先"的理念，一月一聚于郡学或书院，"亲扣"诸生"每日所习何事，所读何书，所作何文"，"凡所讲习，当先就本心本身上理会"，使之自觉而改不善，自知而充所觉，自爱而守所知，又提出以孝悌为务本之学，"望人以君子之归，示人以仁者之事"，"盖不但逐逐乎科举俗学而已"。可见，他与朱吕一样，有着大体相同的理学教育理念。所不同的是，他更加关顾日常的教学课程，将其理念具体落实到士友"所当习之业"，因此制订了一个郡学、书院诸生都要遵守的"日习例程"。谨将其全部条文移录如下：

一、早上文公四书，轮日自为常程，先《大学》，次《论语》，次《孟子》，次《中庸》。六经之书，随其所已，取训释与经解参看。

二、早饭后类编文字，或聚会讲贯。

三、午后本经论策，轮日自为常程。

四、晚读《通鉴纲目》，须每日为课程，记其所读起止，前书皆然。

五、每月三课，上旬本经，中旬论，下旬策。课册待索上看，佳者供赏。

六、学职与堂职升黜，必关守倅。①

以上六条，除了一条讲学生考试，一条讲教职人员考核之外，有四条是学习"常程"，也就是今日大中小学的课表，涉及到教材、教法、课程安排，最能反映当年书院制度化的教学常态。这个课程表载于《延平郡学及书院诸学榜》，是制度化的产物。从中我们也可以看到书院自学为主的教学特色，以及"聚会讲贯"的课堂教学形式。文天祥为咸淳八年（1272）创建的江西兴国安湖书院作记时也有"置进学日记，令躬课其业，督以无怠"②的记录。这些表明，宋代后期，书院实行"日课"制度已不是个别现象，而郡学与书院共用一个课程表，也透出了当年书院开始官学化的信息。

明清书院的日课已成普遍现象。日课也即平时学习的考核，是通过学生登载日记、山长查看、对照检查，看其是否与所记相符这一程式来完成的，因此就出现了日课簿、日程簿、日记簿、日记册、行事日记册、读书日记册、功课本、课册等一系列名目的考课。这些簿记的内容，以学业为主，但平日言行也不排除。《致用精舍学规》规定："日课按学海堂规制，分句读、评校、钞录、著述四者，句读、钞录按日无缺，评校、著述一听本生，不列

---

① （宋）徐元杰：《延平郡学及书院诸学榜》，转引自邓洪波：《中国书院章程》，湖南大学出版社，2000。

② （清）刘坤一：（光绪）《江西通志》卷八十二《赣州兴国县安湖书院记》，凤凰出版社，2009。

课程""诸生所读之书，或有发明，或有指驳，不论当否，无妨存入日记册中，山长考课得以就正。其平日师友讲论，亦宜注记，以备遗忘。至身心微过，笔之于书，尤资悚惕，不得以日记当呈师长，遂揜而不著也"。①《味经创设时务斋章程》要求生徒"自书课册"，"每日何时起，何时寝；讲阅何经何史，自某句起某句止，心得若干条，疑义若干条；阅西学何书，自某句起某句止，已解若干条，未解若干条；阅报几纸，其是非得失若何，其利害有关于中国否；见某人讲论何事，其言可取与否，均一一抄为一册。五日自行呈堂评阅，月终汇齐，由监院解学宪评阅，张榜赏罚进退"。②清代后期，由于课试、命题、限定篇幅、刻期交卷、扃试糊名等考课式书院的做法已走向极端，成为制约诸生修性、向学、构辞的严重弊端时，因为日记具有"积日而求之，逐事而稽之，知其所亡，无忘所能，为者不畏其难，教者得考其实，途有程也，匠有矩也"③等优点，就受到越来越多的书院的重视。著名的河北保定莲池书院从光绪四年（1878）黄彭年主院时起，每日即令诸生写读书日记，每旬收呈，每月"论其得失高下"，优秀日记则汇集成册，每月刊印一卷，一年肄业八个月，计八卷。自光绪五年起，共刊出三十二卷。可见，日课已成为莲池书院一种重要的考试科目。

三、清代岳麓书院规章建设

　　熟知书院的学规、章程，即可把握书院的精神，把握书院教育制度的本质。书院一般都有自己的规矩章法，用以约束生徒，这就是书院的学规。学

---

① 《求实书院学规续钞·致用精舍学规》，光绪二十六年刊本。
② （清）刘光贲：《烟霞草堂文集》卷七，上海古籍出版社，2010。
③ （清）黄彭年：《陶楼文钞》卷九《莲池书院日记序》，文海出版社有限公司，1973。

规规定书院的培养目标以及修身、养性、治学、处事、接物的准则，体现出书院的教育方针、教学方法以及基本教学内容。下面我们以清代岳麓书院为例，具体了解书院规章制度的建设情形。

清代以前，岳麓书院见于文字的学规很少。宋代张栻的《岳麓书院记》只规定岳麓的教育方针。书院第一个正式学规是《朱子教条》，即朱熹的《白鹿洞书院揭示》。明代则只有"程子四箴"及世宗的《敬一箴》。但这些大多侧重思想修养，很少具体条款规定，词简意赅，富有启发，易于记诵，反映了早期书院注重"无形规范"的特点。到清代，特别是康乾之世，随着官学化程度的加深，岳麓学规不断增加，对修身养性、为德治学以至日常生活行动之种种规定限制，日臻严密具体。

顺治九年（1652），书院刊立"卧碑"于明伦堂。康熙中期，据民国《宁乡县志·先民传》载，宁乡程祐祉"主讲岳麓书院，撰学约授诸生，曰《经术》《品谊》《治事》《文藻》，凡四篇，又立《为学日程十二则》"。这是清代岳麓书院自订程约的开始。从篇目看，这是一个全面而精细的规约，既有四大方面的规范，又有为学日程安排，可惜今已散佚。康熙五十六年（1717），李文炤总结自己以往的教学经验，参考《白鹿洞书院揭示》，制订了《岳麓书院学规》八条。

乾隆十年（1745），杨锡绂就任湖南巡抚，"就平日揣测所及与所闻于父兄师友者，列为学规教条"规范诸生，又成《岳麓书院学规》四条。乾隆十三年（1748），王文清制订《岳麓书院学规》十八款及《读经六法》《读史六法》，由受业诸生曹盛朝等四十七人勒石嵌于书院讲堂。二十九年（1764），他再度受聘为岳麓书院山长，感到前订规法有缺陷，因而再以四言诗形式作《岳麓书院学箴九首》，以为补充。在《岳麓书院学箴九首》中，他提出了"学先孝弟""士先有守"的原则，指出"力学何为，变化气质"，而其"下手要术"则在于"严肃整齐"。同时，他又规定生徒学习的主要内容是六经和廿二史，但"礼乐兵农，经天纬地，错节盘根，用无不利"，因此主张广泛学习，以求多闻广识。

在王文清两任山长之间，旷敏本与欧阳正焕先后主持岳麓书院教事。旷氏拟有《六有箴》——言有教、动有法、昼有为、宵有得、息有养、瞬有存，从言行、昼夜、瞬息各方面规矩诸生。欧阳正焕则大书"整齐严肃"四字作为岳麓书院院训，并作《书整齐严肃四字因示诸生》诗，以"涵养在主敬""制外以养中，主静以定性""力行我为政"等训示学子。

道光七年（1827），山长欧阳厚均将"整齐严肃"四字及朱熹所书"忠孝廉节"制碑，嵌于讲堂及轩廊两侧。又作《拟张茂先励志诗九首示及门诸子》，勉励生徒立志成才，其碑今嵌讲堂左侧。咸、同间，院长丁善庆作《取友戒》一则，授以取友、成德之法，文载《岳麓书院续志》卷一。

据统计，清代岳麓有学规、学约、学箴、戒条等 13 种，共 92 条，数量之多，是岳麓书院历史上从来没有过的，在全国也属罕见。兹择要介绍如下。

1. 顺治"卧碑"

顺治九年（1652）颁立的"卧碑"，作为"教条"通行全国，《岳麓书院续志·书院条规》首载其文：

一、生员之家，父母贤智者，子当受教；父母愚鲁或有非为者，子既读书明理，当再三恳告，使父母不陷于危亡。

二、生员立志，当为忠臣清官，书史所载忠清事迹，务须互相讲究，凡利国爱民之事，更宜留心。

三、生员居心忠厚正直，读书方有实用，出任必作良吏。若心术邪刻，读书必无成就，为官必取祸患。行害人之事，往往自杀其身，常宜思省。

四、生员不可干求官长，交结势要，希图进身。若果心善德全，上天知之，必加以福。

五、生员当爱身忍性，凡有司官衙门不可轻入，即有切己之事，只许家人代告，不许与他人词讼，他人亦不许牵连生员作证。

六、为学当尊敬先生，若讲说皆须诚心，听受如有未明，从容再问，勿妄行辩难。为师亦当尽心教训，勿致怠惰。

七、军民一切利病，不许生员上书陈言，如有一言建白，以违制论，黜革治罪。

八、生员不许纠党多人、立盟结社，把持官府，武断乡曲。所作文字，不许妄行刊刻。违者听提调官治罪。

应该说这是清政府强加于岳麓书院的一个渗透了封建专制主义的条规，作为大清省会书院，岳麓书院必得遵守。所谓"读书明理""利国爱民""尊敬先生"等，都掩盖不了剥夺生员参与政治及限制言论、结社自由等种种事实，体现了清政府的高压政策，反映出当时清朝贵族害怕明末清议朝政之风会吹燃汉族士大夫民族意识，而危及其刚刚建立的统治的不安情绪。它是政治的产物，对于发展学术和教育有百害而无一利。

2. 李文炤《岳麓书院学规》

康熙五十六年，李文炤受聘为岳麓书院山长，上任伊始，即制订了《岳麓书院学规》。李文炤（1672—1735），字元朗，号恒斋，湖南善化（今长沙）人。他学识博洽，多有成就，"尝释《易》卦象，订《礼》，正《诗》《乐》，解《春秋》，论纂宋五子书"，"著《学庸讲义》，其他子史百家舆地象纬，莫不淹贯，湖南自王夫之以学术闻天下，文焜继起，名与之埒"①。平时则"注重于立身、敦品、养性，治业则注重于博学、审问、慎思、明辨、力行"，其学规基本上也就是这种精神的具体体现。《岳麓书院学规》共有八条，今抄录如下：

一、古语有之，其为人而多暇日者，必庸人也。况既以读书为业，则当惟日不足，以竞分寸之阴，岂可作无益以害有益乎！或有名为读书，糜廪粟而耽棋牌者，即不敢留。至于酿钱群饮，猜令挥拳，牵引朋淫，暗工刀笔，亦皆禁止。盖鄙性拘方，不能曲徇也。

二、《诗》有之"朋友攸摄，摄以威仪"。无有不敬而能和者，倘或同群之中，谑浪笑傲，即隙之所由生也。甚至拍肩执袂，以为投契，一言不合，怒气相加，岂复望其共相切磋，各长其仪乎！有蹈此弊者，亦不敢留。君子爱人以德，幸垂谅焉。

三、每日于讲堂讲经书一通。夫既对圣贤之言，则不敢亵慢，务宜各顶冠束带，端坐辩难，有不明处，反复推详。或焜所不晓者，即烦札记，以待四方高明者，共相质证，不可蓄疑于胸中也。

四、每月各作三会。学内者，书二篇，经二篇，有余力作性理论一篇。学外者，书二篇，有余力作小学论一篇。焜止凭臆见丹黄，倘或未当，即携原卷相商，以求至是，更不等第其高下。伊川先生云"学校礼仪相先之地，而月使之争，殊非教养之道"，至哉言乎！

五、《四书》为六经之精华，乃读书之本务。宜将朱子《集注》逐字玩味，然后参之以《或问》，征之以《语类》，有甚不能通者，乃看各家之讲书可也。次则性理为宗，其《太极》《通书》《西铭》已有成说矣。

---

① （清）李瀚章等：（光绪）《湖南通志》卷一百七十六，岳麓书社，2009。

至于《正蒙》，尤多奥僻，尝不揣愚陋，为之集解，然未敢示人也，诸君倘有疑处，即与之以相商焉。其程朱语录、文集，自为诵习可也。

六、圣门立教，务在身通六籍，所传六经是也。今之举业，各有专经，固难兼习，然亦当博洽而旁通之，不可画地自限。乃若于六经之内，摘其堂堂冠冕之语，汰其规切忌讳之句。自矜通儒，皆蒙师世俗之见，不可仍也。试观御纂《周易折衷》，何字何句不细心玩索？以天纵圣学，而且如此，况吾辈乎？至于《周礼》，虽不列于学官，然实周公致太平之成法，亦尝集先儒之说为传，有相质证者，不敢隐焉。

七、学者欲通世务，必须看史。然史书汗牛充栋，不可遍观，但以《纲目》为断。至于作文，当规仿古文，宜取贾、韩、欧、曾数家文字熟读，自得其用。制艺以归、唐大家为宗，虽大士之奇离，陶庵之雄浑，皆苍头技击之师，非龙虎鸟蛇之阵也。论诗专以少陵为则，而后可及于诸家，先律体，后古风；先五言，后七言，庶可循次渐进于风雅之林矣。

八、《书》言"知之非艰，行之惟艰"。猩猩能言，不离走兽；鹦鹉能言，不离飞禽。为言而徒以诗文自负，何以自别于凡民乎？故学问思辨，必以力行为归也。力行之事多端，惟《白鹿洞揭示》及《蓝田吕氏乡约》得其要领，他日当纂集而剞劂之，以公同好云。

李文炤是清代湖南继王夫之之后的大学问家，尊濂洛关闽之绪，而一以朱子为宗，主讲岳麓书院，悉以修己治人为训，强调《四书》，由《四书集注》到《四书或问》，再到《朱子语类》，多所讲究，其他则《太极》《通书》《西铭》《正蒙》，皆理学名著。所订学规具有浓厚的理学特色，此其一。其二，强调重经史，"通世务"，躬行实践，扶持人伦，凡"学问思辨，必以力行为归也"。其三，注重辩难、推详、质证、切磋的教学方法，月试以书、诸经及小学，主张"携原卷相商，以求至是"，但"不等第其高下"，其教学训练的方式方法颇有特点。其四，主张通经而习举业，凡作文、制艺、论诗皆有讲究。需要说明的是，康熙六十一年（1722）冬，李文炤于应聘次年任江西南昌豫章书院山长，因续朱子《白鹿洞书院揭示》与胡居仁《白鹿洞学规》之绪而作"学规"七条。后因变故而未赴任，"学规"不及实施。

3. 杨锡绂《岳麓书院学规》

乾隆十年，杨锡绂就任湖南巡抚，他对岳麓书院的建设特别关心，"下车旬日，即诣书院，展谒朱子、张南轩先生祠"，并"进诸生申明义利之旨，晓以读书作文大意"，勉励他们要"知正学，务实修，不溺于词章功利之习，而相勉于圣贤中正之途"。他认为岳麓"聚一省之秀肄业其中，尤为各郡标准"，必须办好才行，于是制订《岳麓书院学规》四条，规范诸生。兹摘录如下：

　　一、立志

　　心之所之谓之志。志，气之帅也。志在南辕者必不肯北辙，则立志要矣。后世小学之教，浸失童蒙，已无养正之功。弟子稍识字义，即令学为时文，所竞者纷华靡丽，所志者利禄功名，得之则以为喜，失之则以为忧，诘以在古人中欲学何等人，终身欲作何等事业，茫无以应，岂非志之不立哉！……历观古圣先贤，未有不先立志者。矧生晚近之世，资质已不逮古人，而又不知立志，譬犹操舟而去其舵，漂泊无定，且将覆溺于波涛浩渺之中，欲其安流自在，所向必达，此必不得之数也。诸生远来肄业，口诵先儒之书，已有年矣，试返此心，其果定志于圣贤之学乎？则益加精进，益加涵养，以求至于其极。如尚未有定志，则宜急反前日之沉迷，而力端今日之趋向，往可不谏，来犹可追。须知古来圣贤豪杰，人人可为，可惜为风云月露、利禄功名之念，误了一生，致使七尺之躯，空与草木同腐。

念及此，当与诸生一体，通身汗下。

二、求仁

人生而五性具，曰仁、义、礼、智、信。而仁统四端，兼万善，尤为切要而当求。……张南轩先生作《岳麓书院记》，惓惓以求仁之旨为提揭，其嘉惠后学之心，甚为笃挚。诸生诚潜心于关闽濂洛绪言，其于仁之一字，无患不明。然须是自己时时体认，方于身心有益，否则亦口耳之学而已。……如此细心体认，加以勉强克治之功，总不肯一时放下，一事忽略，才有个见地，有个把柄，不敢在嗜欲功取中汨没一生。诸生慎勿以老生常谈，放其心而不知求也。

三、变化气质

阴阳，气也。人得之天地之气以成形。毗阴毗阳，高明沉潜，其大较也。《书》曰"刚克柔克"，此变化之说也。士子读书，须先以变化气质为要，而变化气质却甚难……诸生肄业书院，不患不能文，所患者不能变化气质耳。今为揭先儒两言，曰主静，曰持敬。能静则心鲜驰逐，而病痛自觉；能敬则随事检摄，而偏私渐去。

四、正文体

自有制艺以来，名家林立，评选者亦指不胜屈，偶得一说，总不出古人论（疑为"议"）论之外。……今与诸生论文，亦别其为君子小人而已。夫所谓君子之文者，本之经以植其根，稽之史以广其识，沉潜于宋元有明诸儒之绪论，以淘其渣滓，而归于纯粹，其于法律，则一本先民而神明之。故其为文也，其足以阐发圣贤之精蕴，而自然不庡于绳尺。小人之文不然……同一时文，而所以为之者判若天渊，亦由君子小人，衣冠面目未尝不类，而其居心则如水火冰炭之不相入也。愿诸生做人以君子为法，以小人为戒，作文亦力趋君子而严绝小人，将见仁义之人，其言蔼如也，区区制艺云乎哉！

从上面两个学规中，我们可以看到"卧碑"的某些强制性条文已经被冲破，如"勿妄行辩难"就被李文炤大力提倡的诸生"共相切磋"、师生"端坐辩难""反复推详""共相质证"所取代。这对于岳麓辩难求真学风的形成产生了深刻的影响，也反映出康熙时期的书院已开始挣脱专制束缚而按其自身规律发展。但这种发展又受到"开明"的积极控制，转向于官学化道路：李氏学规中每月"三会"的形式及考课内容的规定，与官学比较，并无多少差别；杨氏学规中关于时文举业的大段论述，亦无不体现这种控制。

李、杨学规还有一个共同特点，那就是将岳麓引向朱张传统之路。李文炤不仅规定《四书》为读书"本务"，而且将《太极》《通书》《正蒙》《西铭》及程朱语录、文集等理学著作列入必学课程，而其学问思辨力行的方法则完全引用朱熹《白鹿洞书院揭示》。杨锡绂在学规引言中指出："书院之设，所以讲明正学，造就人才，处则望重于乡邦，出则泽施天下，非仅为工文藻、取科名、扬声誉。"这与张栻提出的教育方针如出一辙，而其求仁之旨几乎与《岳麓书院记》所提倡的完全相同。这些都反映出经过顺治时期的压抑之后，朱张传统在岳麓书院的复活。

4. 王文清《岳麓书院学规》与《读书法》

如果说，李、杨二氏所订学规标志着岳麓冲破"卧碑"藩篱，恢复宋明传统的话，那么乾隆十三年（1748）王文清手定《岳麓书院学规》及《读书法》，又反映出它开始受到新的学风影响，走向经史之路了。乾隆年间，朴学之风兴起，王文清受其影响，"淹贯群籍"，熟于经史，纂修、校勘时就名震京师，时有"记不明，问文清"之谚，可见其功力之深。主持岳麓书院之后，他即订立规法，以其学训勉诸生。学规前九条讲忠、孝、庄、俭、和、悌、义等道德规范，后九条则规定了学习内容，提出了过笔、争疑、完课、早起等具体要求。

岳麓书院学规

一、时常省问父母。　　二、朔望恭谒圣贤。

三、气习各矫偏处。　　四、举止整齐严肃。

五、服食宜从俭素。　　六、外事毫不可干。

七、行坐必依齿序。　　八、痛戒讦短毁长。

九、损友必须拒绝。　　十、不可闲谈废时。

十一、日讲经书三起。　　十二、日看《纲目》数页。

十三、通晓时务物理。　　十四、参读古文诗赋。

十五、读书必须过笔。　　十六、会课按刻蚤完。

十七、夜读仍戒晏起。　　十八、疑误定要力争。

　　有意思的是，我们在宁乡《玉潭书院志》中发现，王文清乾隆二十五年（1760）在玉潭书院前身玉山书院任山长时，曾将《岳麓书院学规》移于玉山，所谓"始至时，同人请规条为式，予因忆曩时主讲岳麓，曾有《学规》勒石者，因录之以志于此"。[①]但两相对照，发现有三点不同：一是最后多出"薄暮归舍锁门""出入禀命方行"两条，也就是说，他记忆中十二年前的岳麓学规是二十条，而不是十八条；二是条文顺序不同，如读书与会课两条，玉山记作"会课按刻早完，读书必须过笔"，秩序正好相反；三是字句多有区别，如"痛戒讦短毁长"作"痛戒忌长讦短"，"不可闲谈废时"作"相戒闲谈废时"，"日讲经书三起"作"每日讲解经书"，"蚤完"作"早完"，"疑误定要力争"作"疑误必要力辩"。这些秩序与用词变化，显示出程度、方法的不同，相信不是记忆出了问题，而是有意作了调整。至于最

<hr />

① 邓洪波主编《中国书院学规集成》，中西书局，2011。

后多出的"暮归"与"出入"两条，相信也是为适应玉山书院情况而作增补的可能性更大。

读书法，是王文清治学经验的高度概况，比如读经，从正义、通经义——知其然，到发现疑难，提出异议，辨明其要义——知其所以然，符合认识论的规律，实为有用的学习方法。《读书法》，碑刻题作《王九溪先生手定读书法》，分作《读经六法》《读史六法》两部分。同治《岳麓续志》并无总标题，而是分别题作《王九溪先生读经六法》《王九溪先生读史六法》，两相对照，内容完全一致，兹据碑刻移录如下：

王九溪先生手定读书法

读经六法

一、正义。二、通义。三、余义。四、疑义。五、异义。六、辨义。

读史六法

一、记事实。二、玩书法。三、原治乱。四、考时势。五、论心术。六、取议论。

应该说，读书法是王文清七十余年读书、治学经验的高度概括。以读经而言，十三经乃儒家两千余年积淀的产物，可谓"万世不变者"，具有神圣性，遵从理解是一般的读经原则。王山长却不然，教诸生从"正义"到"通义"，始得知其然，进而发现余而未尽之义，有所怀疑，提出不同看法，并辩难而形成自己的观点，此则余义→疑义→异义→辨义之逻辑顺序，由知其然而达至知其所以然，并进而跨入认识的自由王国，符合认识论的规律，此其一。其二，更重要的是追求学术自由的精神，敢于怀疑经典，正义、通义之后，犹能余义、疑义、异义、辨义，确立自己的观点，成一家之言，实属难能可贵，当可视作理解岳麓学术乃至湖湘文化的密码。本此精神，一以贯之，读史之法最终也落实到"取议论"，要有自己对历史的看法，面对治乱时势要有自己的主张。其实，王文清在乾隆二十五年（1760）任玉山书院山长时，还颁示过《读书法九则》，虽然他没有将其移植到岳麓书院，但借此可以了解其一贯主张，谨摘其目如次：读书要专，读书要简，读书要极熟，读书要立志，读书要看书，读书要养精神，读书最要穷经，读书要看史鉴，读书要下笔不俗。

纵观岳麓学规，它具有几个特点：一是继承发扬了朱张理学传统；二是书院学规日渐增多加密，反映出政府对岳麓书院控制的加强和书院官学化程度的加深；三是学规总结了山长的教学经验，实为我国古代教育思想的有用遗产。另外，学规中反映的教师以身作则、教学相长、师生共商等精神，都值得我们借鉴利用、批判继承。

第二节　书院日记教学法

书院的教学管理方法多样，难以一一尽举，兹择要介绍其日记教学法，以见其概要。书院日记教学法是记录学者每天的研究成果和读书心得，之后由教师对学生日记进行考察与解疑。日记教学法将教师指导与学生自学结合起来，启发学生思维。在提倡学术自由的同时，又要求学生按规范高效地学习。日记教学法以人为本的教学理念、尊师重教的道德规范、宽松的学术自由环境、指导与自学相结合的教学方法、高效有序的教学管理模式对现代大学教育有着重要的借鉴和启示。

一、日记教学法的发展

日记教学法见于南宋。其操作方法是：设立日记册、日记簿、日课簿、日程簿等名目的簿册，发给生徒，用以记录、考查诸生每日课业。它于诸生为记录每日所做功课，于山长则可验学生勤惰，考其学业，是书院广为采用的一种教学方法。状元宰相文天祥咸淳年间所作《赣州兴国县安湖书院记》中，就有"置进学日记，令躬课其业，督以无怠"的记载。①安湖书院在兴国县城东二百里的衣锦乡，属于远离城镇的乡村书院。乡村小院尚且以日记来督课诸生，则此法通

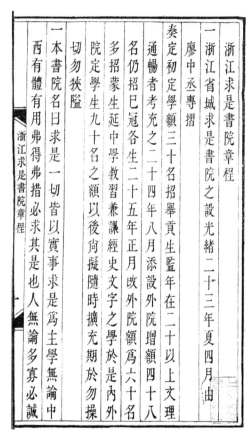

图 4-2　浙江求是书院章程

行于一般书院可以想见。延平郡学与书院共享的"日习例程"前四条，即其祖式，它分早上、早饭后、午后、晚上四段时间规定生徒每日功课。这种以日记的方式登记课业，不定期抽查的形式，既能督促学生学习，又给予他们

---

① 陈谷嘉、邓洪波主编《中国书院史资料》，浙江教育出版社，1998。

充分的学习自由。

受顾炎武《日知录》的启发，清代书院更是广泛应用日记教学法。阮元的学海堂和诂经精舍就用"札记册子"的研究方法。上海龙门书院、江阴南菁书院更是实施日记教学法的典型范例。

上海龙门书院由道台丁日昌于同治四年（1865）倡办，最初目的是向太平天国运动后受西方文化冲击的上海宣扬传统儒学，兴书院以育人才。龙门书院山长刘熙载《龙门书院课程六则》有"重躬行""勤读书""严日课""遵规矩""循礼仪""简出入"六则。其中第三条"严日课"记载：

> 诸生宜各置行事日记册、读书日记册，于行事日记册内分晨起、午前、午后、灯下四节，按时定课……虽间有参差，总以绵密无间为主，每日课程及事为按候记于行事册，读书有心得、有疑义按日记于读书册。所记宜实，毋伪，宜要，毋泛，不得托故不记。逢日之五、十，呈于师前，以请业请益，师有指授，必宜月良膺。每月课文一次，岁终甄别，以验所学之浅深而进退焉。①

书院规定学生须有两个日记本：一本为行事日记册，另一本为读书日记册。行事日记分每日晨起、午前、午后、灯下四个时间记录。读书日记与行事日记一起每五天上交一次。呈递日记时，山长穿戴整齐，学生按次序站于山长前，当老师示意时，方可坐下。古代书院尊师重教的精神不言而喻。刘熙载要求弟子每日记载读书、行事，并亲自批阅。刘熙载弟子胡传之子、现代著名学者胡适对日记教学法给予高度肯定。

---

① （清）刘熙载：《龙门书院课程六则》，转引自邓洪波主编《中国书院学规集成》，中西书局，2011。

父亲对这位了不起的刘山长的教学方式也有所记载。他说所有在书院中受课的学生，每人每日都得写一份"日程"和一份"日记"。前者记载为学的进度；后者是记学者的心得和疑虑。为这种"日程"和"日记"的记述，该院都有特别印好的格式，按规格来加以记录。这些"日记"和"日程"父亲均保留下来。其中有趣而值得一提的，便是这印刷品的卷端都印有红字的宋儒朱熹和张载等人的语录。其中一份张载的语录便是："为学要不疑处有疑，才是进步！"这是个完全中国文明传统之内的书院精神。[①]

　　刘熙载的日记教学法是中国书院教育的宝贵遗产。江阴南菁书院始建于光绪八年（1882），创办人为江苏学政黄体芳，书院建立得到两江总督左宗棠的支持。由于江阴为当时江苏学政所在地，加上黄体芳的学术声望，南菁书院成为当时的省会书院。1884 年，黄以周继张文虎之后主讲南菁书院，因为日记教学法在上海龙门书院过去二十年间取得巨大成功，南菁书院也开始采用日记教学法。通过日记教学法，学生以自学为主，教师指导为辅。因此南菁书院始终只有讲学活动，没有在教室上课的形式。书院生徒除用日记记载个人活动和研究心得外，还须参与月课，按月分课策论、经解等文章。文章水平决定学生明年是否继续能留校或拿奖学金。南菁书院的月课文章数量曾出现过一个短暂变化，1890 年底由每月两篇变为每十天一篇。然而他们发现，如果一个月要求学生准备三篇文章，学生就没有时间来阅读和记日记，因此 1898 年文章数量又减少到一月两篇。可见当时人们相当重视读书日记，并且不管如何变化，日记教学是必须保留的项目。

---

① 胡适：《胡适口述自传》，唐德刚译注，广西师范大学出版社，2005。

二、日记教学法的特色

日记教学法的采用，为书院在旧的灵魂中注入新的血肉，让作为教学机构的书院进一步发展活跃于文教事业中。日记教学法本身如下具有鲜明特色：

1. 自主研修与教师面授相结合的教育方法。

朱熹曾说："师友之功，但能示之于始而正之于终耳，若中间三十分工夫，自用吃力去做，既有以喻之于始，又自勉于中，又其后得人商量是正之，则所益厚矣。"①朱子指明教师要将教学放在"示之于始"与"正之于终"上，即将教学重心放在引学生入门和答疑解惑上。日记教学法刚好符合这一特点。学生通过行事日记册规范自己每日的个人行为。读书日记册，要求学生每天将自己课堂所思考问题、所读书籍心得、新的研究成果全数记载下来。老师通过行事日记册与读书日记册来了解学生每日完成的功课。以龙门书院刘熙载山长为例，刘熙载十分重视学生的日记，对日记进行详细批阅，每隔五天与学生就日记内容交谈至深夜。讲评后，学生们又开始准备下一次的日记。这种教学方法给予学生充分的自主研修时间，又提供与老师解惑交流的机会，锻炼学生自我学习的能力。

2. 检验学习与教学成果的有效手段。

教师通过日记来考察学生的学习状况，日记成为评定学生成绩的依据之一。学生也可以通过查看日记发现自己的不足与进步，对自己有一个全面的

---

① （宋）黎靖德编《朱子语类》卷八《总论为学之方》，王星贤点校，中华书局，1986。

认识。日记既是学生学习成果的反映，也是自我评价与教师评价的基础。日记可保留下来或者刊印成册，成为宝贵的学术财富。南菁书院早期课生赵椿年一直保存着南菁书院的日记，晚年写回忆录的时候甚至都引用过它。南菁书院曾选取学生月课优秀之作刊印成文集，如《南菁讲舍文集》《南菁札记》《南菁文钞》等。这些月课论文的出现，是以学生学习日记为基础的。还有直接将日记刊印成书的，1896 年，苏州学古堂书院就出版六册《学古堂日记》，里面记载的都是学生平日对经典的注释分析，经老师修改、精选后出版。日记以高级教研成果的形式出现，提高学生的学习兴趣和治学能力，后期又成为参考书与工具书，具有极大的历史研究价值。

3. 培养良好和谐师生关系的催化剂。

龙门书院山长刘熙载"与诸生讲习，终日不倦。每五日必一一问其所读何书，所学何事，黜华崇实，祛惑存真"。①他"与学子辨析辄至夜分，虽大寒暑，衣冠冲整，无惰容，历十余年如一日"。刘熙载注重躬行，以诚待人，与学生面对面地探讨学习心得。同时，他还将自己的读书笔记整理成教科书，名为《持志塾言》，进一步鼓励学生将读书心得用日记记录下来。这种平等的师生关系，有益于形成和谐的学习环境，培养深厚的师生情谊。与学生面谈日记内容，有助于教师自身的提高；学生主动与老师交流，学业会大有长进，如此循环，教学相长，相得益彰。学生在呈递日记时"诸生诣师长前，以次立，命之坐，以次坐"的规矩，又成为尊师重教的典范，不失为书院学习的一段佳话。

---

① 刘熙载:《刘熙载文集》，薛正兴点校，江苏古籍出版社，2000。

三、日记教学法的启示意义

光绪二十七年（1901），光绪帝令书院改制为学堂，古老的书院在学习借鉴西方教学模式的情况下跨入近现代。现代的中国大学，是中西方文化冲突、融合的产物。书院的传统精神和人文特质，在现代大学中得到延续。书院的日记教学法，也对现代大学教育有着重要的借鉴和启示意义：

第一，大学应提供宽松的学术自由环境，在充分发挥教师作用的同时，调动学生的学习积极性，培养学生的自学能力。南菁书院将讲学活动与学生日记相结合，摒弃课堂灌输的模式，给学生提供相当多的自学时间。龙门书院山长每五日面见学生，与学生交流解惑。从书院的日记教学法就可看出，当时书院教师的指导作用，体现在两个方面：一是要求学生自己读书记日记；二是通过日记解答疑问，与学生交流读书心得，鼓励学生问难论辩。这种学生读书、教师解疑过程，贯穿日记教学法的始终。教师与学子"辨析辄至夜分"，这种不拘形式、不拘地域、独立开放的学习模式，给予学生充分的学习自由，既充分发挥教师的指导作用，也培养学生受惠一生的独立学习与思考能力。吕祖谦在丽泽书院讲学时，就指出学贵在创造，要求学生独立研究，提出新颖独特的见解。书院这种教学思想是值得高校教育借鉴的。我们现今的大学教育，很多都崇尚刚性强制管理，学生受到的约束过多，学术自由受到限制，学习积极性在过于紧张的环境下也容易受挫。宽松的学术自由环境是创新的前提，新的时代需要培养有创新精神的人才。没有学术民主的氛围，没有宽松的学术自由环境，很难迸发出智慧的火花。大学教育应提供给学生更多的自由学习空间，教师也应该鼓励学生，让学生自学为主，教师重在启发引导，营造一个自发自觉的学习氛围。

第二，借鉴书院规章制度下的高效学习方式，完善现代大学管理制度。书院"凡学必有约，凡会必有规"。不以规矩，不能成方圆。古代书院在追求学术造诣的同时，都有明确的书院管理章程。书院章程是书院的办学宗旨和规程制度，需要书院师生共同努力遵守。其中最有名的如朱熹《白鹿洞书院揭示》、吕祖谦《丽泽书院规约》等。前面我们提到《龙门书院课程六则》，不仅要求学生记载行事日记和读书日记，同时一天分晨起、午前、午后、灯下四个时间记日记，每个时间段应该读何书、如何读书都有一个规范。书院每个月还有按月命题课卷，通过日记和一月几篇论文来检验学生的学习状况。书院给予学生足够多的自学时间，同时规章制度的约束又有利于学生养成自我监督、自我评估的好习惯，可提高学习效率，防止学生自我摸索找不到门道而浪费时间。每五天的教师检查和每月课卷，又可杜绝学生的懒散行为，使学生养成勤学的好习惯。作为我国高等教育机构的大学也有自己的规章制度，学生应严格遵守学校的规程。然而，有些大学管理方式偏重两个极端。部分大学过分偏重制度管理，机械式的管理和填鸭式的教学剥夺学生创新机会，学生自我发展空间受到限制；另一部分大学又过于强调放松，只会导致学生懒散和教学秩序崩溃。这两种极端都容易导致学习效率偏低。我们应该在规章制度与开放自由之间取得一个平衡点，建立高效有序的管理体制，这样才能提高教学质量和学习效率。

　　书院日记教学法，将教师指导与学生自学结合起来，启发学生思维。在提倡学术自由的同时，又要求学生按规范高效率学习，培养了一大批智能型的人才。日记教学法还促进师生交流，教学相长；书院教师"至诚谆悉、内外殚尽"，获得学生的尊重。书院以人为本的教学理念、尊师重教的道德规范、宽松的学术自由环境、指导与自学相结合的教学方法、高效有序的教学管理模式都值得现代大学学习。香港中文大学已经沿用多年书院教学模式，澳门大学也在校内设立书院。复旦大学、西安交通大学、暨南大学等高校纷

纷开始采用书院管理模式和教学方法。我们希望现代大学能够汲取书院教育的精华，实现我国高等教育的繁荣发展。

第三节　书院专科教育

书院研究、传播以程朱理学、陆王心学、考据之学等为主的儒家学术思想、文化基础知识，以及攻习帖括时艺之学而求科举及第，这是书院教学的主流。除此之外，也有书院开展专科教学，如进行医学教学与实践，开展军事教育，实施中国标准化语言语音教育等。

一、历山书院的医科教学与门诊业务

历山书院在山东省鄄城历山下，元人千奴创建。千奴姓玉耳别里伯牙吾台（一作伯岳吾），蒙古族人。其祖忽都思，元初定居历山。其父和尚，随征南军攻宋，但不嗜攻杀，力免屠城，为元代的统一及建设做出了较大的贡献。千奴"笃于学问，博通古今，有经济之具"，学者称"历山公"。历任武德、明威将军，江南浙西、江北淮东等道提刑按察使、肃政廉访使等，官至大都路总管，授嘉议大夫，参与中央政务。作为一个文武兼备、博学多才的官吏，他对立国之本的教育非常关心，在地方即"勤于劝学，所至必先之"，管辖大都路则"兴工"国学，"尤尽其力"，对于乡里子弟更是不能忘怀，"莅官之余，且淑于其乡"，创建了历山书院。①

――――――――――

① （元）程文海：《雪楼集》卷十二《历山书院记》，文渊阁四库全书本。

历山书院的创建时间，地方志语焉不详。查《元史》卷一百三十四千奴本传载："（大德）七年，授嘉议大夫，大都路总管兼大兴府尹。……国学兴工，尤尽其力。……未几，迁参议中书省事，赞决机务，精练明敏。"[1]据此我们始知历山书院的创建时间为千奴以嘉议大夫身份参议中书省事的大德七年（1303）或稍后。

　　历山虽设于远离城市的山村，但规制完备，经费充足，藏书丰富。它除了开展教学的讲堂、斋舍外，还另设专祠祀孔子，其制乃仿州县学，为当时一般书院所不备，而其习射御之场所及接待求药剂者的建筑，就更有别于其他书院了。田产百亩，外加岁捐粟麦，足以维持书院正常运行。书楼藏书万卷，已属少见，师生凭此完全可以开展学术研究，对于保证教学则更无问题。所有这些都说明它是一所条件完备的教育机构。它是一所多学科多专业的综合性书院，设文学之师与医学之师，开展文、医两科教学，学生除专业文学或医学外，还得兼习军事，进行操练。主持医科教学的医师，除课堂教学外，还得接待"乡之求七剂者"，设立门诊，开展实际的医疗活动。

　　历山书院创办之初，千奴因在朝为官，对其规划与发展只能凭借书信对其昆弟及所聘请的文、医二师进行遥控指挥。延祐五年（1318），他退休归家，即亲主院事，一直到泰定二年（1325）以七十一岁高龄逝世时止，凡七年。这七年的苦心经营使历山书院在其过去十五年的办学基础上又获得了长足的发展。要指出的是，历山书院所取得的成就不仅仅是一般意义上的，更重要的还体现在它对中国书院制度建设及对中国医学教育的贡献上。首先，到目前为止，历山还是我们发现的中国古代第一所也是唯一的一所实行医科教学并开办门诊业务的书院，这两个"第一"所显示的创造性本身，使其具有特殊的研究价值。其次，将医学研究、教学与医疗治病引入历山，使

---

① （明）宋濂等：《元史》卷一百三十四《千奴传》，中华书局，1976。

中医理论与实践得以与儒家学术思想的理论与实践并行共存于书院，这说明了古代书院对传统文化的涵容比我们所想象的要大，也从一个侧面反映了书院文化功效的多样性。最后，医师教学兼开门诊，将医学理论与临床疗病联系到一起，是学习医理与实践医术的范例，它为传统医学教学理论与教学实践的发展做出了贡献。而其中理论与实践相结合的原则，无论是对教学教育理论还是对思想文化的进步与发展，都是一个永恒的主题。

二、书院的军事教育

一般认为，书院是中国古代文人的一种文化组织，文弱书生聚集其中，进行藏书、校书、刊书、讲书、读书、著书等文化活动。殊不知，有些书生为了求得自身的全面发展，不仅在书院习文，也曾在此练武，追寻文武双全之梦；尤其当国家、民族危难之际，具有强烈社会责任感的士人更有投笔从戎的壮举，于是就有了书院的军事教育及专门培养军事人才的肄武书院。

1. 书院的军事教育

书院和军事的结合始于唐代。明嘉靖《青州府志》卷九记载："李公书院在（临朐）县西南，唐李靖读书处。一云靖从太宗征闾左，于此阅司马兵法。"李靖是唐初出将入相的风云人物，他逝世于贞观二十三年（649），故而李公书院的创建年代最迟不会晚于此年。由此可知，位于山东省临朐县的这所书院是见于史志记载的最早与军事发生联系的书院。这也表明，书院在其发展初期阶段，就已和军事结缘。后世因循相续，出现了习射练武的书院和专门从事军事教育的武书院。

宋代习武的书院常见于史志记载，其中最有特色的当属福建汀州卧龙书院。该院乃绍定五年（1232）汀州知州李华创建，祀汉武侯诸葛亮。院成，即请陈元晋作记，以纪其建院缘由、书院规制及其追求等。时当南宋后期，蒙古灭金已成定局，其南下之势亦极明显，国家安全受到更大的威胁。李华虽处闽西山中，但对这种大势看得比较清楚，因此他希望借书院培养一批有"卧龙"之志，并且懂得军事知识，将来可以指挥作战的人才，以救亡图存，其用心可谓良苦。至于其设像祭祀，画八阵之图势，书写"王业不偏安，汉贼不两立"的标语等，意在营造一个适合军事教育的环境，说明卧龙书院的主持者们已深知环境影响人的道理。

元代从事军事教育的书院也有一些，如前述山东鄄城历山书院之"习射御，备戎行"即是一例。但此类书院的创建人或主持者，不是蒙古贵族就是色目人，没有发现汉族士人。讲兵习武，或许是游牧民族马上得天下后的一种余兴，或许是作为统治阶级的一种特权，抑或两者兼而有之，唯汉族人不得参与，以防其练兵造反。

及至明代，地方官学恢复久废的"射礼"，受其影响，修射圃、习武事的书院就多起来了，常见于史志记载。如正德年间，长沙岳麓书院山长陈论即奉督学陈凤梧、张邦奇之令，与长沙卫指挥杨博"相地兴射圃，备弓矢"，"为圃为亭，储器数以待学者肄习"。[1]万历三十二年（1604），嘉定县知县韩浚创建明德书院于嘉定东城，占地九亩多，中立讲堂五间，左建斋舍十余楹，"右立射圃亭三楹，其的可立五十步外，以待士之习射观德者"。[2]万历三十四年（1606），常熟知县耿橘在《请修子游书院申》中也有"设射圃于

---

[1] （明）吴道行、（清）赵宁等修纂《岳麓书院志》卷四《射圃书器》，邓洪波、谢丰等校点，岳麓书社，2012。

[2] （明）管志道：《志练川明德书院缘起》，载万历《嘉定县志》卷二十一，台湾学生书局，1987。

书院之后，意者多士讲习之暇，即赴此习射，盖文武并进之术也"的记载。①

清代书院的习武之风仍盛，自清初到清末，皆可找到书院从事军事教育的文献记载。康熙年间最有名的当属直隶肥乡（今属河北）的漳南书院。漳南书院在肥乡屯子堡，康熙十九年（1680）直隶巡抚于成龙首立义学，乡绅郝文灿等扩建为书院。三十五年（1696）五月，历经三次，始聘得大儒颜元任院长。颜元抨击科举取士和理学教育之空疏无用，害人误国，提出"宁粗而实，勿妄而虚"的办学宗旨，颁行《习斋教条》，强调"实学""实事""实行""实习"的学风，在书院设文事、武备、经史、艺能、理学、帖括六斋教学。不仅如此，习读之余，颜元还领诸生在步马射圃之中举石、击拳、超距（跳高、跳远、跨越障碍），开展体能训练。虽然，因为洪水毁院，颜元只在漳南讲学四个月，但其借书院开展军事等经世实学教育的理想及实践皆有重要意义。

清代后期，国家内忧外患，书院讲求兵法、军政的渐多。如光绪四年（1878），将军希元本"文事者必有武备"之意，为驻防湖北江陵的八旗子弟设立辅文书院，"严立条规，聘订山长，每官师课各一次，惟愿尔诸生磨厉以须，并于诵读之暇，仍兼习骑射，以仰国家文武并进之至意"。②光绪二十五（1899）年，湖广总督张之洞在湖北改革书院课程，于两湖、经心、江汉三书院设置兵法课，以兵法史略学、兵法测绘学、兵法制造学教士，并附以体操，"以强固身体"。这里有两点值得特别注意：第一，张之洞的改革是奉慈禧太后的旨意而实施的，虽不得称当年此法在全国推行，但其波及的范围较广，绝不止一省会之地则完全可以肯定；第二，兵法一门功课及视为

---

① （明）孙慎行、张萧等：《虞山书院志·文移志》，转引自赵所生、薛正兴主编《中国历代书院志：第8册》，江苏教育出版社，1995。

② （清）希元：《辅文书院记》，载民国《湖北通志》卷五十九，长江出版社，2009。

兵事之基的体操，其内容已不同于中国固有的兵家理论，多系引进的外国军事技术。因此，张之洞的兵法教学即可视为中国书院实行近代军事教育的开始，亦得视为中国书院近代化的标志之一。

2. 武书院

与上述绝大多数以文武并进或以武备而辅文事为目的，招收文人以兼习武事的书院不同，明代开始，还出现了以"射圃"命名的书院和专门从事军事教育的武书院。

以射圃命名的书院在江西湖口县，据光绪《江西通志》卷八十二记载："射圃书院在（湖口县）县治南。明嘉靖间，知县沈诏于射圃建观德亭，翼以号舍。崇祯十年，知县陈文德增建大堂三槛，左右学舍四十余间。"由此可见，其存在的时间较长，规模也较大。

从现有的资料看，武书院始设于嘉靖年间，最先出现在江西的九江卫（今江西九江市），名叫肄武书院。书院创办者何棐，进士出身，曾任太仆寺少卿，嘉靖五年至七年（1526—1528）任九江兵备副使。肄武书院是九江卫也即明代地方军区的附属教育机构。所招生徒为武臣子弟而不是一般的士卒或兵士子弟，可见层次不低，当以培养军事指挥后备力量为目的。其教学虽则为一文学之师也即学官所领，但学习的内容是武经与六艺。武经、六艺是当时两京及地方武学的通用教材和主要课程。因此，我们可以说九江卫肄武书院和前述以武辅文的书院不同，它之习六艺是以文助武，它是一所完全意义上的军事学院。无独有偶，遥隔万里的北疆辽东都司城（今辽宁辽阳市），嘉靖七年（1528），营建了一所武书院，名叫辽阳武书院，属于辽东都司，所招学生为参加乡试获身份的武举人，而不是一般的武臣子弟，因此，其规格比九江卫肄武书院更高，属于高等军事教育，其规制也更为完备，堂舍厅楼门坊一应皆全，供给亦优。而其不少于三十年的办学历史，"定会示程"的制度化管理，一次中式二十人的办学成绩等，无一不标示着这所高等军事学府当年所拥有的辉煌。这就是四百余年前中国地方高等军事学府的大略规制。

应该指出的是，武书院的出现，标志着书院的军事教育已经达到了一个更高的层面。

3. 书院军事教育的组织与实施

书院实施军事教育，有自己的组织形式与运作方法。兹以明代虞山书院、清代养正书院为例来做特别的介绍。

虞山书院在苏州常熟。原名文学书院，元至顺年间创建，祀孔子弟子子游。明宣德、正统间兴复，改名学道书院。万历三十四年（1606）知县耿橘重建，始改名虞山书院。其时与无锡东林书院相呼应，开文会、讲会于其中，诸生缙绅之外，市井平民及僧侣道士等亦得入院听讲或讲学，极盛一时。书院有学道堂、射圃坊、讲武厅、卧鼓门、文武泉、读书台、尚友门等建筑，其中射圃堂至卧鼓门等皆为开展军事教育而设，意在讲求文武并进之术，以为多士讲习之余练兵习武的场所。虞山书院习射不仅有配套的建筑设施，而且还置备了一全套射器，设置了习射执事人员，制定了相关的射仪、射歌，可谓相当完备。

养正书院在吉林长春厅（今长春市）。清光绪十年（1884），长春厅通判李金镛创建，有大门、考棚、讲堂、学舍、朱子祠、山长居、藏书室等建筑，规模较大，取"蒙以养正，圣功也"之意命名"养正书院"。聘请山长主讲，其资格不以是否科第出身，也不以本籍异地之人，"惟择学识阁通，文章祭酒，堪为经师人师"者，由士绅商请官府任命。每年招生员26名、童生44名肄业，其中定额住院肄业生童分别为12、23名，每月初十日官课，十二日斋课，初二、二十二日为上内课（山长命题），以定诸生优劣。十二年（1886），又附课厅属各地武生、武童于院中，定于每年二月中旬、八月中旬举行春秋两季集训考课，先互相校射，比试武艺，然后由山长登堂讲解《武经》、兵书，进行军事理论教育。当时为了规范教学与考课诸事，制定了《兼课武生童章程》八条，实行制度化管理。

文书院之兼习武事及肄武书院的军事专业教育与训练，至少表明两种文化现象：一是文人为了寻求自身的完善与充实，即具文韬而求武略，抑或为了健壮的体魄而讲武；二是武士为免起赳之虞而习文学、研六艺，以求自身的"文化"。总之，它是中国传统社会文武之士为避己之所短而求他之所长心态的反映，所体现的是一种文化需求。因此，我们认为，书院的习武与肄武书院的出现，是中国书院这一文化组织对这种文化需求做出回应的结果，是文化发展的产物，也从一个侧面说明了这样一个事实，即书院作为中国士人的文化组织，能够满足不同人士的不同的文化需求。

三、正音书院与清代的官话运动

清代，一些少数民族书院采用本民族的语言传授儒家文化知识，实际上已经涉及语言文字的问题。这里我们要讨论的则是，一场由清政府倡导兴起，并持续数十年之久，在粤闽等较大范围之内展开的官话运动。官话，实即今日之普通话，是中国的标准化语言，当年它即由正规的语言学校——正音书院予以推广。

1. 官话运动与正音书院的设立

官话运动始于清雍正六年（1728），雍正皇帝发现在其召见的大小臣僚中，唯广东、福建两省人士操乡音而"不可通晓"，乃大发感慨，由其面对天下独尊的"朕"尚且如此，推及其为官则难传旨意，为民不解圣训，得出了语言不通不利其统治的结论，于是下达正音上谕。此谕传部议，一班朝臣即拟定具体实施措施，下达闽粤，并通令"凡有乡音之省，一体遵行"。闽粤分别以建正音书院（书馆）、正音社学应令，一场正乡音而习官话的运动遂迅速开展起来。

雍正六年至十三年（1728—1735），凡八年，是官话运动的高涨期，主要任务是创设正音机构。是期闽省各地先后"奉文设立"了正音书馆、书院112所，其中除两所建于雍正十二年（1734）之外，皆建于雍正七年（1729），可见行动之快。至于广东推行的情况则与福建稍异，不是以书院、书馆，而是以社学、学馆作为教习官音的机构。同治《广东通志》卷一三七《学校》载："各城乡社学，即古少（疑为小）学之制，历代所建，其义甚重。国朝雍正七年奉文饬立，以训官音，每社动支存留库项十二两，以给廪饩。旧志载南海百有十二，番禺四十七，他府州县名目尤繁。"乾隆《普宁县志》卷四载："普邑未有社学，旧志无可考。惟雍正十三年奉部设立官学，令地方子弟入学读书，训以官音，普邑共设馆四处，一在县署前，即旧义学，一在鲤湖，一在塘边，一在贵屿，俱假民间，斋舍未有建造。"若以每县平均十所推算，广东全省当有一千所以上这样的正音社学或学馆，可见普及程度之高。

正音事业在这一阶段迅速发展，得力于中央政府的两项政策。第一，如上引部议所定，以八年为改正乡音而习官话的期限，若八年还不能讲官音者，举人贡监生童等所有士人皆得暂停其科举考试，八年之限后来放宽到十二年。科举时代，士人唯有通过科场考试才能进入仕途，停其科试即断其入官之路，此举可谓峻急厉害，既有力又有效。第二条措施是雍正十二年（1734）发布的选派浙江、江西等地懂官话的举贡充任"额外教职"，以专教官音的诏令。此乃加强师资与领导，以期化育有成。在地方，我们可以看到永春州委任浙江仙居县候选教谕贡生郑先行任正音教职的记录。①

自乾隆初年起，官话运动开始走下坡路，推广官话的政令废立无常，乾隆四十年（1775），广东将全省正音社学的"廪项"裁撤，于是"诸社学亦废"②，粤省正音也画上句号。总之，就清廷而言，它已明白无误地承认了官话运动的失败。

民间的情形则有别于此，一些地方官绅仍在致力于官音的推行。如闽省学政汪新在朝廷明令"不必勒定年限"之后三十余年又自订出限期正音的规定。其后，虽有地方官绅仍在致力于官音的推行，但清代这场官话运动，到乾隆末年终是以失败而结束了。

官话运动虽然失败了，但随它而来的正音书院及其所从事的语言语音教育事业却不容忽视，它将我国普通话教学教育的历史向前推进了二百余年，意义重大。为了更清楚地了解书院这一前所未有的事业，下面我们将讨论各地正音书院内部规划与运作情形。

2. 正音书院的规制与运营

有关正音书院的文献现在能够找到的还有限，因此，对其内部的组织与运营包括院舍、学田、教师、生徒、教学内容等诸种情形，我们还只能作比较简单的介绍。

正音书院的院舍，就前述 112 院的情况统计，新建的有 65 所，改造或附设于已有建筑物者 46 所，院址失考者 1 所。新建院舍超过半数，说明人们当年对正音教育的重视。46 处被利用的建筑物中，除旧察院、华山殿、青风楼各一处外，有属于教育系统的官学（包括明伦堂）4 处、义学 5 处、

---

① 郑翘松：(民国)《永春县志》卷十三《学校》，上海书店出版社，2000。
② 邹鲁等修：(同治)《广东通志》卷一百三十七，海南出版社，2006。

书院 9 处，计 18 处；属于宗教系统的佛教寺院 3 处、庵 6 处，道教宫观与天主教教堂各 1 处，凡 11 处；属于中国人供祀先贤的朱文公祠 5 处、闽贤与三贤祠各 1 处，凡 7 处；另有与文运、科举有关的义昌宫（祠）、奎光阁等 5 处。实则祠祀先贤、文昌、奎星等皆可归入传统的大教育范畴，它们与官学、书院、义学一起转用于正音书院，只是一种旧瓶装新酒的文化现象，脉络是相通的，不存在角色转换的根本困难。而对于宗教机构来说，情况就没有那么简单，我们注意到正音书院之于寺、庵、宫、观，是在其内或其中，而对于天主堂则是"改"（浦城县改天主堂为正音书院）。这说明儒与佛道文化在长期的交流中产生了相融相亲性，而对明清之际始东渐不久的西学却有着相斥性。书院之改天主堂而为之，而不是附于其中或设于其内，所揭示的是一种清初中西文化交流中的冲突现象，反映出这两种文化间还缺少必要的了解。

正音书院虽属专科教育，但与传统的教育相通，因此，其院舍就与一般的书院相差不大，尤其是当年的科技还远远没有发展到能够制造语言语音室设备的条件下，它难以显出特色。

维持正音书院运作经费的来源，因其系"奉文设立"，相信应如广东正音社学一样，多数是动用官银。乾隆初郑先行任永春州正音教职时，即"岁给廪俸"[①]。除官费之外，农业社会决定了其经费的一个重要来源和一般书院一样，是经营的"学田"。学田来源大致有二。一是利用旧产，如永安县正音书院系由县城义学改建而成，原有东门、北门等处学田即自然转户，每年书院可收租谷 20 余石，以维持师生膏火[②]，浦城县则由知县以行政命令

---

① 郑翘松纂（民国）《永春县志》卷十三《学校》，上海书店出版社，2000。

② （明）苏民望修、（清）陈廷枢总纂《永安县志》卷六《学校》，方志出版社，2004。

将朱文公祠祠田拨入正音书院中①；二是官绅捐献，如邵武县生员魏邦泰捐产 338 石、庄屋 2 所，即属此类情形。但是，多数中央与地方官吏视正音教育为"不急之务"，各正音书院的经费常常处于不济状态。因此，廷毓就有"旋举旋废，效不久远"，"皆由膏火无资"之论。

与清代同期一般书院不同，正音书院不设院长（山长）②、监院及学生斋长之类，管理权统归当地行政长官或教官。教师多数时候如清廷规定就"邻近延请官话读书"之人充任，强调"官话读书"，而对其出身、品行等没有一般书院山长、掌教等那么严格的要求。从雍正十二年至乾隆二年（1734—1737）这一阶段设有"正音教职"，规定以懂官话的举贡生充任。此职官师相兼，我们从乾隆二年还正音之责于州县长官的部议中可知，它有主持正音教育行政之全权；从郑先行以候选教谕充永春州正音教职的记录中，又可知其地位与主持一县教育行政的长官（教谕）相同。可见，在雍乾之际，闽省各州县有并行的两个教官，一主一般教育，一主语言专科教育。正音教职主管正音行政的同时，还得兼任正音教学的具体工作。另外，正音书院似乎还设有管理经费的职事。前引廷毓《捐助正音书院记》有魏邦泰"请立章程，斟酌至善，期与樵川书院并垂久远"的愿望。查光绪《重纂邵武府志》卷十二正音书院条下又有"咸丰八年院毁于兵，董士曾华勋检西塔、文昌宫倾塌旧料，益以新材，建复前厅"的记载。而此院虽于嘉庆间改习制艺，但"正音"之院名却一直未变。因此，我们认为咸丰年间之"董士"，很有可能是乾隆年间所订章程中规定管理正音经费的职事。

正音书院的生徒，应是可以参加院试、乡试、会试的生员、贡生、监生、

---

① 吴渭英修、翁昭泰纂（光绪）《浦城县志》卷十三《祠祀》，上海书店出版社，2012。

② 据光绪《重纂邵武府志》卷三《邵武县人物》载，有岁贡生何树芳，咸丰年间曾主讲樵川、正音两书院，但此时的正音书院早已改试时艺而不课官音了，性质已变，此山长已非彼山长。

举人，或者如闽省学政汪新所指之"年未三十"的士人。廷毓《捐助正音书院记》将正音、樵川二书院分别比为古人八岁与十五岁所入之小学、大学，且对士民有"长有成于樵川书院者，幼已有造于正音"的期望，这些又说明肄业正音书院中的必是年龄在十五岁以下的童子，或者是十五岁左右的少年，而绝不是成年人。朝廷的目标是希望所有参加科举考试的人都通官音、讲官话，而实际的情形是参加语言语音训练的年龄越小，其效果就越好。上述记载一是官方提出的希望，一是地方操作的实际情况，看似矛盾，实则正是前人已经掌握语言训练规律的反映；正音书院的生徒主要是少年，前期因有不通官音即停科考的规定，故常常有很多成年人"补课"其中。

正音书院包括正音书馆、正音社学，其任务十分明确而专一，那就是正乡音而习官话，这种单一的任务也就决定了它的主业不是研究、传播传统的学术文化与知识，而是专科的语言语音研究与教学，而且首先是教学。

第五章

书院考试制度

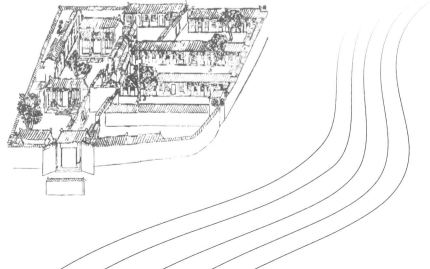

考试是书院用以对学生进行德行与学业考核，评定优劣，确定升降，给予奖惩的一种制度。它源于传统的举察考选制度，吸取了唐宋以来官学考试与科举考试的诸多优点，在长期的发展中形成了自己的特色，成为中国古代考试制度的一个重要组成部分，其基本理念与方法仍值得当今高校与现代书院汲取。

第一节　书院考试制度的形成与演变

书院是中国士人的文化教育组织，是一个公众活动的场所，对于管理者来说，无论是对校勘经籍、刊辑图书的士人，还是对读书讲学、著书立说的学者，都有一个如何调动他们的积极性的问题。因此，实行考试，分出优劣高下，给予奖惩，形成激励竞争机制就势在必行。

一、书院考试的起源与制度化

中国书院起于唐代，书院的考试也起于唐代。《唐六典》规定，集贤殿书院的学士、直学士、侍讲学士、修撰官、校理官、知书官等，不管是"刊辑古今之经籍"，还是"辨明邦国之大典而备顾问应对"的，不论是"征求"遗逸贤才，还是"撰集文章，校理经籍"的，每个人都得参加考试，"月终则进课于内，岁终则考最于外"。①这是中国书院考试的最早记载。

考试成为书院的一种制度，则是宋代的事情。有关书院考试的记录，常见于史志文集之中，如江西新余县的蒙山书院，它由宋代国子监司业黎立武创建，院中"仿嘉眉故事，礼先达以主试，月讲季课，春秋行释菜礼，四方学者云集"②。这是请有名望的学者为已入院的学生讲学并进行考试。不仅如此，有些书院还实行招生入学考试，并有学业考课、德业考查的规定。如建康（今江苏南京）的明道书院，其《明道书院规程》共11条，内中有三条涉及考试："士之有志于学者，不拘远近，诣山长入状帘，引疑义一篇，文理通明者请入书院，以杜其泛""每月三课，上旬经疑，中旬史疑，下旬举业。文理优者，传斋书德业簿"，"诸生德业修否，置簿书之，掌于直学，参考黜陟"。③第一条说明有招生考试，虽然不很严格，但也要合格才能入院肄业。第二条则是平时制度化的学业考试，不仅有时间、内容，还有评选与记录的办法与规定，可见其严谨。第三条则是考核德行道义的部分，属于今天德育的范畴，考核的结果成为"黜陟"奖惩生徒的重要依据。宋徐元杰

---

① （唐）李林甫等撰《唐六典》卷九《中书省》，陈仲夫点校，中华书局，1992。

② （清）刘坤一：（光绪）《江西通志》卷八十一，凤凰出版社，2009。

③ （宋）周应合：《景定建康志》卷二十九《明道书院》，南京出版社，2009。

《延平郡学及书院诸学榜》也有"每月三课，上旬本经，中旬论，下旬策，课册得索上看，佳者供赏"①的记载。上引材料告诉我们，考试在宋代书院中已成为一种由"规程""学榜"公布并确定下来的制度。由此来看，强调南宋书院只重大师的影响，提倡学生自学，而不用考课办法的观点是欠根据的。

宋代书院实行考试的另一个典型例证见于《宋史·尹谷传》，其称："初，潭士以居学肆业为重，州学生月试积分高等，升湘西岳麓书院生；又积分高等，升岳麓精舍生，潭人号为三学生。兵兴时，三学生聚居州学，犹不废业。"文中的湘西岳麓书院为咸平四年（1001）建于湘江西岸岳麓山下的湘西书院，岳麓精舍即岳麓书院，二者与潭州州学组成的"潭州三学"是潭州推行太学三舍法的产物。②这种州学与书院相关联，每月考试，按积分多少决定升学的办法和北宋时期王安石在中央太学和地方州县学推行的"三舍制"相比较，我们也可以发现两者之间有一种渊源关系。这种渊源关系透示出宋代书院考试制度的确立在一定程度上受到了学校考试制度的影响，而在大兴官学的北宋后期，岳麓、湘西二院却高居于州学之上的这一事实，又反衬出书院在吸取官学影响形成自己的特色之后所具有的强大生命力和影响力。

宋代书院考试的一个重要内容是推出一套有关德行品性的标准，来检查考核生徒。如徐元杰在《延平郡学及书院诸学榜》中要求郡学教官和书院堂长，"凡所讲习，当先就本心本身上理会，使之鞭辟向里。有不善，自觉而改可也；有所觉，自知而充可也；有所知，自爱而守可也"。拳拳于诸生的是如何使他们变成自善、自觉、自知、自爱、有道德、有情操的"仁者"

① （宋）徐元杰：《梅野集》，上海古籍出版社，1981。
② 杨慎初、朱汉民、邓洪波：《岳麓书院史略》，岳麓书社，1986。

"君子"和"孝悌务本者"。①这方面更典型的是朱熹制订的《白鹿洞书院揭示》和由他写跋推荐的《程（端蒙）董（铢）二先生学则》。二者都从正面向书院生徒揭示追求圣贤品性修养的目标，让生徒自己"相与讲明遵守，而责之于身"②。这是以人伦纲常之道的目标让书院生徒自我考核，自我检查。也有提出硬性规定的，如吕祖谦在丽泽书院讲学时，除提出以"孝、悌、忠、信"为讲学宗旨外，还规定了退学条例，生徒如有下列行为之一者，就要勒令退学：亲在别居、亲没不葬、因丧婚娶、宗族讼财、侵扰公私、喧噪场屋、游荡不检。这是一种严厉的考试，凡不合格者就要被开除，从反面着力，与朱熹的《白鹿洞书院揭示》有异曲同工之效。

　　总结以上论述，可知以德行、学业两大考试内容，以招生入学和平时考课两大考试形式为主要标志的宋代书院考试制度已确立。

　　元代程端礼所订《读书分年日程》，最后三年是为科举考试做准备，教诸生练习与应付科举考试的。虽然《读书分年日程》最初只是为程氏家塾所订，但它一出台即遇元代开科取士，因而受到欢迎，很多书院都予以采纳。到清乾隆年间，皇帝诏令与朱熹的《白鹿洞书院学规》一起颁行全国书院，影响甚大。

二、明清书院考试制度的变革

　　明代书院随王阳明、湛若水之学的兴起而兴盛，各地联讲会，搞会讲，考课受冷落。湛若水所订《西樵大科书院堂训》第四十一条是谈进德修业的，规定每月逢二十六日"考业"，但他对考试的竞争机制持否定态度，认

---

① （宋）徐元杰：《梅野集》，上海古籍出版社，1981。
② （宋）朱熹：《朱文公文集》卷七十，商务印书馆，1935。

为"考定高下"则起"争端"，而滋"胜心"，"胜心不忘，不可以入道"。因此，"所考文字，只批点可否，令其自觉用心之粗精以自励耳"。考课的目的在于发现自身的缺点，明白自己进德修业所达到的"次第"，以便"鞭策"自己在"修业上着力"自励，而不是与别人争名次，比胜负。提倡的是传统的"为己之学"，即学习考试都是为了自身的修养。这是当时的大儒们所倡导的一种考试，重在德育，它在王、湛之学大昌的书院即讲求与倡导学术的书院比较流行。其流风遗意可见于明后期兴讲会的东林书院。顾宪成制订的《东林会约》载："每会须设门籍，一以稽赴会之疏密，验现在之勤惰；一以稽赴会之人，他日何所究竟，作将来之法戒也。"[1]这里"门籍"即成为东林书院考试与会同仁的一种形式。

对智育方面的考试，明代书院仍然执行。如沧州天门书院，万历二十七年（1599）由转运使创建，当时规定，"凡附近州县生员，不拘民灶，但系学院考试优等，申请入院，候监院按临，一为品骘"。[2]不但月课季考者有之，有些书院还颁行"日课簿"，规定生徒每日学业，然后抽查稽考。万历二十年（1592），吉安知府汪可受制订《白鹭洲书院馆例十二则》，其中一条就是"诸生各立日课簿，每日将用过工夫登簿内，或看经书若干，或读论、策、表若干，或看《通鉴》《性理》若干，或看程墨及时艺若干，或看古文若干，各随意见力量，但要日有日功，月不忘之。本府将不时抽签稽查"[3]。这种登记课业，不定期的随意抽查，即是一种考试形式。它既可看出生徒所学多少、好坏，起到督促作用，具有考试的激励机制，又不十分严

① （清）祖泽潜、王耀祖纂修（康熙）《沧州志》卷三《学校》，天津古籍出版社，2016。
② （清）刘绎：《白鹭洲书院志》卷二，转引自赵所生、薛正兴主编《中国历代书院志：第2册》，江苏教育出版社，1995。
③ 刘伯骥：《广东书院制度沿革》，商务印书馆，1938。

格、机械，生徒可以优游自适，进步于无形的约束之中。另外，乡邑私市的一些小书院，因经费较少，难以长年养士，"既无掌教，亦乏膏火，却有月课之制"，每月定期聚士会课，作文作诗，评定甲乙，优者给予奖金。广东英德的龙山书院（嘉靖三十年创建）、桃溪书院（崇祯十二年创建）和翁源的翁山书院（崇祯十一年创建）就是这样。①这种形式的考试，随着科举制度的不断渗入，会课应举式书院不断增加，越来越受到重视，到清代发展成为书院考试的主流。

　　清代书院考试的一个主要特点是考课成为主流，考课是大多数书院所采用的考试方法。虽然其中不少书院章程强调"举业代圣贤立言，必心和气平，见解宏通，自纲常名教，以及细微曲折之理，万有必备，然后随题抒写"，才合"国家设科取士之意本然也"，②竭力想做到不要为科举而考课，但事实上，科举时代的书院极难做到，不可避免地沦为科举的附庸，尤其是经济实力较弱，没有学术大师主持的书院，更是如此。这部分书院以科举为目的是一种客观存在的事实，它们把考课视为登科入仕

图 5-1　清道光年间关中书院课士赋

---

① 台湾道兼提督学政觉罗四明乾隆二十四年订《海东书院学规》，载台湾省文献委员会编《台湾省通志·教育志》。

② 陈学恂主编《中国近代教育史教学参考资料（上册）》，人民教育出版社，1986。

的必要准备与训练。由于众多的书院和众多的人都关心这种考试，因此它也日臻成熟，形成了官课、师课、堂课、馆课、斋课、大课、小课、日课、月课、季课、诗课、字课、经古课、加课、会课、轮课等诸多名目，定有课期，立有课程，设有监课，形成了从命题、考课、阅卷到公布结果、奖惩等各个环节严密配合的一整套制度。需要指出的是，考课不是清代书院唯一的考试方法，也不是所有书院都考课，就是考课本身也有课期疏密、课题异同、当日完卷与数日完卷等诸多区别。

　　进入近代以后，西学东渐，书院的教学内容发生了变化，其考试制度也随之而变。光绪二十一年（1895）所订《格致书院会讲西学章程》载：书院开设矿务、电务、测绘、工程、汽机、制造六门功课，每课又分全课和专课两种。每月进行一次考试，"凡学者可如期到院面试，果觉纯熟，则给课凭后再转新课，不熟者仍需温习前课"，"凡习熟一学全课，或一门专课，考试中式，则发给本书院课凭，指明其人已精此门学业，足为行用"。考试并发给课凭，已接近近代学校结业证之制。张之洞光绪二十三年（1897）所

图 5-2　清光绪二十四年格致书院课艺集

订《两湖书院学规课程》规定：书院设经学、史学、地图、算学四门功课，有"必须应科岁两考者，勿庸来院"，在院诸生也不准到考试时文举业的其他书院应课，"以免分心"；每天"须考分数"，"每一门各作一分，或足数或不足数，分教旬终记之，四门合作四十分。监督月终记之，以为甲乙进退。分数多者有奖"，"书院以五年为满，本部堂大课一次，堂上面考，上等咨送总署录用，中等外省酌给差委，下等呈遣，以后另招新生入院"。[①]每门功课考试评分和限时结业及结业时部堂大课，已相当于学分制、毕业考试等近代学校考试制度的内容。上述这些说明，中国书院考试已开始其近代化进程。

从书院考试制度的确立、成熟与近代化这一历史进程中，我们可以看到，书院考试的制度化与学校教育尤其是科举考试的影响密切相关，而其近代化进程正是它摆脱科举影响的过程。

第二节　书院考试的类别与流程

考课是中国古代书院教育的重要内容，宋元时期德业与学业考核并重。清代书院会课盛行，相关种类与制度日益繁密，书院以八股文为核心的教学主要是通过考课来实现，并形成了地方官府和书院轮流进行的多层级的考课制度。书院考课以考八股文和试帖诗为主，考试的程序与科举考试大致相当，并根据考试成绩给予一定的奖励。总体来看，根据考试内容、主考者身份、考试时间的不同，书院考试可以分为不同的类别。

---

① 朱有瓛主编《中国近代学制史料（第一辑下册）》，华东师范大学出版社，1989。

一、书院德业与学业考核

首先，从考试的内容上看，书院考试可以分为德业考核与学业考课两大类型。德行考核是对学生一贯的道德品性、日常的行为举止进行检查，看它是否符合既定的标准。为了做到有据可考，有的书院还实行簿书登记制度，设立德业簿、劝善规过簿等。如光绪二十四年（1898）河南开封明道书院订立劝善规过条约共57条，并"置一劝善规过簿，详列其目，简而不略，要而易遵，监院掌之，各斋之长纠察众友之善过而登记之，以每月朔望会讲之期呈之院长，面加劝警焉"。①考核标准因时因地因人各有差别。一般来讲，学术大师主持院务时，所定标准侧重对先贤先圣的理性追求，指标远大，而对日常起居的行为准则谈得较少，不带硬性规定，提倡自觉自励为其特点，朱熹的《白鹿洞书院揭示》、湛若水的《大科书院训规》基本属于这种类型。而普通书院则从实用出发，多是儒家伦常的具体化规定，以要怎样做和不能怎样做来表明其强制性。考核标准的不同，决定了考核形式的不同，前者比较模糊，难以具体操作，其考核结果往往只能作为奖励或惩罚的参考系数；后者清晰，有很强的操作性，诸生违犯了哪一条，比如不尊敬师长、不孝敬父母等，就有被"除名""驱出"等明了的处理结果。因此，德行的考核，条条定得越大越疏越没有约束力，定得越具体越清楚越能发挥奖惩的作用。疏大的规定则可供诸生自觉地优游修养，成就修身养性之事，而细密的框框则有可能扼杀学生的天性，达不到养成良好德行的目标。正因为这样，一种疏密适度的德行考核制度的建立与完善就成了历代书院教育工作者所追求的目标，而这种追求也能为我们今天学校的德育提供一种良好的借鉴。

---

① 《求实书院学规续钞》，光绪二十六年刊本。

学业考课主要是对属于智育方面的学业水平的测试与考试。这种考试，在盛行考课的清代，一般称为"作课""会课"，如道光《南宫县志》卷三《东阳书院新定规程》载："会课每月两期，官课定于初二日，斋课定于十六日，均试以制艺、排律。会课辰刻封门，逾时不到者，虽属高才，不准补进；酉刻交卷，给烛继晷者，虽有佳构，不列前茅。"考试结果出来之后，要张榜公布，名曰"课榜"。广州学海堂就有这种制度，规定"课卷发出，即着司堂抄存取录名册，又抄榜一张，并原榜一齐粘贴"，以便周知。①记录历次考试成绩簿册的名称很多，学海堂叫"取录名册"，福州鳌峰书院则叫"生童考列等第循环簿"②，其作用在于作为发放膏火奖赏，确定升降的根据。

1. 学业考课的内容

书院学业考课依其考试内容又可分为经古课、诗课、字课、小课、散课、正课等。经古课在讲经史之学的书院比较多见，如湖南浏阳洞溪书院，当时规定要每月十八日考经古课，"院长兼出四书题，但时文不给赏，古学、经学、史学、算学卷，内外前列照逢三课奖赏，内不列超等，外不列上卷，均不给奖"③。清光绪年间，湖南岳州府岳阳、慎修两书院曾有此课，其章程称"另立诗课，原以郑重其事，倘应课者有文无诗，文虽佳不列前茅，若诗课连旷两次，亦酌扣膏火示惩"④。字课专考诸生写字，见于清代云南一些

---

① （清）林伯桐：《学海堂志·事宜》，转引自赵所生、薛正兴主编《中国历代书院志：第3册》，江苏教育出版社，1995。

② （清）来锡蕃：《鳌峰书院纪略·章程》，道光年间刊本。

③ （清）李临辑：《浏东洞溪书院志·课式膏奖章程》，转引自赵所生、薛正兴主编《中国历代书院志：第4册》，江苏教育出版社，1995。

④ （清）曹广祺：《岳阳慎修两书院合志·新定岳阳慎修两书院住斋生童章程》，转引自赵所生、薛正兴主编《中国历代书院志：第5册》，江苏教育出版社，1995。

书院，如昆明五华书院、新平县桂香书院，①可见当地对传统书法技艺的重视。清代书院多沦为科举附庸，以课试举业为正途，每周官师考试，例试四书文一篇、试律一首，而另外加课一些别的内容，以其不为常例，而名之曰"小课""散课"，如同治年间江苏江都的梅花、安定二书院，光绪年间的广陵书院，都称加试诗赋、经解、策论为小课。②小课、散课的命名，从一个侧面反映出科举已在一部分书院中确立了统治地位。

2. 学业考课的考试主持者

从主持考试者身份来分析，书院的学业考课又可分为官课、师课两大类。官课即由官府主持的考试，一般来讲，命题、评卷、奖赏都由官府负责。以官府衙门的不同，官课又分为县课、州课、府课、道课、学院课、部院课等名目。如果书院所在地同时有几个衙门，官课则由各官轮流主持，这种制度称作"轮课"。官课又有"大课"之称，如嘉庆七年（1802）所订山东章丘《绣江书院条规》规定，每月大课一次，由知县命题、捐资奖赏；每月小课二次，由山长出题。③师课是书院山长主持的考试。考试的内容一般与官课相同，但也有另外改变题型的。其命题、阅卷、讲评都由山长或山长委托学长、分教习等负责，奖金则由书院公项基金内支付，但大多数不发奖金。由于山长又称院长、掌教、馆师等，书院师课习惯上又称作院课、馆课。院长主持的考试不像官课有可能将学生召至官署举行，都在书院的讲堂或斋舍进行，所谓当堂面试，故又有堂课、斋课之称。

---

① （清）戴纲孙：（光绪）《昆明县志》卷四，成文出版社有限公司，1967。
② 光绪《江都县续志·书院》，凤凰出版社，2008。
③ 转引自山东省教育史志编纂委员会办公室编《山东教育史志资料》，1987年第4期。

3.学业考课的考试时间

以考试的时间来分，书院的学业考试又有招生时的甄别、日课、月课、季考、春课、秋课以及加课、会课等。

入学甄别类似现代的招生考试，主要是通过考试来确定学生是否有资格入院肄业。学术大师主持的书院，一些私人创办"以待四方学者"的书院，没有此种考试。但如前所述，这种考试在宋代就已出现，而且随着考课的盛行，被多数书院所采用。甄别的时间一般定在当年正月、二月，由主管的官府衙门主持考试。甄别考试之前，都要由主考官府发布考期公告，遍贴城乡，使所有考生知道以做应试准备。有的书院还将考期定在前一年年末，如湖南凤凰敬修书院规定，"每年十一月，本道悬牌示期考录厅属生童，取定正课、附课"。[①]有些设在乡村的书院，由书院自己组织学生报名造册，然后禀告官府，请示考试日期并出题另外考录。湖南益阳箴言书院就是每年十一月上旬，愿入院肄业者"各具姓名、年貌、三代籍贯、居地，告于监院。监院黜其素不安分者，而缮其余于册，以告于县尊，请示期接连龙洲书院（著者按：县城书院）甄别课期，考试生童，以定去取"。[②]招生是控制学生的重要一环，这种权力在清代已由官府牢牢把握，从一个侧面反映出其官学化的特性。大多数书院甄别录取时即将学生定为正、附、副、随课生等级别，然后出榜招其入院肄业。有些书院甄别则仅仅是生徒获得入院肄业资格与否的一种考试，录取后确定其正、随、附课等级，则要经过复试，看其成绩才能确定，河南开封彝山书院就是这样。清史致昌《彝山书院志·重定章程》载："书院甄别，取定肄业诸生名数"，"复试分两场，取定正课、随课"。

---

① 黄应培、孙均铨、黄元复：(道光)《凤凰厅志》卷六《敬修书院条规》，岳麓书社，2011。

② (清)胡林翼：《箴言书院志(卷上)》，转引自赵所生、薛正兴主编《中国历代书院志：第5册》，江苏教育出版社，1995。

月课亦作月试，是书院每月定期举行的考试。每月课试次数从一次到数次不等，一般为三次，多至五六次。考试由官府与山长轮流主持，以山长主持者居多。考试内容涉及经史、词章、西学、时务等，但以举业为主。其成绩则作为诸生升降与领取膏火、奖金的依据。受科举考试的影响，月课多仿科场成例，成为科场的预演，又加膏奖引诱，在清代后期显出多种弊端，好些人仅为微薄之利而应课。有识之士起而改之，或者重优游日课而不给奖金，如保定莲池书院；或者减少考试次数，如广州学海堂的季课。

季课之制，见于宋代。清嘉庆 、道光年间学海堂实行季课则是惩月课之弊的一项考试制度改革，意在将学生从没完没了的考试中解放出来。当时规定每年分为四课，由八学长"公商"，"出经解文笔、古今诗题，限日截卷，评定甲乙，分别散给膏火"。①

春课与秋课是一种行政长官观风视察时举行的考试，仅见于清代湖南桂阳州龙潭书院，其学规称："州尊观风定为春秋二课，春课以二月十八日，秋课以八月十八日，先期由董事禀请州尊命题，一四书文、一试帖诗、一赋、一古近体诗、一策论，限三日交卷，毋得过期。"②

加课、会课也是一种特例，仅见于杭州求是书院。光绪二十三年（1897）制订的该院章程有考校一条，其称"考校以讲求实际为主，每月朔日课西学，是为月课，由教习分别等第。每月望日考汉文，或经义，或史论，或时务策，不定篇数，是为加课，由总办分别等第。每年冬间，由抚院督同总办、监院、教习通校各艺，分别等第，是为会课"。在这里，冬间会课与今天的年终考试没有多少差别。

---

① （清）林伯桐：《学海堂志·章程》，转引自赵所生、薛正兴主编《中国历代书院志：第3册》，江苏教育出版社，1995。
② 湖南档案馆，全宗59--4：卷83号。

以上是从考试的内容、主持者身份、应考者身份以及考试时间来区分书院考试的类别，名目繁多，足见其发展的成熟性。除此之外，还有一种叫作"舫课"的考试，它以诸生在船舫中做题应课而得名。明清杭州部分书院的考试，不锁闭于号舍斋房之中，而荡楫于西子湖上，诗情画意别开生面，文人风骚于此可见一斑。当年盛况载于史志，兹录如下，以备参考："崇文书院在钱塘栖霞岭之阳，明万历中建，旧为吏部尚书张瀚别业，明巡盐御史叶永盛视鹾之余，集内商子弟于西湖跨虹桥西，授以题，命各舫中属文，舫皆散去。少焉，画角一声，群舫毕集，各以文进，面定甲乙，名曰舫课。"①清代薛时雨任杭州知府，修复诂经精舍、敷文书院、崇文书院，又建东城讲舍，用明侍御史故事，月课士湖上，"命舟十数，茶鼎酒铛悉具，日出发题，讫，各鼓棹去，挥洒六桥三竺间，自亦棹一舟主之。日入鸣钲，集诸舟，纳所课，浙东西名士无弗与者"。②

二、书院考试的组织与实施

书院的考试程式，大体可分为考前准备、考试、评阅试卷、张榜奖惩等四个大的阶段，其组织实施则因时、因地、因院而各有差别，具体情况分述如下。

考前的准备工作很多也很芜杂，约略言之，主要是确定录取名额，定出考试日期与考试类别、报名备卷、准备试题，即课额。课额的确定，主要是为了限制肄业人数。书院的经费有一定的限度，不能无限制地招生，因此各院根据其经济实力而定有自己的课额总数。如岳麓书院在南宋乾道年间定额

---

① （清）陈璚修，王棻纂（民国）《杭州府志》卷十六，上海书店出版社，2011。
② （清）顾云：《桑根先生行状》，载缪荃孙编《续碑传集》，文海出版社有限公司，1970。

招生二十名，绍熙年间朱熹以湖南安抚使兴复岳麓，又扩招额外生十名。明清书院在确定总额以后，又分有正课、副课、附课、随课、内课、外课等课额名目。各类课额是根据甄别考试或复试的成绩高下而确定，成绩最好的定为正课或内课，稍次者为其他。如果正课生平时考试成绩不能保持在前列，则有可能降为附课；附课生每考前列，则又会升为正课。如此升降，全以成绩而定，体现了考试的激励与奖惩机制。

课期有一年之期与一月之期的区别，一般都是事先商定并载于规章的。一年之期是规定一个学年的学习时间，从哪个月开始到哪个月结束，或八个月，或十个月，有多至十一个月者，各不相同。年初开学，或称开馆、启馆、启学、起学、开课、送馆、送院，而每学年结束放假则称完课、散馆。如河北无极县碧泉书院，"每年定于二月开课，十月完课。每月二日官课，十七日斋课"。①江西南昌东湖书院，"每岁定于二月初旬启学，十三日开课，十二月初旬散馆"。②

一月之期则是规定一个月内课试几次，是官课师课，抑或字课、诗课、经古课、论策课、举业课等。课试次数宋代有三次的记载。如前述延平书院每月中上下旬三课，分试本经、论、策；建康明道书院上中下旬分试经疑、史疑、举业。明清书院月试一次、二次、三次、四次者不等，但比之宋代则有增加趋势。湖北归州丹阳书院嘉庆二十三年（1818）所订《条规》定于每月十六日官课一次，"山长月课六次，以三八为期"，计每月考试七次，而山长每月逢廿七之日才"登堂讲书"。③课试太多，让生徒围着考试转，对于教学并无益处，甚至影响学习。因此，学海堂即有季课之制，每年仅考试四

---

① （清）曹凤来：（光绪）《无极县志》卷二《碧泉书院条规》，成文出版社有限公司，1970。

② （清）庆云修，吴启楠纂（道光）《南昌县志·东湖书院》，道光二十九年刊本。

③ （清）沈云骏修，刘玉森纂（光绪）《归州志》卷四，江苏古籍出版社，2001。

次，这是书院考试制度的一次改革。

考试前的报名，有两个目的，一是借以进行资格审查，二是准备试卷。书院生徒资格，宋元时期似无规定，但清代比较重视，乾隆元年（1736）上谕有"负笈生徒，必择乡里秀异，沉潜学问者"，而"其恃才放诞佻达不羁之士，不得滥入"的规定。乾隆九年（1744）礼部议准各驻省道员"专司稽查"诸生资格，"有学有品之士""才堪造就者"方准入院肄业。地方书院的实例也很多，如湖南益阳箴言书院即规定"愿入院肄业者，各具姓名、年貌、三代籍贯、居地，告于监院。监院黜其素不安分者，而缮其余于册，以告于县尊"。认可之后才得参加考试，以定去取，①这是甄别考试之前的报名。还有一些书院，在录取生徒之后，每月考试之前也要报名，如河南开封彝山书院，凡参加考试前，"须有正课童生连名五人互结，先期到监院处报名，造入点名册内，不准临时报名"。②这种报名互结，重在控制生徒，点名册则便于清点人数，也在于方便准备试卷。书院试卷，由主考官府、监院，或书院委托书办等办理，每卷则给一定的银钱作制办费用，称作"卷资钱"。有的书院官师课所用试卷大小形式也有规定，如福州鳌峰书院官课用"大卷"，每卷需银一分一厘，馆课用"小卷"，每卷只需银四厘。③试卷的格式也有规定，杭州敷文书院《增设孝廉月课章程》载："试卷内用奏本纸，红格刷印，直行，纸页计足一文一诗一论之数，卷面朱印'敷文书院孝廉月课'字样，监院印用钤记，以杜更换，即委令敷文书院监院办理"。④还有的

① （清）胡林翼：《箴言书院志（卷上）·志选士》，转引自赵所生、薛正兴主编《中国历代书院志：第5册》，江苏教育出版社，1995。
② （清）史致昌：《彝山书院志·重定章程》，转引自赵所生、薛正兴主编《中国历代书院志：第6册》，江苏教育出版社，1995。
③ （清）来锡蕃：《鳌峰书院纪略·章程》，道光十八年秋刊本。
④ 魏颂唐编《敷文书院志略·碑文》，民国版单行本。

书院，为了使生徒熟悉科举考试的规程，试卷形式采用会试、殿试卷之制。

考试题目，官课由官府出题，师课由山长出题，题型或四书文，或诗，或论，或策，或经古、史学等，这在规章中已有规定，而其题目的产生则欠记载。学海堂实行学长制，其规程中有季课命题的记载，弥足珍贵："每季孟月初旬，即由管课学长知会各学长齐集堂中，公拟题目。每题加倍拟备，定期请题，转赴督、抚、学三署呈宪裁定，周而复始。俟发出题目，即行刊刷，粘贴学海堂及各学长寓所，随便分给，俾远近周知。"①

书院考试一般为期一天，早晨进场，晚间出场，中途都得备一中餐给学生，主考山长、监考官绅也得备饭招待，因此还有一个后勤准备的问题，这点也是各院较为重视的。如河南上蔡书院"诸生会文日，午间院中备点心一顿，或汤面，或米粥，论人数多寡，书记会同院长支领麦谷，先期筹办，登记簿汇算报销"。②

书院的考试，由主考、监考和其他一些人员协助组织进行。主考者因官课、师课而有区别。官课由书院所在地官府的最高行政长官主持，如果长官有事外出或因事不能到场，则可委托其他官员如学官等代行其事。一个地方有省、道、府、州、县、学政、盐法等各级衙门同驻，则各衙门"轮课"，书院考试则由每月轮值衙门的最高长官来主持。师课则由山长主持考试。主考的职责除了前期的命题与后期的评阅试卷之外，考试进行时主要是主持考试的仪式、点名、发题，考试的具体组织则由监考者来实施。监考者各地各院情况各异，一般官府经营的书院官课另请委员"监场"，馆课则请原已委派监院的学官"监场"。由民间董事会经营的书院，其考试则由董事监考。

① （清）林伯桐：《学海堂志·事宜》，转引自赵所生、薛正兴主编《中国历代书院志：第3册》，江苏教育出版社，1995。
② 刘卫东、高尚刚：《河南书院教育史》，中州古籍出版社，1991。

如河北南宫县东阳书院，设"书院首事二十四人，每期二人监课，按次承值，经管分收课卷，给发奖赏、饭资等事，以均劳逸"。[①]除了主考、监考之外，书院的其他职事人员则协助组织考试，如河北无极圣泉书院，即设院书一名，除专司文书工作外，每值课期，凡备办试卷、写题、封门、填榜等都由他负责。[②]

考试时间，一般定为一天，约10~12个小时，或日出而试，日入而毕；或辰刻入场，酉正交卷。迟到和延时都是不允许的。违反规定，不收录课卷，即便收卷，也不得名列前茅，以示考试的严肃性。这种限时考试，实际上是一种阅卷考试，生徒或单处号房关门应试，或齐集讲堂当场完卷，不得作弊。为此，还订有很多考场规则，诸如河北定州定武书院咸丰七年（1857）所订"课士条规"采取限时闭卷与糊名、弥封、扃试、誊卷相联系，但执行起来比较麻烦，对于充分发挥学生的创造性也不利。因此，有些书院就不用此法，而改用比较自由的开卷考试。开卷考试常见的是注重日记，并不出题目，只指定读书范围，让学生记其学习心得，查检心得即可获知学生用功勤惰、学识长进、学问专长等情况。另一种方法是，每月出题，学生领题后可自行查找资料，探讨排比，然后再作文应试。这种方法，每月考试一次，每次考试做题的时间计在半个月左右，时间从容，可以推究，一份试卷往往即成一篇论文，具有较高的学术价值。《诂经精舍文集》就是诂经诸生优秀试卷的汇编，从嘉庆到光绪年间凡数十年，编有八集计八十二卷，影响较大，流传甚广。广州学海堂实行季课制，每四个月才考试一次，做题时间更长，而且还建立了收卷号簿与卷票制度，规定"每发题纸，注明某月某日在学海

---

① 南宫市国家档案馆翻印，周栻编（道光）《南宫县志》卷三《东阳书院新规程》，本衙藏板道光十年刊本。

② （清）曹风来：（光绪）《无极县志》卷二《圣泉书院条规》，成文出版社有限公司，1970。

堂收卷。届期辰初起收，酉正截收，即日将各卷收回管课学长寓所，逐卷核明，封固备缴。收卷设号簿，每卷给票为凭，先将卷票号簿合写字号，盖用钤口图章，收卷后每卷之背仍照簿编号稽查"。日后发放膏火奖金，皆得"凭卷票发给"。①卷票设立的目的是为了防止作弊。

书院考试的阅卷工作，官课由官府校阅评定，师课则由山长主持。具体到如何阅卷，史志中多有记载，阅卷者孜孜不倦、认真负责的精神，至今仍值得学习。如江苏昭文县顾镇，"以经师名天下"，先后主讲金台、游文、白鹿、钟山诸书院，其阅卷"旁乙横抹，蒿目龟手，一字不安，必精思而代易之，至烛烬落数升，血喀喀然坌涌，而蚕眠细书，犹握管不止"。②河北大兴人李嘉端咸丰同治间主讲陕西关中、河北莲池、天津问津和三取等书院，"每值课日，其一切法度若先年试士时，阅文必细心商榷。人有劝者，则曰：'讲席之位，风气所关，若草草了事，必致贻误众生。'故近年天津得第者多肄业之人，文风不振"。③

图 5-3 　五华书院董汉章试卷

① （清）林伯桐：《学海堂志·事宜》，转引自赵所生、薛正兴主编《中国历代书院志：第3册》，江苏教育出版社，1995。

② （清）钱仪吉：《碑传集·虞东先生顾镇墓志铭》，中华书局，1993。

③ （清）缪荃孙编《续碑传集·李嘉端传》，文海出版社有限公司，1970。

阅卷评定甲乙后，即张榜公布成绩并载入成绩簿册，实施奖惩。至于奖励和惩罚，是为了达到奖勤罚懒，促使学生进学向上的目的而采取的相辅相成的一种手段，它是书院考试的最后一个阶段。奖励的形式很多，有月课奖赏，积分升级，有精神鼓励，也有物质刺激。月课奖赏依据每次考试的成绩而定，于每次考试之后兑现，这是明清尤其是清代书院常见的奖励方法。奖励的名额依财力、在院肄业或应试人数而定。奖励的东西或钱文、银两等货币，或谷物、纸笔、书籍等，多少各不相同，一般来讲沿海及经济较发达地区多用银钱，经济不太发达的地方多用谷物，也有钱物混用者，至于纸、笔、书等则是一些山长或地方长官为了提倡一种读书尚文的风气而作的特殊奖赏，不为常制。奖励的轻重多少也有区别，一般生监比童生多，超等（上取）比特等（中取）多，第一名比第二名多，同时官课又比师课奖得多些。兹据刘伯骥《广东书院制度》，将同治六年（1867）广东南海三湖书院的月课奖赏情况列表如下，以见其大概：

表 5-1 1867 年广东南海三湖书院月课奖赏情况表

生别 \\ 等级 \\ 课别		官课	师课
生监	超等	首名 2 两，第二、三名各 1 两 4 钱，第四、五名各 1 两，六至十名各 7 钱	首名 1 两 4 钱，第二、三名各 7 钱，第四、五名各 5 钱
	特等	首名 7 钱，二至五名 5 钱，六至十名各 3 钱 6 分	首名 4 钱，二至十名各 3 钱
童生	上取	首名 1 两 4 钱，第二、三名 1 两，第四、五名各 7 钱，六至十名各 5 钱	首名 1 两 4 钱，第二、三名各 5 钱，第四、五名各 4 钱
	中取	首名 5 钱，二至五名各 3 钱，六至十名各 2 钱 8 分	首名 3 钱 6 分，二至十名各 3 钱，十一至二十名各 2 钱

书院考试除了月课奖赏之外，还有积分升级的奖励之制。明清时代，生童经甄别、复试录入书院之后，定为正、附、副、内、外、随课等身份。正附课生童的身份不是一成不变的，它随月课成绩的高下而变动，正课生连续几次考试名次在后，则会降为附课，附课生连续几次考试名列前茅则可升为正课。这种升降，不仅是一个荣辱问题，还有一个津贴多少的问题，直接关系到经济利益。因为正副等课每月膏火、常年生活津贴有无、多少等都有区别。以河北昌平州（今北京昌平）燕平书院为例，其正副课生员每月膏火钱分别为一千二百、六百文，外课无膏火；童生正副课膏火钱分别为六百、三百文，外课也无膏火。[①]如果外课生员连考几次好成绩升为副课后，他即可每月增加六百文钱；若正课童生降为副课，那他每月要减少三百文钱。

以上无论月课奖赏还是积分升级，都与经济利益挂钩，既有立见分晓的切肤之效，也有导人唯利是图的无形弊端。因此，有些书院即不采用此法，膏火不与考试成绩好坏相关，月奖也不以银钱表示。如湖南安仁宜溪书院，每月官师课共六次，每课以四书文一篇、诗一首为题，间涉经解、论、策，各定名次但无银钱奖赏，只是规定"每次课卷发下，诸生宜转相阅看，看毕，然后各自领归。名次后者，阅前列之佳卷批点，即以广自己之识解，不可生忌刻之心，而以为不欲看也；前列者亦应阅落后之卷，以知此题文原易有此疵病。能择能改，其取益不更广乎"。[②]这里强调的是精神鼓励，是书院生徒短长互补的共同进步。

书院考试之后的惩罚是和奖励同行的，惩罚只是手段，促其进步才是目的。这是就学业方面而言，另外，在德行方面的考核，对不合格者，尤其是

---

①　（清）缪荃荪、刘万源编纂（光绪）《昌平州志》卷十三《燕平书院章程》，北京古籍出版社，1989。

②　（嘉庆）《安仁县志》卷六《宜溪书院条规》，江苏古籍出版社，2002。

对一些危及全体，或破坏学风、践踏院规、败坏伦常的行为，书院有戒饬、开除、鸣鼓驱逐、除名并报官立案、不许入院肄业应试等极为严厉的惩罚。这是不得不为之的消极的处罚，但它从一个侧面反映了书院对道德伦常的重视，体现了中国考试制度重于德行的传统，这是今日值得借鉴的经验。

体罚也是书院惩罚的一种形式。但至今还只发现清代有因功课完成不了而招致体罚的记录。如道光年间，湖南宝庆府长安营书院规定，背书三次背不熟者，要"责五杖或罚跪读"；连续二日功课不完者要"罚跪"；一日功课不完者"记过"一次，"积三过责手心十板"；如果学业完成得好则可"记善""记功"，功、善可抵过。功课完成不了而且还弄虚作假，则会招致体罚乃至开除。应该指出的是，以体罚作为惩治的手段，与中国书院传统的道德人格理想教育是格格不入的，因此，在当时就为绝大多数书院所不齿，更是今日所必须摒弃的。

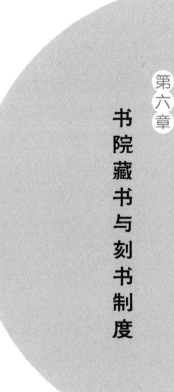

第六章

书院藏书与刻书制度

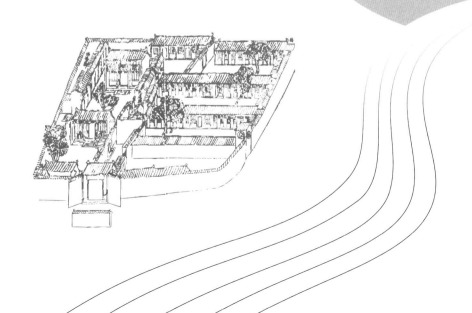

　　书院与书有着一种天生的血缘亲情关系。可以说，没有书就没有书院。唐宋以降，藏书即成为书院的一种事业追求，而千余年的努力，也使书院藏书事业成就恢宏，形成了一套独具特色的管理制度，为我们今天高校图书馆管理提供了有益借鉴。

　　书院的本义是用一个院子将很多书围起来，这在宋朝士人间就是一个明确的概念，所谓"院者，取名周垣也"①。隋唐以前，书籍的制作是用手一字一字地抄写于竹简、木牍或丝帛、纸张之上而完成的，生产速度极慢，而成书往往极为笨重，亦极为昂贵。那个时代的藏书不可能达到一个较大的规模，形容人学识渊博就是"学富五车"，因此人们只需用斋、堂、楼、阁等个体建筑来藏书。唐宋以来，纸张得以大量生产，随着雕版尤其活字印刷技术的发明与推广，纸本书籍得以大批量生产和流传，于是衡量一个人学识的标准也就从"五车"提高到了"万卷"，所谓"行万里路，读万卷书"，对于读书人来说并不是一个高不可及的要求。在这种情形之下，再用一两个房间

---

① （宋）王应麟：《玉海》卷一百六十七，转引自陈谷嘉、邓洪波主编《中国书院史资料》，浙江教育出版社，1998。

斋舍已难以收藏众多的书籍，而必须建造由较多房间斋舍构成的院子或院落来藏书和容纳读书之人了，于是就产生了"书院"。这是从书院的起源，即书院是由民间士大夫的书斋和中央政府的藏书、修书之地演变而来这个层面而言的。从中我们可以看到书院和书的血缘关系，可以说，没有书，确切地讲应该是没有纸本、印刷之书，就不会有书院出现，书院是印刷技术进步的产物。

书院与书的血缘亲情关系还可从有关书院名称由来的讨论中得到验证。元儒欧阳玄在《贞文书院记》中称："书院与学校之制其始又自不同，东汉以来，士大夫往往作精舍于郊外，晋魏所谓春夏读书，秋冬射猎者，即其所也。唐宋之世，或因朝廷赐名士之书，或以故家积书之多，学者就其书之所在而读之，因号为书院。及有司设官以治之，其制遂视学校，故祀事有不容缺者，于是或求名世之君子以祠焉。"[①]其论从书院的起源及与学校的区别出发，注意的是赐书、积书和读书三者与书院名称的联系。在实际操作中，这个时期还有人干脆将自己的藏书之所称为书院，如江西崇仁县人李幼常所建的成同书院就是专门"建以储书"的[②]，没有关于教学授受的记录。清代河南项城县士绅将书籍与师长、膏火并论，视为书院不可或缺的三个要素，宣称"书院之设，仿古之党庠州序，所以辅翼学校，其用意至深至远，然无师长则质问无端，无书籍则考订无资，无膏火则奖进无术，三者固缺一不可"[③]。这表明书院与书籍间固有的血缘之亲已为书院建设者们所认同，并在实际操作中自然体现出来，藏书、刻书已经成为书院不可或缺的事业。

---

① （元）欧阳玄：《圭斋文集》卷五，迪志文化出版有限公司，2003。

② 光绪《江西通志》卷八十一载："成同书院在（崇仁）县二十都，元邑人李幼常建以储书。久废。"

③ （民国）《郾城县记》卷三十《郾城县筹增景文书院经费酌拟章程禀》，上海：上海书店出版社，2013。

第一节　书院藏书制度的形成与发展

一、唐五代书院藏书事业的源起

唐代书院虽处在初期阶段，但对藏书却有足够的重视。在《全唐诗》中，我们就可以看到这样的诗句："读书林下寺，不出动经年。书阁连僧院，山厨共石泉。雪亭无履迹，龛壁有灯烟。年少今头白，删诗到几篇。"[1]书院建阁藏书，书生坐拥书城，可以经年不出，在其中读书删诗的情形已被诗人描写得栩栩如生。其他如赵氏昆季书院、李群玉书院、田将军书院、李宽中秀才书院等，在唐诗中均有描述其院中士人读书的情形。在地方志中，我们可以看到很多明确记载为士人读书之所的书院，如四川南溪凤翔书院为进士杨发读书处，巴中丹梯书院为状元张曙读书处[2]；福建漳浦梁山书院为进士潘存实读书处；福鼎草堂书院为进士林嵩读书处，[3]山东临朐李公书院为唐李靖读书处[4]等。读书人居院读书，书院必然藏有一定数量的图书。这些都说明，在唐代书院，藏书已经成为一种比较普遍的现象。

关于唐代书院的藏书规模，宋人徐锴开宝二年（969）所撰《陈氏书堂记》称："衮以为族既庶矣，居既睦矣，当礼乐以固之，诗书以文之，遂于居之左二十里曰东佳，因胜据奇，是卜是筑，为书楼堂庑数十间，聚书数千

---

① （清）彭定求等编《全唐诗》卷三一《题宇文裔山寺读书院》，上海古籍出版社，1986。

② 嘉庆《四川通志》卷七九，凤凰出版社，2011。

③ 同治《福建通志》卷六六，广陵古籍刻印社，1986。

④ 嘉靖《青州府志》卷九，上海古籍书店，1982。

卷，田二十顷，以为游学之资。子弟之秀者，弱冠以上，皆就学焉。"①建书楼，藏书数千卷，在唐代藏书能达到如此规模，已属难能可贵。不仅如此，出于实际需要，陈氏书堂还于大顺元年（890）制订了有关藏书管理制度，其文载《陈氏家法》第八条："立书堂一所于东佳庄，弟侄子姓有赋性聪敏者，令修学，稍有学成应举者。除现置书籍外，须令添置。于书生中立一人掌书籍，出入须令照管，不得遗失。"②拥有数千卷藏书后还在寻求添置书籍，设专人保管并掌其出入，表明书院藏书已摆脱自发需要而进入一种自觉追求，可以视作中国书院藏书制度初步形成的一个重要标志。

唐代中央官府所属丽正、集贤书院的藏书规模比之民间书院还要大得多。据记载，开元十九年（731）十月，集贤书院所藏图书为80080卷，包括经库13752卷，史库26820卷，子库21548卷，集库17960卷。③所藏图书版本既有梁、陈、齐、周及隋代所存"古书"，也有唐代贞观、永徽、麟德、乾封、总章、咸亨等历年"奉诏录写"的新书。集贤书院藏书承续前代之制，其规模又远超乎前代。所有书籍分经史子集四库贮存，各库书以不同的缥帙和牙签予以区别。院中书籍既富，查阅起来就会不便，依其前身乾元殿曾编有《群书四部录》200卷、《古今书录》40卷等目录一类书籍的惯例推测，应该编有书目，以方便查检图书，可惜今天已无从稽考。唐代丽正、集贤书院，上承东观、兰台之制，具有国家图书馆的性质与功能，但其藏书又确乎是书院藏书，实开后世书院藏书事业之先绪。在书院藏书史上，它起着将千余年国家藏书事业经验传输给新兴的书院组织的桥梁作用，为日后书院

---

① 转引自阮志高：《江州陈氏东佳书堂研究》，《江西教育学院学报》1989年专刊。
② 民国丁丑平江江州义门聚星堂《义门陈氏家乘·陈氏家法三十三条》。按，《陈氏家法》订于唐大顺元年，在各地陈氏族谱中多有记载，但文字稍有出入。
③ （宋）王溥撰：《唐会要·经籍》，中华书局，1955。

藏书事业的发展及其特色的形成、制度的成熟等打下了坚实的基础。

唐末五代，中国社会进入了战乱黑暗时期。是期的书院在极其困难的条件下，仍承担着收藏典籍、保存文化事业的责任。范阳（今河北涿州市）窦氏书院，由窦禹钧创建于后周，据范仲淹《窦谏议录》记载：窦禹钧，范阳人，官至左谏议大夫，"诸子进士登第，义风家法，为一时标表。于宅南构一书院，四十间，聚书数千卷，礼文行之儒，延置师席，凡四方孤寒之士无供需者，公咸为出之，无问识不识，有志于学者，听其自至。故其子见闻益博"。十分明显，窦氏书院及其藏书，成了战乱中贫寒之士得以安身立命传承文化的凭借，禹钧诸子也因此而受益匪浅。南方书院的藏书事业比之北方更盛。洪州奉新（今属江西）华林书院，南唐胡珰创建，《甘竹胡氏十修族谱》称其"筑室百区，广纳英豪，藏书万卷"①，其院藏图书数量之多，冠五代各书院之首。

二、宋元书院藏书的制度化

1. 宋代藏书事业繁荣昌盛

宋代，书院的藏书事业开始进入繁荣昌盛阶段。主要表现如下：

第一，朝廷予以关顾，将国子监印本九经等书籍颁赐给书院。在宋初天下四大书院中，就有白鹿洞、嵩阳、岳麓三书院得到过皇帝的赐书。白鹿洞书院得书的时间最早，在太平兴国二年（977），当时应江州知州周述之请，宋太宗赵光义将国子监所印《诗》《书》《易》《礼记》《仪礼》《周礼》《左传》《公羊传》《穀梁传》等儒家九经赐予白鹿洞书院师生学习，并派车船专

---

① 转引自李国钧主编《中国书院史》，南教育出版社，1994。

程送到书院中。嵩阳书院第一次得书在至道三年（997），亦为宋太宗所赐印本九经。第二次在大中祥符二年（1009），宋真宗赵恒亦赐九经给书院。岳麓书院在宋初也两度得到皇帝赐书，第一次是咸平四年（1001），应潭州知州李允则之请，宋真宗赐国子监诸经释文、义疏及《史记》《玉篇》《唐韵》等书，藏之书楼。第二次是大中祥符八年（1015），山长周式以"学行兼善"，办学富有成绩而受到宋真宗的召见，任命为国子监主簿，以周式坚请回院教授，乃赐给内府中秘书、对衣鞍马及御书"岳麓书院"匾额。皇帝赐书的主要目的是为了奖赏书院办学为其培养人才，并借机推广官方标准读物，以求统一思想，客观上有利于书院藏书事业的推进。赐书不仅表明了皇帝对书院藏书的重视，而且形成一种巨大而持久的激励机制，推动书院藏书建设向纵深发展。

第二，藏书规模扩大。由于印刷技术的推广，书籍得以大批量生产，宋代书院的藏书规模扩大了。历史文献中比较确切地记载藏书数量的书院不多，宋代藏书上万卷的书院有四所，它们是福建漳浦的梁山书堂、浙江东阳的南园书院、江西贵溪的石林书院、四川邛崃的鹤山书院。康熙《漳浦县志》载，梁山书堂由宋人吴与创建，藏书二万卷①。南园书院，南宋初年蒋友松创建，藏书三万卷。宋曾留远《石林书院记》称："先生（指叶梦得）奉祠，即依山林，即闲旷以讲授为业，遂构石林书院，攀桂楼于东边藏修焉。其规划大略视昔之岳麓、嵩阳，今之紫阳、槐堂之制，缭以周垣，荫以嘉树，聚古今图书数万卷，中列文宣、四配之像，从以周、程、张、朱与象山、琴山诸儒。复买田以奉四时祠祭，增廪饩以给学者之不足。由是东南之士至无虚日矣！"②宋代书院所追求的藏书、祭祖、学田等三大事业，于此

---

① 康熙《漳浦县志》卷九《学校》卷十五《人物》，康熙四十七年刊本。
② 同治《贵溪县志·书院》，凤凰出版社，2013。

皆有所反映。鹤山书院藏书见于鹤山先生魏了翁《书鹤山书院始末》中，其称"（讲）堂之后为阁，家故有书，某又得秘书之副而传录焉，与访寻于公私所板行者，凡得十万卷，以附益而尊阁之，取《六经阁记》中语，榜以尊经，则阳安刘公为之记"。① 鹤山书藏由魏家故有藏书和了翁传录、访录所得两部分构成，总数在十万卷以上，其规模之宏富实为宋代各书院之首。时至宋代，书院藏书已与国家藏书势均力敌，形成并驾之势。从此以后，书院藏书即成为中国古代藏书事业中最为年轻最具活力而且独具特色的一个重要组成部分。

第三，书院藏书品种呈多样化，有手抄本和当时已大量流通的雕版或活字"印本"。白鹿洞书院就藏有手抄本，其事载朱熹《跋白鹿洞所藏汉书》中，前述邛崃鹤山书院所藏"传录"秘书副本，也是手抄本。手抄本或为前代旧物，或为手录秘籍，其版本价值甚高，是院中图书精品。宋代院藏大量图书仍是当时即已盛行的"印本"。无论是在天下四大书院，还是其他书院，"公私板行"之书因为大量刊行，成本较低，反映学术信息较快等优点，而受到普遍的欢迎，成为各院首选目标。除了书籍之外，名人手稿、遗书、石刻拓本等也成了宋代书楼所追求的目标。据楼钥《东莱吕太史祠堂记》记载，丽泽书院就谋求过收藏号称东南三贤之一的吕祖谦的手稿。白鹿洞书院也曾收藏过《和靖帖》，并将其刻石传后。宋孝宗所赐御书石经《易》《诗》《书》《左传》《论语》《孟子》及《礼记》中的《学记》《经解》《儒行》《中庸》《大学》五篇，皆为石刻拓本，它们成为白鹿洞书院云章阁的镇阁之宝。②

第四，创建了一批著名的藏书楼。宋代书院所藏图书数量、品种既多，

---

① （宋）魏了翁：《鹤山集》卷四十一，迪志文化出版有限公司，2003。

② （宋）曹彦约：《昌谷集》卷十五《白鹿书院重建书阁记》，迪志文化出版有限公司，2003。

自然就要修建专门的建筑来收藏，于是就出现了一批有名的书院藏书楼。

白鹿洞书院云章阁。白鹿洞书院因在淳熙年间请得孝宗所赐之高宗御书石经拓本，故书阁取名"云章"，以志其崇。其创建由朱熹度地规划，二十余年后即开禧元年（1205）才由山长李中主（一作学官李琪之）创建。宝庆三年（1227）重建，"所增或以丈记，或以尺数，蔑有不满之虑，书院伟矣，阁崇且广矣"。[1]

明道书院御书阁。明道书院为纪念明道先生程颢而建，原本有书阁藏书。淳祐九年（1249），阁毁于雷电之灾。因得以重建，并请得理宗御书"明道书院"四字为门额，书阁遂改名御书阁以"奉宸翰"。阁广八丈，深四丈，共五间，内中"环列经籍"，[2]以供师生研习。

白鹭洲书院云章阁。白鹭洲书院在吉安，清刘绎《白鹭洲书院志》卷一《建置》载，宋淳祐元年（1241）创建，理宗赐额，建有云章阁、道心堂、风月楼等。

书院藏书楼的建立，说明藏书已成为书院的一种事业而被肯定、固化。一般来讲，在书院建筑布局中，藏书楼多建在中轴线上，或位居讲堂之后，而且是整个建筑群中少有的阁楼式建筑之一，甚或是唯一的楼阁，显示出其地位的重要。

宋代书院的藏书事业之所以昌盛发达，有两个先决性条件：一是印刷技术的提高，使书籍得以快速大量生产，流向社会，为院藏图书发展提供了可能性；二是书院自身开始大批量地出版发行图书，促进了院藏图书的增加。如果没有这两点，宋代书院的藏书也就难成大势。但是，我们认为更重要的还是如下两个因素：

---

① （宋）曹彦约：《昌谷集》卷十五《白鹿书院重建书阁记》，迪志文化出版有限公司，2003。

② （宋）周应合：《景定建康志》卷二十九《明道书院》，南京出版社，2009。

第一，书院建设者们孜孜不倦的追求。虽然书院与书有着血缘之亲，虽然宋初各皇帝颁赐图书提倡藏书风气，但如果没有书院建设者们的努力，书是不会从天上掉到院中书楼的。朱熹重建白鹿洞书院时谋求藏书的事迹颇为感人。先是，他将替人撰写传记所获的谢礼手抄《汉书》四十四通捐给书院。同时还向各官府求援，为白鹿洞书院征集图书，事见朱熹《与黄商伯书》中，其称："白鹿成，未有藏书，欲于两漕求江西诸郡文字，已有札子恳之。此前亦求之陆仓矣，度诸公必见许。然见已有数册，恐至重复。若已呈二丈，托并报陆仓，三司合力为之。已有者不别致，则易为力也。书办乞以公牒发来，当与收附，或刻之金石，以示久远计。二公必乐为之也。且夕遣人至金陵，亦当遍干诸使者也。"其求书若渴之心态，以及办法考虑之周，皆显示出朱熹已纯然将藏书当成了一种崇高的事业追求。正是这种锲而不舍的追求精神，外化成书院建设者们的不懈努力，才直接推动了书院藏书事业的不断发展。

第二，书院肩负发展学术的时代使命。宋代书院，尤其是南宋书院有着总合古今学说，集成各家学术成就，再造民族精神的时代使命。在南宋，不论是营造"乾淳之盛"的前辈学者，还是最终将程朱理学抬到官方哲学地位的后辈学者，他们都以书院为基地，研究学术，传播思想，培养传人，奠定学派，使书院与学术之间形成了互为表里、互为倚势、隐显同时、荣辱与共、融为一体的特殊关系。书院重学术的倾向，决定了它对书籍的重视，因为书籍作为文化的载体具有多重性。积累知识、研究学问、创造新说、传播理论等各环节都离不开它。因此，不要说强调"道问学"的闽中诸学派、湖湘学派、浙学各派的书院十分注意藏书事业，就是主张"六经皆我注脚"，不大提倡读书的陆学中心基地象山精舍（书院），在陆九渊逝世之后，也由其创始人彭兴宗下山到出版事业十分发达的福建一带采购图书，以设法弥补其"书院颇少书籍"的缺憾。因此，我们认为，如果说各书院建设者们的努力是推动宋代书院藏书事业发展的直接动力，那么各书院的学术需求则是推动其发展的原动力，它从更深层次影响、规范着宋代书院藏书事业的发展方向、时代特色，乃至规模形式等方方面面，成为支持其事业发展、繁荣的一种更为持久的力量。

2. 元代藏书事业继续发展

元代虽为弯弓射雕的蒙古贵族政权，但对书院持积极的保护、鼓励政策，不仅书院之设"几遍天下"，书院的藏书事业也得到继续发展。

第一，元代书院藏书规模继续扩大，远远超过宋代。代表性书院有燕京（后改大都，今北京）的太极书院，其藏书全是从江淮一带北运而来的，郝经在《太极书院记》中只称"贮江淮书"，没有具体数目，《元史·赵复传》则明指"选取遗书八千余卷，请复讲授其中"。太极书院建于元政权创建之前，战争仍在继续，八千余卷之数已是来之不易了。同时，我们还应注意到，太极之建是为了传播理学于北方，是想作为"天下标准"而推广的。因此，其藏书是从大量的"江淮书"中"选取"有关周、程、张、杨、游、朱等理学大师的"遗书"，故太极藏书可以视作理学专题书库。成都草堂书院，为蒙古族太监达可所建，藏书达二十七万卷之多，为元代各书院藏书之最，亦超过宋代藏书最多的鹤山书院。

第二，藏书楼建设继续得到重视。前述宋代书院一些著名的藏书楼阁或重修，或重建，仍在发挥着作用。如岳麓书院御书阁，虽因没有得到皇帝的赐书，在元代改名为尊经阁，但仍处在整个建筑的中轴线上。总之，因承宋制，旧楼新修，藏书如故。

第三，藏书建设进入正规化、制度化阶段。具体表现在三个方面：一是设置专人管理图书，如杭州西湖书院，但这还不是元代的创举，南宋时期潮州的元公书院就曾设有司书。二是形成借阅制度。颍昌书院就是明证。

许有壬在《冯氏书堂记》中对其藏书及借阅有比较详细的记载，其称："许下冯梦周士可，买书千卷，构堂蓄之，以待里之不能有书者。为之约曰，凡假者恣所取，记其名若书目，读竟则归，而销其籍。损者不责偿，不归者遂与之，以激其后，缺者随补之。"①从登记读者姓名及所借书目，到还书销号，都说明借阅制度已比较完善且具条理。三是编制院藏图书目录。院藏书目的编制主要是为了方便阅读，为读者提供检索工具，而其原始动因则在于保管的需要。成千上万甚至几十万卷图书，要有效地保管好，必须使其处于有序状态，有序的结果势必是书目的编制，而使众多图书进入有序状态的指导原则即是目录学思想的体现了。在有关元代书院的文献中，我们找到一个书目和两篇书院藏书目录序，即《杜洲书院书板书籍目录》《共山书院藏书目录序》《西湖书院书目序》，它们是现存最早的中国书院的藏书目录和目录序。杜洲书院在浙江慈溪，元至大二年（1309）邑人童金创建，其院藏书目载元至正年间所修《四明续志》杜洲书院名下，原作"书板书籍"，分书名、板数或册数两项内容，著录《袁氏蒙斋孝经》《耕织图》二书书板，共计34片，《四书》《六经》《通鉴》《史记》《韩文》《柳文》《黄氏日钞》《慈湖文集》等八种书，共计180册。虽登载书数较少，著录内容亦嫌简单，但编排有序，四部之法隐约可见，不失中国书院藏书史上第一目之风范。共山书院在辉州（今河南辉县）共城苏门百泉之上，创建情况不详，其藏书、编目与"辨章学术、考镜源流"的目录学思想则概见于柳贯所作的《共山书院藏书目录序》中，这是现存最早的藏书序作，颇具历史价值。《西湖书院书目序》成于至正二十二年（1362），时当元末，比共山之目晚了半个多世纪，目之所纪为院中所刻经史书板，而不是院筹典籍。虽然藏板藏籍有着区别，但类编成书目，以便查阅的情况皆可反映元代书

---

① （元）许有壬：《至正集》卷三十八，迪志文化出版有限公司，2003。

院藏书事业的正规化。

　　元代书院的藏书事业之所以继续向前发展，除了汉族士人为保存固有文化的刻意追求、不懈努力之外，还有一个重要的原因，那就是蒙古族等少数民族的有识之士对于藏书建设的重视。历山的千奴，姓玉耳别里伯牙吾台氏，名齐诺，人称历山公，官至嘉议大夫参议中书省事，致仕在家后，他"聚书割田"，"复藏方书"，致力于书院的藏书建设。秘书太监达可为蒙古族人，生长于蜀中，告老还乡后，以私财为成都石室、草堂、墨池三书院购书，可谓竭尽全力。正是这些处于各个不同阶层的蒙古族士人的努力，化解了游牧民族的野蛮、落后，使得金戈铁马渐至于郁郁乎文明之境。

三、明清书院藏书事业发展概略

　　明代书院，前期不受重视，后期则遭到几次禁毁，其发展历程颇为艰辛。缘此之故，书院的藏书事业亦减宋元以来的旺盛之势，进入一个相对的低平时期，再也见不到那样多矻矻以求的收藏之人，皇皇数十万卷的院藏之数亦不见于文献记载。然而，这并不是说有明一代书院的藏书事业就停滞不前了。事实上，尽管它无盛势，但仍以自己的方式在向前推进。

　　第一，藏书楼建设仍在继续进行。湖南如岳麓书院，弘治年间重修时，即"增公田，储经书"，重建尊经阁。至嘉靖初，孙存又请得赐书和御书《敬一箴》。[1]

---

① 李慎初、朱汉民、邓洪波：《岳麓书院史略》，岳麓书社，1986。

图 6-1　岳麓书院御书楼

　　第二，院藏书目增多，编目则适应情势而求变通，力求反映明代书院的藏书特色。明代书院的藏书目录尚不见于地方志，明人文集中笔者也未见院藏书目，但明修书院志则屡载院藏图书目录。如李梦阳《白鹿洞书院新志》，成于正德六年（1511），分沿革、形胜、建造、石劂、山田地塘、姓氏文艺、典籍、器皿各志，凡八卷。书目的编制也颇具特色，李梦阳分经部、子部、史部、集部四类目，著录院藏图书 83 部。其中经书 11 部、子书 25 部、史书 31 部、集部书 16 部，每书皆著录书名、本数或部数、存残情况等三项内容，间或记录版本。此目的特点在于将子部书提到史部之前，这种排列顺序，一反传统的四部分类之例，说明白鹿洞书院对于子部书的重视。

　　第三，藏书制度趋向成熟，出现正规的管理条例。兹以白鹿洞书院为例。正德年间，李梦阳《白鹿洞书院新志》之"典籍志"前有小序，其称："凡各部书籍见存残失数目，（山长）蔡宗充俱已查对明白，装造四册，申解提学道，讨取针印，一留本道，一发本府，一发本学，一给本洞库子。"①从这段文字中，我们可以知道，白鹿洞已建立山长清点藏书，装造目录登载存失，钤印备查，设置库子进行管理等项制度，藏书建设已相当正规化。

无论怎样，我们都不能回避明代书院藏书数量不多的事实，现在所掌握的资料中，确记院藏书数的不多，复真书院数千卷、静斋书院万余卷、白鹿洞书院83部，与宋代鹤山书院的10万卷、元代草堂书院的27万卷相比，实在是相差太多了。

何以明代书院曾经辉煌，其藏书事业却始终不成盛势呢？究其原因，主要在于那些创造辉煌的书院建设者们对于藏书的态度上。我们知道，明代前期书院不受重视，嘉靖、万历、天启间又历遭禁毁，只是由于有王阳明、湛若水等大师及其后学的苦心经营，书院才终成大势、再创辉煌的。而这一代的书院建设者们，是以发挥心学为己任的，他们钟情于书院的讲学、会讲，其知识结构不同于宋元"道问学"的一代，重悟性而轻积累。王、湛为一代大师，他们对书籍不甚重视的态度，使书院的藏书事业未能与书院一起昌盛于明代中叶，但他们还不至于反对藏书，还都曾为书院的藏书楼阁撰写碑记。其弟子如刘阳、刘邦采等也能遵古训，在书院聚积图书，只是势单数少，不足以复兴藏书之业而已。后来，王、湛之学滑入末流，空谈心性，束书不读竟成为时尚，藏书建设终于滑入低谷。晚明之世，东林书院等思有以振起，提倡读书经世，但由于很快卷入政治斗争，讽刺朝政取代空谈心性成为主题，书院藏书最终失去了在明代形成盛势的机会。

及至清代，书院的藏书事业终于摆脱长期徘徊的局面，得到长足发展，形成浩然盛大之势。

第一，藏书建设受到普遍重视，大小书院多藏有图书。藏书和讲学、祭

---

① （明）李梦阳：《白鹿洞书院新志》卷八，江西人民出版社，2015。

祀一起，成为书院的三大事业。凡建书院即谋藏书，这在当时已成共识。收藏经史百家之书，以为师生研习讲诵之资。清代藏书数量最多的书院是台湾鹿港的文开书院，有图书 2 万余部，30 余万册，若以一般书院每册（本）三卷左右的概率计算，将接近百万卷，其藏量之巨，在中国书院藏书史上是极为罕见的。

第二，制定了图书管理方面专门的规章制度。清代随着经验教训的积累总结，管理水平不断提高，形成了涉及资金筹措以及图书征集、登记、编目、借阅、赔偿、保管等各个环节的专门图书管理规章制度。这些规章或悬于藏书楼壁间，或刻为碑记，或载藏书目录之前，或见于书院志章程。如江宁（今江苏南京）惜阴书院《借书局章程》，载同治《上江两县志》卷十二上，制订于同治十年（1871），凡四条，涉及人员设置、图书保管、借阅规则等。规定除文武官员之外，江苏"本籍士子无书者得诣书院借读"，借书局实为全省读书人之公共图书馆。上海格致书院《藏书楼观书约》，载光绪三十三年（1907）该院编《上海格致书院藏书楼书目》前，凡十条，多为借阅细则，涉及设阅览室及开放时间等。

第三，编辑大量藏书目录。清代藏书目录被大量编辑、刊印，广传于世，虽历经水火兵乱之劫，所能辑录到的还有 66 个之多，估计有清一代，院藏书目之数不下于一百。而其数之巨，实即表明了清代藏书事业的昌盛。绝大部分书院藏书目录原载各地之府、州、县志，这些目录一来因为院藏书数较少，更主要的是因为编目目的在于记数备查，防止遗失，因而著录都很简单，除了书名、卷数（或部、函、套、册、本数）这两项最基本的内容之外，其他诸如作者姓氏及朝代、书籍版本、刊刻年代等就很少顾及了。但捐资购书、关心书院藏书事业的人，其姓名，甚至出身、官爵、籍贯等都会记载得明白详细，意在鼓励，以使书籍绵长有续。少部分登载于书院志或单行本的院藏目录，编目者着眼于推究学术源流，为读者指示读书路径，因而从类目的区分到著录的内容都很用心，一般前有凡例以明编辑体例，书籍著录包括书名、卷数、作者、版本、院藏数目等几项基本内容，间有案语指示版本优劣、内容好坏等。这部分书目最能体现书院对中国古代目录学的贡献，也最能反映书院的学术追求与趋向，应该予以足够的重视。

第四，书院内部形成了相对独立运行的由监院或学长、董事主持，向山长或官府、董事会负责，委派专人操办的图书管理体制，它忠实地执行上述图书管理制度，推动清代书院的藏书事业走向辉煌。

第五，开始近代化进程，成为联系中国古代藏书事业与现代图书馆事业的桥梁。与中国社会的发展相适应，再加以外国教会书院所带来的影响，同治以降，尤其是光绪年间，清代书院的藏书事业开始了近代化的进程。其近代化因素主要表现在如下几个方面：

首先，藏书由传统的经史百家之书，变为传统典籍与反映洋务、新学、时务、西学的书本并存，如开封大梁书院光绪年间由拒收"医卜星相及一切技艺之书"到收藏包括数学、地理、外国军政、商务、铁路、工程、化学、物理、煤矿、天文、植物、英语、法语、日语等书，这是内容的变化；形式上，书库中除以线装订等传统技法装订的书之外，还有以金属类订书针装订即所谓"洋装"的书籍，并有引进的"铅板"书与木刻、石印之书并存。上海龙门书院还藏有《女子理科矿物及化学》等25种"东文书籍"，这表明已开收藏外国语言原版图书之例。所有这些院藏图书从内容到形式所发生的变化，都是中国书院藏书事业近代化的重要标志。其次，所藏著作的作者发生了变化，除了中国士人及传统汉字文化圈内的日本、朝鲜之外，还出现了很多西方作者作品。如开封《大梁书院藏书续目·时务书部》中就著录有美国人谢卫楼著《万国通鉴》、英国人麦丁富得力编《列国岁计政要》、布国（普鲁士）人希理哈撰《防海新论》、比国人伯里牙芒著《营垒图说》、德国人瑞乃尔译《德国武备操学》等数十种外国人所撰著的图书。西方作者及其所叙述的西方文化等方面的知识，使古老的书院藏书楼散发着浓烈的近代化气息。再次，读者范围扩大。一般书院所藏图书，以本院师生为读者对象，而南京惜阴书院借书局向江苏"士子无书者"开放，类似今天的公共图书馆。上海格致书院藏书楼则更为开放，对读者对象未作任何限制，人人皆可阅看。最后，书楼之中开设阅览之所。惠州丰湖书院《藏书约》在"每楼一层，置长木桌四张，为检书晒书之用"的规定下有双行小字注曰"有椅可坐，便于看书"，此可视为非正规的阅览室。上海格致书院藏书楼楼上藏书，楼下藏报章，各设阅览室，读者填写借书联单即可入内阅看、摘抄，此即现代意义上的正规阅览室了。

综合以上四个方面的情况，我们有理由认为，清代书院藏书带着古代的辉煌和自信，扩张其固有的公共性和开放性，已经迈着比较坚实的步伐，开始了近代化进程，并成为连接现代学校和公共图书馆的桥梁。

第二节　书院藏书的来源与类型

一、书院藏书的来源

书院藏书的来源，历来受到研究者的重视，尤其是当书价暴涨、图书馆经费相对下降的时候，对其加以认真的考究，发掘其成功的经验，作为今天工作的借鉴，当是一件不失积极意义的工作。今天，当我们考察大量的书院藏书文献、规章及数十个藏书目录之后，认为书院藏书来源于五个方面，一是皇帝赐书，二是官府置备，三是社会捐助，四是书院自备，五是图书基金购置。

1. 皇帝赐书

皇帝赐书，对于一般书院来讲是可望而不可即的，宋代以来，得到过赐书的也就是那么几十所书院，而且，就是在这几十所书院的藏书中，御赐之书所占的比例也是极少的。这是关于数量的分析，如果仅从数量方面来讲，皇帝赐书确实无足轻重。但在封建社会中，皇帝钦赐御颁之物又岂是可以用数量多寡来衡量的！对获赐者来说，这是何等荣耀何等幸运，而对于未获赐者来说，这种荣耀和幸运又是何等令其羡慕倾心。这荣耀、幸运、羡慕、倾心必将产生巨大的促进作用，推动着藏书事业的发展。因此，我们并不着眼于皇帝赐书的区区之数，而看重它在封建社会中凭借着至高无上的皇权而产生的巨大的社会影响，仍然将其作为书院藏书的一个来源而加以强调。皇帝赐书以释放巨大的政治社会效应为特点，就皇帝而言，赐书是他对有功者的奖励，并形成一种奖励效应，达到宣示文化倾向的目的。其贵在精而不在多，因而获得赐书殊荣的必在极少数已有较大影响或具有典型意义的书院，旨在营造浩然势大的效应。赐书数量也是有选择的、象征性的，求质而不求量，表明其扶持正学之意即可。无论是宋真宗赐给岳麓书院属于经书的诸经释文、义疏，《玉篇》《唐韵》和属于史书的《史记》，还是清乾隆皇帝赐给钟山、紫阳、敷文等书院之武英殿版十三经、二十二史，所宣示的都是皇帝对于"根柢之学"的经史典籍的重视。

2. 官府置备

官府置备是书院藏书很重要的一个来源。其概念的界定有两层含义，一是置备者是官方人士，以官方身份出现而不是官吏以个人名义出现；二是置备的费用是公费而不是私钱。有两种最基本的形式，第一种是奉文置书，如清代乾隆元年（1736）、九年（1744）由礼部发布清单，议准各省督抚动用"存公银两"为书院购书后，各地书院多有遵照执行者，这在藏书目录中有所反映。第二种是地方政府在其权力范围之内动用公款为书院置书，如嘉庆末年湖南巡抚李尧栋、左辅分别为岳麓、城南二书院新置"官书"，同治年间江西巡抚刘坤一向所属各府城书院"颁书"，都属于这种情况，比较而言，它是官府置备的主要形式。还有一种形式，如清代光绪年间，毕道远、周家湄合奏转咨两江、两湖、两广、四川、闽浙总督及江苏、江西、湖北、浙江、广东巡抚，征用各属所设书局刊印书籍藏于京师金台书院；再如两广总督将其所抄没的康有为万木草堂的图书发存于广雅书院等，虽然其书或不曾动用公银，或是否动用过公银尚不清楚，但它利用了政府的权威，动用了行政手段，因此，也要列入官府置备之类。我们考察各书院藏书目，发现在确然交代藏书来源的总数中，官府置备的比例要小于社会捐助而大于书院自备。此其一。其二，官府置备之书有时与其他各途汇集之书同藏于一所书院的书楼，但这时它是占绝对压倒优势的来源。而绝大多数情况下，官备之书成为一所书院藏书的唯一来源。这说明，官府置备不做则已，一做就会以其雄厚的经济实力做后盾，成为书院藏书的主角。其三，官府置书发生的时间绝大多数在太平盛世，这说明到了人民殷实、国家富强之时，政府就会重视发展文化教育事业。

3. 社会捐助

社会捐助是书院藏书最主要的来源。它包括官绅士民个人捐赠、书院师生捐置、非官方机构赠送等三种形式。第一种形式中，各级官吏以个人名义的捐助又有几种情形，一是某个官吏，主要是主持创建或修复书院的地方行政长官，包括总督、巡抚，主要是知府、知州、知县，也有主持教育的学官，他们各自单独"捐俸""捐廉"购置图书，这种情况很普遍。这是官吏个人独力捐助。另外也有长官带头倡捐，其他僚属响应者，这是官吏的合力捐助，而这种捐助往往又和士民的捐助联系在一起。士绅的捐助多是响应倡捐的集体行动，或各人依其识见、爱好捐书，或各依其能力捐资之后，再由书院统一购书，这是合众人之力而为。还有一种是士绅将自己积年所藏之书转给书院，变私藏为公用，这种情形也相当多，尤其在宋元时期。一般来讲，捐书者原本就爱好收藏书籍，甚至是藏书家，后来为了泽惠乡邻才创建书院。总之，捐书者即是书院创建人，捐书实为助学。至于民众的捐书，则见于家族类、乡村类的小书院，多属摊派捐资，然后由书院购书。它在书院藏书来源中所占比例极小，因为传统中国属农业社会，富有之民毕竟极少。

书院师生的捐置，实际主要是"师"的捐置。"士多寒素"，是中国几千年的痛苦现实，若不是殷富之家的生徒，是绝不可能加入到捐书者之列的。院师的捐置有三种情形，一是院师同时又是书院的创建人，建院、捐书、讲授三位一体，这种情况多见于宋元书院。清代也有开封彝山书院山长史致昌，他虽不是书院创建人，但其捐书 90 种，成为该院当时院藏图书的唯一来源，也可归于此类。还有一种情形是山长倡捐，如长沙岳麓书院山长丁善庆同治年间置书之举，四川井研来凤书院光绪年间院长吴克昌、陈萧、廖平连续置书等。第三种则是山长响应倡议参与捐书，如福建浦城南浦书院院长翁昭泰，光绪年间响应知县吕渭英之劝捐议，捐赠《五种纪事本末》《王文成全书》等两种图书。

非官方机构亦即社会团体的捐赠，始见于清代后期，如醴陵公局、湖南通志局同治年间赠书给岳麓书院，湖北、浙江、苏州、江宁等官书局同治年间发书给江宁惜阴书院借书局等，虽然并不多见，但它反映了社会公众对于书院建设的重视。

社会捐助之书有一个最大的特点，就是内容广泛，丰富多样，反映最新学术成果。这一特点是由捐书者的社会地位、学术水平、政治主张、志趣爱好等各不相同，以及受捐书院所在地文化需求、院中生徒程度各有差别而造成的。一般来讲，身居要职而处社会上层的人，他们所关心的是社会的安定和国家意识的灌输，因而所捐之书多是钦定、御纂或代表国家标准的监本、殿本类，儒家经典和有关政治、法律的图书。中下层官吏所面对的主要是社会治化、民生计用等问题，所捐之书趋于实用，多为基本的经史典籍，更有如陕西兴安府知府叶世倬者，捐置了《蚕桑须知》《树桑百益》《小儿语》等为一般士人所需而又关系到提高蒙童素质和人民生活水平的图书。崇奉理学者所捐多为宋元名家文集，其著名者如康熙年间张伯行捐书福州鳌峰、庐山白鹿洞书院。强调考据者所捐则必为经史典籍，清代乾隆、嘉庆、道光所存留的院藏书目皆可为资证。近代化过程中，张之洞主张中体西用，其于四川尊经、广东广雅、湖北两湖书院，强调经史根柢之学的要籍的同时，对于"知合切用"的西学之书也多予关注、收藏。至于志趣各异的各种专门之家、各社会团体，必将自己的最新研究成果、最能反映其特色的出版物拿出来，借以宣传推介。

总之，社会捐助，使得书院藏书在内容上具有广博、丰富、多样的特点，为书院的教学、研究提供了广泛而坚实的文献支援；在学术上具有输入新的研究成果，为活跃书院诸生的思想，促进其学术水平的提高提供信息保证；在图书版本上具有融入私藏的特点，为书院藏书从公用、大众化进为精品、善本，提高档次提供了可能性，是书院藏书最具特色也是最主要的来源。而它对当今处于困境中的公共图书馆、教育科研单位图书馆所提供的最主要的借鉴也在于，当政府资助的渠道缺失或发生困难时，应将注意力转移于社会，争取社会各阶层成员和各种社会团体的支持，并通过引导、规范，使其成为一条永久而畅通的渠道。

4. 书院自置

书院自置是其藏书的重要来源。书院自置图书分两种形式，一是斥资购置，二是自己刊刻。书院自购图书，对于已有官民两途之书的书院来说，数量不会很大，主要是为了查漏补缺，配备必要的图书资料。一般来讲，其购备以最基本的教学、研究需求为标准，缺什么就补什么，除了经史典籍之外，在宋元多为程朱学派之名家著述，在明代则为陆王派系学者之文集、语录，清代或考据、词章之籍，或时务、西学之书，则依时间、书院而定。还有的书院原本图书很少或根本就没有藏书，其自购多以"有用""适用"作为普遍遵守的原则。但这一原则的确立，根于经费太少的无奈，并不是说书院不想收藏那"万有不一"之书，也并不是对那些"种类日繁"的新旧刻本不感兴趣，而是经济实力不足，只能退而求其次，唯其如此，才能保证最基本的教学需要。

书院自己刊刻的图书例皆藏于院中，以为师生研习之资。一般来讲，当刊书还未独立运作并以向社会发行获利为目的之前，其书多为院中师生的教学与学术研究成果、记录书院历史之类，这个时候，它在院藏中所占的比例不大。当突破这个界限，发展成专门的书局、刊书处之后，其书就扩大到一般的经史百家著作，其时它在院藏总量中所占的比例就不小了，如广雅书院自己刊刻的图书差不多占院藏的一半。

5. 图书基金购置

图书基金始见于清代。其基本资金来源于官民二途。福建浦城县南浦书院是每年提用官府公费作为购书专款的；浙江瑞安心兰书院则是利用士绅捐资购置田亩，以田租收入购书，事见陈虬《拟广心兰书院藏书引》，其称："定议之初，人约二十家，家先出钱十五千，合三百千钱，购置书籍"，

"续置有隔江涂田数十亩，岁近又可得息数十千，益务恢广，自开办以来积二十一年矣，寻常文史，略可足用"。①这种以各种办法建立常备经费购书，以为藏书楼提供源源不断图书的办法，我们将它称之为图书基金。这些经费或出自官府，或出自社会捐助，而其购书又是由书院操作完成的。图书基金的建立与运作，使图书的增长可以得到长期而稳定的保障，院藏书籍总数持续增加，同时它也使采购反映最新成果的图书成为可能，使书院能够保持对学术动态、信息的灵敏反应，从而促进其教学与学术研究整体水平的提高。建立图书基金以保证书楼藏书数量常增、信息常新，是古代书院藏书建设中一条成功的经验，也是其开始近代化进程的重要标志，更为今天的图书馆事业提供了宝贵的借鉴。

二、书院藏书的类型

书院的藏书，按照不同的标准可以分成不同类型。

从藏书的内容上看，可以分成经、史、子、集四部，这是最基本的类型。以四部为基础还分衍出丛书、类书、杂著、理学部、文部、诗部、经济部、杂部、圣制、御制、典故、举业、舆地、算学、词章、时务、典志、考据、数理、碑帖等 20 种名目，这是以大类而言。若细分，还可列为"中华向有之儒家、法家、农家、兵家、算学、数术、艺术、谱录、杂家"，"海外列邦之天文、舆地、政治、邦交、农工、制造、格致、测算"等。无论是大多数书院采用的传统四部大类分法，还是明代虞山书院的十一类分法，抑或清代昭义书院的三类分法、箴言书院的五类分法、求志书院的七类分法、凤鸣书院的八类分法，以及数十种名目的小类分法等，都是"辨彰学术，考镜

---

① （清）陈虬：《治平通议》卷八，朝华出版社，2018。

源流"的结果，是以学术的分合流变为标准去划分的，是书院建设者们以自己的学识为参考系对院藏书籍的内容进行考察后所作出的结论，代表着他们当时的看法。这种分类，其最后功用还是目录学的，是为了便于查阅，为读者提供进入书库的工具，为管理者提供一个稽查的凭据。

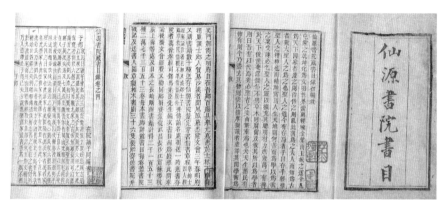

图 6-2　仙源书院藏书书目

从藏书的版本来看，以刻书时间来分，有宋、元、明、清、近代等诸种刊本。一般来讲，本朝书院收藏本朝刊本为主，兼收前代刊本，如清代益阳箴言书院收有元刊本一种、明刊本三十余种，其余都是清刊本。但每个朝代初期所藏，多为前朝之书，如宋初皇帝赐给白鹿洞等书院的印本九经，即为五代时冯道所刊。以刻书单位来分，有书院本、监本、殿本、坊刻本、官刊本、私刻本、近代各书局本等。一般而言，宋元以来历代都有监本，它和清代的殿本等被称为古代中国之国家标准读物，具有权威性，不易求得。书院本多为善本，清代大学者顾炎武称其有"三善"，坊刻本多属畅销之物，所涉内容基本上为各书院所轻，收藏较少。书院大量收藏的图书，从现存院藏书目来看，是近代各大书局包括书院所属各书局的出版物，其次是监本、殿本、官刻本，再次是私刻本，坊刻本最少。教会书院则藏有外国出版社出版的图书，非教会书院中随着对外交往的扩大，也开始收藏外国出版物。如广州广雅书院就收有"日本国原刻本"《佚存丛书》一部、"日本天游园刊本"《贞观政要》十卷、"日本白莲社刊本"《一切经音义》一百卷、"日本翻刻本"《钦定西清古鉴》四十卷等，体现出书院藏书的开放性。以印刷术来分，又有雕版、活字版、排字版和木刻本、石印本、铅版等两大类，前者是从工艺上分的，后者是以制版材料来分的。书院所藏以木刻雕版为多，活字版、排字版、石印本次之，到近代出现了铅版，昭义书院还收藏了"洋版字典"一部。从刊刻图书的文字来分，有中文版和外文版、中外文对照版、中国所编外语教科书之别。外文版则仅见日本文字之书，藏于上海龙门书院，称作"东文书籍"，计有《实地测量》（正、续、补三编）、《最新植物学教科书》、《初等几何平面教科书》、《初等几何立体教科书》、《微分积分学》等25种之多，比较全面地反映了日本近代学校教育之政策法规、各学科教科书、教学方法等，这些对当时正在追求近代化的中国书院、中国教育无疑有着积极的影响。中外文对照本，我们也只见到了两种中日文对照本，皆属日本刊本，正文用中文，旁注平假名。一是日本人山崎嘉所撰《白鹿洞学规集注》，刊于日本后光明天皇庆安三年（1650），相当于清顺治七年。一是日本人安正撰《白鹿洞书院揭示考证》，刊于中御门天皇享保十六年（1731），时当清雍正九年。白鹿洞书院在日本的影响，于此可见一斑。中国人所编外语教科书，见于《大梁书院续藏书目录》，计有《英字指南》六卷、《英文初范》一册、《无师自通英语录》一卷、《法字入门》一卷、《无师自通东语录》一卷、《东语入门》二卷、《东文新法会通》二卷等七种，涉及英、法、日三国语言文字。

从图书的作者来看，可以分成中国人著作与外国人著作两大类。国人自先秦到明清，历朝历代都有著书，是藏书作者的主体。需要指出的是，自唐宋以来就有一些中国作者著书介绍外国文化与历史知识，到明末受耶稣会传教士影响，更出现了一些介绍西方文化的作者，到清代尤其是清末，这一队伍壮大，他们的著作大量入藏书院，成为院中师生认识世界、接受新知的重要工具与渠道。外国人的著作以明代后期为界大体上可分为两个阶段，前一阶段主要是朝鲜、日本、越南、琉球等国人的著作，因其同文同种，几乎没有阅读障碍。这些著作除了介绍当地风情之外，内容又多是讲中国文化如何向外传播的。后一阶段除固有的中华文化圈中的外国人之外，又出现了西方人，明清之际称西洋人或泰西人，他们的著作已开始介绍西方文明，如清代大梁书院中就藏有"明西洋人""明泰西人"熊三拔撰《简平仪说》一卷、《泰西水法》六卷，利玛窦译《几何原本》六卷，邓玉函口授《奇器图说》三卷。及至晚清，西方人的著作大量出现于中国书院的藏书楼，传教士所办的教会书院所藏最多，中国士人主持的书院中也有不少，如《大梁书院续藏书籍目录·算学书部》中就著录了17部，占此类图书的19.5%，而《时务书部》中达到92部，为65.7%，所占比例已大大超过中国人之著作。这个时期，外国人的著作已成为向古老的中国传输西方文明的渠道，文化交流的势态已和前一阶段完全不同，变输出为输入。这些书的内容涉及军事、外交、历史、法律、铁路、煤矿、地理、物理、化学、天文、动物、植物、农业、冶金、制糖、工程、航运等各个方面，其中西方人的著作以介绍专门的学科知识为主。

从藏品的形式看，可以分成书、刊、报三大类。在清代后期出现报刊以前，书是书院藏书楼中唯一的藏品，报刊出现以后也是最主要的，其主体地位未变。书又可分成手抄本（写本、誉抄本）、手稿本、刊本、印本、拓本等，有些字画装裱成轴，亦可归于此类。报刊原本是不分的，都是连续出版物，只是间隔周期有长有短而已，后来大概将周期长的称作刊，周期短的称作报了。书院收藏报刊是清代后期才有的事，因为其容载信息多而且新，传递快捷，很受重视，尤其是戊戌变法以后，成为在院中传播新知的主要载体。上海格致书院藏书楼二层，楼上藏书，楼下藏报刊，其《观书约》第八条规定，"凡各报章，择有益于学界者，无论日报、月报、教报，概照观书例，在楼下阅看，楼上不备"，是为书报分藏，开辟报刊阅览室之例证。报刊有社会创办和书院自办两种。戊戌变法时期，湖南巡抚通令各府厅州县订购并交各地书院师生及城乡士绅传阅之《湘学新报》，就是省城长沙校经书院主办的旬刊，光绪二十三年三月二十一日（1897 年 4 月 22 日）由湖南学政江标创刊，院中高材生唐才常主笔，辟有史学、掌故、舆地、算学、商学、交涉等六个栏目，登载院中师生"粗有所得之卮言"，是为近代中国最早的学报。追溯更早，有些书院连续出版的课艺，如杭州《治经精舍文集》连出八集，广州《学海堂集》连出四集，上海《格致书院课艺》每年一集，自光绪十二年至十九年，连出八集等，皆得视为中国书院学报之嚆矢。戊戌变法前后创办的报刊很多，有中国人办的，有外国人办的，也有中外人士合办的，其中中国人所办的《时务报》很受欢迎，湖南巡抚陈宝箴有《购〈时务报〉发给全省各书院札》，意在开发民智，为湖南新政进行舆论准备。报刊的出现是中国社会近代化的产物，与书并列珍藏于书院，则是中国书院藏书制度近代化的重要标志，至于报刊阅览室的开辟更表明古老的书院藏书楼已与现代图书馆接轨。

从图书的功用上看，可以分成教学型、学术型、教学与学术并重型、特色型等类。藏书是书院最初的本能，也是书院极重要的事业，但若与教学和学术相比，它又处于次要的从属的地位，具有为教学和学术研究服务的性质。因此，占书院绝大多数的以教学（包括攻科举之业者）为主的书院，其藏书皆属教学型，包括用作教材和教学参考资料的两类图书。各个朝代，每个朝代的不同时期，以其教学任务和目的不同，所藏书目会有区别，这是时代的烙印，此为一方面。另一方面，因主持院政的山长不同，主要是学识、爱好的不同，教学型书目也会出现差别，尤其是有些山长主持一所书院长达十几年甚至几十年之久，这种差别形成的特色会更为明显。书院的教学目的与任务往往在所订立的学规、章程中作出规定，有的甚至对每日、每月所要研读的书开出清单，定为日课、月课，要求诸生遵照执行，其藏书的置备略为扩充即可。一般而论，传统书院多为经、史要籍，外加名家诗文别集和一些制艺、课艺之类应对科举考试的参考书，教会书院必有《圣经》之类，晚清新书院必有格致、算学、时务之书，这是一般的特点。从现存藏书目录来看，大多数皆要归入此类。若从藏书数量上分析，一般藏量几十种千余卷者，莫不属于服务教学的情况。教学型图书的收藏，量虽然不是很大，但它可以满足最基本的需要。

教学与学术并重型的藏书，也可视为公共类藏书，其藏量也大，所收范围也广，多多益善，凡书皆藏当可视为其特点。一般来讲，非实力雄厚、经费充足的大书院，非有声望特高之大师主持的著名书院，非拥有藏书名家悉数捐献的书院，则难以使藏书达到这个水准，即充分满足教学和学术研究双重要求的高水准。历史上，唐代集贤、丽正二书院代行国家图书馆之职，所藏图书秘籍，自然属于此种类型。其他如宋代邛崃鹤山书院，元代成都草堂书院，清代彰化文开书院、益阳箴言书院及多数省会书院等所藏图书，也皆可列为此类，但总的来讲，为数不多。唯其所藏至巨至富，必然包容诸多精华，且推动图书管理体系、管理制度的建立和不断完善，因此这类藏书就成为我们研究的重点对象之一。

凡藏不求量大，收不求广而求专者，我们称之为特色型藏书。如清代开封彝山书院藏书 90 种，除《全唐诗》《宋诗钞》《四书体注》《诗韵含英》《康熙字典》《五经体注》六种之外，其余 84 种全都是河南一省各府、州、县志，其地方特色极为明显，拥此坐读，豫省之历史、地理、政治、军事、经济、文化、民俗、教育、物产等等一切情况必尽了然于心。特色型藏书对推动专门精到学问的研究大有裨益，当图书经费不足之时，若能变通而追求于此途，亦不失为一种可取的办法。

第三节　书院刻书事业

书院生产图书的历史开始于唐代，但其刻书事业则兴起于宋代，唐宋之间，有一个从修书到刻书的过渡时期。宋元明清，代有书院刻书，服务于书院教学、学术研究等活动，其事业盛衰有时，各有特点。

一、从修书到刻书

书院的图书生产活动始于唐代，最明显的例证是中央丽正、集贤书院的"刊辑古今之经籍"。据《唐六典》《旧唐书》《新唐书》等历史文献记载，丽正书院的前身是开元五年（717）设置的乾元院，当时唐玄宗下令在院中写经、史、子、集四部书，设刊正官、押院中使、知书官等职分掌其事。开元六年（718），改乾元院为丽正修书院，职责仍以生产图书为主。十一年（723），又在长安光顺门外置书院。十二年（724），唐玄宗驾幸洛阳，在东都明福门外置丽正书院。十三年（725），又改丽正修书院为集贤殿书院。集贤书院的职责，《唐六典》称其为"掌刊辑古今之经籍，以辨明邦国之大典，而备顾问应对，凡天下图书之遗逸，贤才之隐滞，则承旨而征求焉，其有筹策之可施于时，著述之可行于世者，较其才艺，考其学术而申表之"。[①]可见与丽正书院相比，集贤书院职责范围有所扩大，但主要任务仍然是"刊辑古今之经籍"，即从事图书生产。

为了"刊辑"经籍，丽正、集贤书院设置了专门的职官，据统计，有院

---

① （唐）李林甫等撰《唐六典》卷九，陈仲夫点校，中华书局，1992。

使、检校官、修书官、直学士、学士、文学直、修撰官、校理官、刊正官、校勘官、修书学士、知院事、副知院事、判院、押院中使、侍读学士、侍读直学士、待制官、留院官、知检讨官、书直、画直、写御书人、拓书手、编录官、校书、正字、装书直、造笔直等各种名称。

唐代书院生产图书过程中职事设置之多、职责划分之专，说明其事业的发展已达到相当高的水平，其制度也相当完备，此其一。其二，类似今日出版社校对的职事有校勘、校书、正字、校理、刊正等，名目较多，说明丽正、集贤书院对图书的质量十分关心，为了减少甚或消灭书中的错误，增设了很多道防线，从制度上给上乘之品的生产提供了保证。其三，当时生产的图书是手抄（写）本和拓本并存。集贤书院当年出品的图书数量，《唐六典》有明确记载："集贤所写皆御本也，书有四部，一曰甲为经，二曰乙为史，三曰丙为子，四曰丁为集，故分为四库"，"四库之书，两京各二本，共二万五千九百六十一卷，皆以益州麻纸写。其经库书钿白牙轴、黄带、红牙签，史库书钿青牙轴、缥带、绿牙签，子库书彤紫檀轴、紫带、碧牙签，集库书绿牙轴、朱带、白牙签，以为分别"。[①]近 26000 卷图书对于一个主要从事经籍刊辑的单位来说，其数量并不很大，但考虑到这些是由包括书直、画直、拓书手在内的百余人用手工描、写出来的，达到如此数字，亦属难能可贵了。在这里，我们还要指出的是，将四库书以不同颜色的轴、带、签区别开来，使人从外表就能识别书籍的不同品类，实与今日图书封面设计有类似之功效。

唐代书院的"刊辑"经籍，包括编纂、校勘、出书等事，涉及现代行业分工中的作者、编辑、印刷工人的部分工作，这些工作古人称之为"修书"，丽正、集贤书院也被视为"修书之地"，而"非士子肄业之所"。从书直、画

---

① （唐）李林甫等撰《唐六典》卷九，陈仲夫点校，中华书局，1992。

直、写御书人、造笔者等职事设置可知，唐代书院的"修书"事业，主要是靠刀刻手写完成的，这种操作技法源自殷周，甚为古老原始，不能快速而大量生产书籍。虽然集贤之书主要供皇帝个人阅读，是所谓"御书"，求质而不求量，但自隋代始行科举制度以来，随着知识阶层的不断扩大，整个社会对图书的需求量日益增长，这不能不对集贤有所影响，而隋末唐初出现的雕版印刷技术也不会不传到中央之区的长安与洛阳。集贤设置拓书手颇有在院中推行新的印刷技术之意，因为拓印和雕版印刷原理相同，皆有"一版而印数无穷"的特点，可以扩大图书的生产量，六位拓书手拓印的图书不会比一百位书直、写御书人所抄的图书少。因此，虽不敢断言唐代书院已有刻书之举，但从某种意义上可以说集贤院中已有"印"书的尝试，由传统的"修书"向新兴的"刻书"迈出了可喜的一步。

二、宋元书院的刻书事业

1. 宋代书院的刻书事业

北宋是雕版印刷的兴盛时期。到庆历年间（1041—1048），毕昇又发明了泥活字，将印刷技术推向一个更高的水平。这个时期的书院是否有过刻书或类似唐代的"刊辑经籍"的活动，目前还未找到材料证明。但上有唐代"刊辑"图书的传统，时有二百余年官私刻书的实践和划时代技术进步的影响，素与书籍有血缘亲情的书院有加入到刻书行列的充分理由。因此，我们可以推断，这个时期的书院仍在继续着自唐代就已开始的图书生产活动，而且跟随时代步伐完成了从"修书"到"刻书"的过渡。

南宋时期，刻书作为书院的一种职能得到强化，很多有条件的书院出于各自不同的原因都在从事着这项事业。如潮州元公书院，它是淳祐九年

（1249）知州周梅叟为纪念其先祖周敦颐（谥元公）而创建的。《三阳志》对书院刻书情况有些记载，其称："市书藏于书院，司书职之。又刊元公文全帙以广其传。周侯之待后学至矣。合二程、横渠、朱文公祠，以道学渊源，濂溪倡之，诸贤和之。"①在这里，周梅叟刊刻"元公文全帙以广其传"之举，是和建祠奉祀二程、张载、朱熹一同进行的，其目的是为了弘扬道学，但纪念先祖、光耀门庭、传播家学之意甚明。这代表着当时书院刻书的一种情况。另一种情况已没有私家因素，纯然是为了传播道学理论，其代表是建康府明道书院。这所书院是为了纪念理学家程颢（人称明道先生）而创建的。开庆元年（1259），马光祖与"部使者"率僚属会讲于院中春风堂，其时"听讲之士数百，乃属山长修程子书，刻梓以授诸生"②。南宋为纪念学术大师而设立的书院，本于登其堂必读其书之义，定会收藏其著作，有条件者还会刊刻其书，以传播学术思想。

还有一种常见情形是书院刊刻自己的学术成果，以供书院师生学习。如衡州石鼓书院山长戴溪的《石鼓论语问答》三卷就属于此类。这本书收入《四库全书》，其提要称："是书卷首有宝庆元年许复道序，称淳熙丙午、丁未间，溪领石鼓书院山长，与湘中诸生集所闻而为此书。朱子尝一见之，以为近道。"③这本书能同时得到宋代理学大师朱熹和轻理学而重考据的清代四库全书馆臣们的赞扬，实属不易，可见书院的学术著作水平甚高，能经受时间的考验。

除此之外，这个时期的书院似乎已开始整理出版反映自身历史的著作。曾任岳麓书院、白鹭洲书院山长的欧阳守道，有《题莱山书院志》一文，称

---

① （明）解缙：《永乐大典》卷五三四三，中华书局，1982。

② （宋）周应合：《景定建康志》卷二十九《明道书院》，南京出版社，2009。

③ （清）纪昀总纂《四库全书总目提要》卷三五《经部》，河北人民出版社，2000。

"醴陵李君文伯示予《莱山书院志》。莱山其所居，书院其一族子弟隶学之所也"。虽然我们从文中看不出《莱山书院志》是刻本还是抄本，但从当时雕版之术盛行、书院大量刻书的风气推之，南宋书院有可能开始刊刻记录自身历史发展线索的书籍。不过，在未进一步证实之前，此点还仅仅是推测而已。

南宋书院所刻的书籍，从版本学上来讲，成就甚高，以至于后世学者以"书院本"相称。在这里我们所要强调的是，历经南宋150余年的发展，刻书已经成为书院的一项重要事业，成为书院反映、传播其学术思想或研究成就的重要手段，而且它还以"书院本"及其"三善"（山长主持，通儒考订，长于校雠；不惜费用，雕刻工精；板不藏官，易于刊行）①将其自身的价值标定于中国印刷出版事业和版本学历史之上。

2. 元代书院的刻书事业

元代书院的刻书事业承继宋代之绪，得到了长足的发展，呈现繁荣之势，而且在整个中国书院刻书的历史上占有相当重要的地位。概而言之，有如下一些方面引人注目。

第一，与宋代比较，有更多的书院加入到了刻书的行列。据文献记载，至少有32所书院曾经刊刻过图书。因此，应该相信当年刻书的书院数要比这个数字还要大得多。

第二，形成书院刻书专业化的倾向。南宋"书院本"的赫然面世，历经数百年的发展，书院的刻书职能不断强化，到元代终于分立出近乎专门从事出版事业的书院，出现刻书专业化的倾向。其时，具有这种专业倾向的书院不在少数，最具典型意义的则是杭州西湖书院。

---

① （清）顾炎武：《日知录》卷十八《监本二十一史》，岳麓书社，1994。

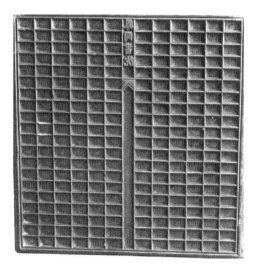

图 6-3 凤冈书院印板

西湖书院在杭州西湖之滨，其址原为宋代名将岳飞故宅，后改为南宋国子监，规制宏大，监中所刻经史群书皆聚藏其中，设书库官掌之。宋亡学废，改为肃政廉访司治所。至元二十八年（1291）江浙行省长官徐琰改为书院，至三十一年（1294）始得完成。书院创建伊始，任务就很明确，除了有师弟子员进行教学之外，主要就是"收拾宋学旧籍"并从事"书刻"工作。之所以形成这种局面，是因为它继承了南宋国子监数额巨大的书板。泰定元年（1324）九月，山长陈袤为作《西湖书院重整书目记》，整理出 122种图书，形成了《西湖书院重整书目》，这是书院历史上第一个刻书书目，也是中国印刷出版史上最早的刻书书目之一。

西湖书院除了修补 20 余万宋刻旧板，印刷经史子集之外，还刊刻新书，出版了很多当时人的著作，其中最有名的是马端临的《文献通考》和苏天爵的《国朝文类》。

从以上的叙述可知，杭州西湖书院，因得南宋国子监 20 余万书板之基业，又蒙中央、地方各级行政的关照和支持，实际上已经成为元代一个重要的国家出版机构，刻书已经成为其主要的职责；院中山长也以"对读校正""比对校勘""编类"书板书目等为常务；作为学生的斋长也加入到校勘工作的行列；与一般只有教学职能的书院不同，它还拥有"书手刊工"；为了刊刻重要的图书或修补院中书板，地方行政官如江浙等处儒学提举司副提举陈登仕、余姚州判官宇文桂等可以本职提调或兼事其事，其他学官也可到书院临时任职；刊印书籍一百数十种，雕板之数常达数千，以字计者常有数百余万之巨。这足以证明西湖书院是一所以刻书为主的书院，其图书生产已有较大的规模，并具有较高程度的专业化水平。

以上是大型的国家刻书的书院，其图书生产呈现向规模化、专业化方向发展的趋势，但其教学职能仍然存在，书院山长仍随其他学官转迁升调，院中始终有弟子员、斋长等在接受教育。与此不同的是，社会上有一些基本不开展教学业务，而专门从事图书生产的书院。在这些书院中，刻书功能增大，其他功能则相对萎缩、退化，更有甚者，以刻书为唯一之事，并将其降为谋利的手段，出现逐利而不注重质量的问题，此则实为书院刻书专业化倾向的异化。

第三，形成刻书书目。书院对自己的刻书活动进行有意识的记录，形成刻书书目，这是唐宋时代所未曾有的，这种现象到元代才出现，应该视作刻书事业进步和制度化的标志。现存最早的刻书书目是《西湖书院重整书目》。比西湖稍晚的是《杜洲书院书板目录》，载于至正《四明续志》，距今至少也有620余年，此目著录内容为书名、书板数两项，只著录《袁氏蒙斋孝经》《耕织图》二书，共计34片书板，可以反映当年的书院和读书人对于民众生产、生活的关顾和亲近，诚属可贵，惜其所刻之书太少，难明一代事业之盛。作为书院发展史上第一个完整的刻书书目，它是书院出版事业发展的记录，其创始之功实不可没。应该说，书目出现的本身就是一种进步，意味着书院的建设者、经营者们已经自觉记录其刊印成就，开始总结经验教训，规范刊刻行为，标志着刻书事业的日臻成熟。这里还要指出的是，600 多年前的先辈们之所以整理书目，关顾的不仅仅是书目本身，所谓刻存书目，"以传不朽，非独为来者劝，抑亦斯文之幸也欤"[①]，表明他们的视野已由书目推及"斯文"的命运。由书目至斯文命运，由斯文而及治道、国运，表现的正是中国古代知识分子的社会责任感和历史使命，诚属难能可贵。

三、明清书院的刻书事业

1. 明代书院的刻书事业

刻书和藏书皆有积累、传播文化的双重功效。明代盛行的王湛之学和书院一体发展，共成辉煌大势，但它和宋元的程朱之学及清代的考据之学不同，以发挥心学为己任，钟情于联讲会以传播其主张，强调悟性而不重"道问学"式的功夫，甚至挟"六经皆注我心"之豪气而有束书高阁之势，因此，终明一代，书院的刻书事业未能再创辉煌，而呈平淡之局。但作为书院的一种事业它仍然得到了发展，而且于平淡之中显露自身的特色。概略而论，表现在如下两个方面：

首先，王府书院作为新生力量加入到刻书的行列。明代自朱元璋开始，将其子弟分封为藩王，遣往各地。各藩王府在政治上受到严格控制，不得参与朝政和干涉地方政务，但其社会地位崇高，经济势力强大，为了满足其文化需求，多创建书院讲学、刻书，这是宋、元、清都不曾有的现象。据文献记载和传世图书统计，至少有 8 所王府书院曾经刻书。各王府所刻之书，有

---

① （元）陈袤：《西湖书院重整书目记》，转引自陈谷嘉、邓洪波主编《中国书院史资料》，浙江教育出版社，1998。

图 6-4 《虞山书院志》所载虞山书院总图

三点值得注意：一是几乎没有经史要籍，所刻者不是子学之书，即是集部著作，而一般来讲，经史之书被视作国家学术的基础，对其回避，纯然出于无奈，明代政治使然，非不愿者，实不能也；二是《文选》《唐文粹》《宋文鉴》《元文类》，再加上《古文关键》，它似乎可以视为一部中国文学史的主架构，反映出王府书院及其主人对于纯文学的重视和钟情；三是自称道人的王爷们以《抱朴子》《金丹大成集》《养生大要》等写出了他们迫于政治压力而移情于神仙梦幻的内心世界。凡此种种，正是明代王府书院的特点所在：既不得经世致用，遂转而托情于文学殿堂，寄命于极乐世界。恰恰是这种寄情托命式的全身心投入，才生产出了至今还为版本学者称道的王府书院图书。

其次，书院开始大量刊刻反映自身发展或其教学、讲会情况的历史文献。至今我们还能辑录到的就有 63 种。诸如《虞山书院志》十卷，明孙慎行、张萧等辑，万历三十四年（1606）或稍后几年刊印。书院在苏州常熟，原名"文学"，元至顺年间创建，祀孔子弟子子游。明宣德、正统间兴复，改名"学道"。万历三十四年知县耿橘重建，改名"虞山"。与无锡东林书院相呼应，开文会、讲会于其中。诸生士绅之外，市井平民及僧侣道士亦得入院听讲或讲学，极盛一时。慎行等"虑其久而或湮"，遂辑刊此志。计十卷，

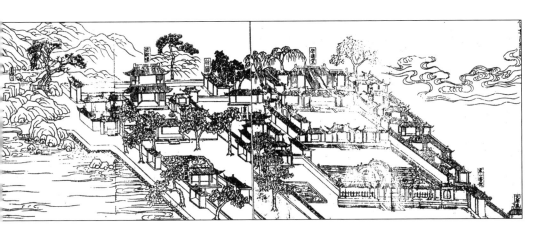

分地胜、古迹、建置、先贤、祀典、宗像、院规、文移、官师、书籍、什器、树艺、院田、会语、艺文诸志。前有孙慎行、张鼐二序及书院图。其中会约、会仪、会语、射仪、射歌等类目，颇能反映当年书院教学、会讲、习武等情形。该书院志藏北京图书馆，岳麓书院有今人手抄本。《虞山书院志》所反映的内容主要是书院发展的历史、讲学、会讲情况及其管理办法等，贴近时代，最能反映明代书院的特点。

2. 清代书院的刻书事业

清代是书院刻书事业最繁荣的时期，也是整个书院刻书历史的终结期。清代书院刻书事业的辉煌，表现在以下几个方面。

第一，变化之多，成就之大，无出其右者。通观有清一代 260 余年的书院刻书历史，其间凡经三变：以康熙后期福州鳌峰书院《正谊堂丛书》为代表，总括宋明理学尤其是程朱理学数百年发展的历史；以道光初年广州学海堂刊刻《皇清经解》为代表，集结清代乾嘉学派的学术成就；以光绪年间上海格致书院《格致汇编》、长沙校经堂《湘学新报》（后改名《湘学报》）为代表，出版连续性类似今日的"学报"，以反映"新学""西学"研究的最新成果，向世人传播新知。以上三变，正是清代学术思想由程朱理学转为考据之学，既而转为新学这三个阶段的缩影，亦可大体视作书院刻书发展的三个时期，各个时期的成就都是惊人的。

第二，出版大量的书院文献，为书院的教学、研究、管理及其他基本建设服务。这些文献包括书院志、学规、讲义、藏书目录等 194 种。需要指出的是，以上有关书院文献，因笔者见识所限，还不是实际数目的全部，而且所列还不包括课艺、课集等有关书院师生的学术研究成果。但就是这个打了折扣的数字，相比明代的 60 余种，可见当年的书院对于自身经验教训的总结颇为重视，也正是因为有了这批出版物，我们才得以在今日能够研究书院教育制度。

第三，出版课艺等连续性读物，及时反映书院的教学成就，遂开今日"学报"之先河。清代书院凡有条件者，皆出版课艺、文集、试牍、课集、会艺、课士录、日记、学报等诸多名目的书籍。岳麓书院早在康熙二十四五年间（1685—1686）就已整理出版自己的学生课卷，书院亦得以名扬江南闽浙等文化素称发达的地区。比《岳麓试牍》更早的课艺是安徽怀宁的《培原书院会艺》，康熙十年（1671）由巡抚靳辅刊印，这比嘉庆七年（1802）阮元刊印《诂经精舍文集》要早 130 余年。

书院课卷绝大多数是学生的习作，亦间有教师的范文或研究成果。全祖望乾隆十七年（1752）主讲广东肇庆端溪书院时所刻的《端溪书院帖经小课集》分见道、经世、词章、场屋、科举五大类，据赵敬襄《端溪书院志》称，"集中多羽翼经传之文，然皆自先生一手之作，而托名诸生，加以评语"。云南寻甸凤梧书院道光二十九年（1849）刊《凤梧书院课艺初编》二卷，收课艺 69 篇，其中 4 篇是范文，次年编刻《课艺续编》二卷，收课艺 158 篇（首），其中范文（诗）13 篇（首）。课艺的内容有准备科举考试的制义、试帖，有考证经史的文章，有研究理学的心得，有对新学、西学的推介与评论，有经世治国的策论等，因各个时期、各个书院、各个山长的不同而呈现

图 6-5　清代格致书院课艺全编

差别，但皆代表书院的学术研究或应试备考水平的高下。因此，这类出版物颇能反映书院的社会地位。嘉庆、道光以来，一些有名望的大书院则有意识地连续出版课艺，以向世人展示其最新成果。如杭州诂经精舍出版《诂经精舍文集》，合计共发表经史论文及诗词赋 2000 余篇。至光绪二年（1876），中西人士合办的上海格致书院拟定每月出版《格致汇编》，后来（1886—1893）院长王韬每年出版《格致书院课艺》一集。虽然由于客观原因，《格致汇编》的出版时有断续，但主观上讲格致书院的主持者们是想出版定名定期连续性读物的，因此格致书院当可视作中国近代史上正式出版学报的学术机关。

当然，真正完全意义上的学报还是长沙校经书院的《湘学报》、成都尊经书院的《蜀学报》等。《湘学报》原名《湘学新报》，旬刊，光绪二十三年三月二十一日（1897 年 4 月 22 日）创刊，主笔（即主编）唐才常，自第二十一册起改名《湘学报》。学报分史学、掌故、舆地、算学、商学、交涉六个固定栏目外，还辟奏折诏令、各报近事节要等栏反映时事。从以上的叙述中，我们可以看到从书院课艺到书院学报的轨迹，明了今日学术机关学报之所自，而书院出版对于文化事业之贡献也得以特显。

第四，出版地方文献，为地方文化建设服务。各书院出版的地方文献大致可以归为两类，一类是地方志，一类是地方诗文集。地方志见于记载或有实物可考者至少有 25 种。地方文献的书籍虽然数量不是很多，但它说明书院已经致力于地方文化建设，其出版物的服务对象已经由院中师生扩展到地方官绅士民，它标志着书院刻书事业空间的扩大。书院刻书服务于地方的功能还体现在某些有条件的书院为当地无条件刻书的书院、官私学校及社会公众提供最基本的读物，以维系一个地区文化教育事业的运作。

第五，出版系列或大部头著作，承担总结一代学术的任务。如前所述，清代学术凡经宋学、汉学、新学三变。第一阶段书院虽未能出版《明儒学案》《宋元学案》《理学宗传》《理学备考》《广理学备考》《性理精义》等重要的理学著作，但康熙后期鳌峰书院出版的《正谊堂全书》则是理学集大成之作。康熙四十七年（1708），宋学大师张伯行为福建巡抚，创建鳌峰书院于福州，颜其堂曰正谊，集诸生讲学其中，又搜访先儒遗著，分立德、立功、立言、气节、名儒粹语、名儒文集六个部分，精心校刊，得书 55 种，因号《正谊堂全书》。同治五年（1866），左宗棠从太平天国手中夺得福州，首访是书，得 44 种，因设正谊堂书局，重加厘定增补，得书 68 种，凡 525 卷。不仅"宋儒理学之著作，此为渊海已"①，清代理学家陆世仪、陆陇其、李光地及张伯行等人的著作也多收入其中，这就使得《正谊堂全书》成为名副其实的宋明理学文库，可以视做清代理学的一个总结。从此以后，清代学术进入考证训诂的汉学时代。

清代的汉学家和宋明时期的理学家有相同之处，那就是都以书院为大本营，开展学术研究、交流活动，培养学术传人，以壮大其队伍；但也有不同

① 《丛书集成初编目录·丛书百部提要》，中华书局，1983。

之处，那就是汉学家的著作大多由书院刊印传播，而宋明理学家当年则做不到这一点，表明清代书院已自觉承担起总成国家学术的重任。同治以降，西学东渐，及至光绪年间，新学大兴，新思潮迭起，于是课艺、文集、学报等就以刊印周期短、信息量大、传播快等优点而成为书院首选的出版物。因此，这个时期的学术变化、研究成果等皆可在这类书刊中得到反映。如江阴南菁书院创建之时倡导经史之学，中日甲午战争前所刊《南菁文钞》一、二集，即多考据典籍之作，而战后所出第三集，一反此前旧规，刊出紧扣时代脉搏的课卷，这说明南菁学风已由王先谦时期的总结清代经学转而变为关心国家命运，讨论西学、新学了。

　　第六，出版功能不断强化，创办了一些专门从事刻书业务的书局、刊书处等职能机构。自道光起，地方书局逐渐兴起，并起而代之，承担起总结国家学术和文化之任务。地方书局多有借助书院的图书资源、学术力量、校勘人才等诸多优势者，并形成了在全国或某一个较大区域内颇具影响力的专门书局、刊书处等机构。如浙江书局创办时，即规定以省城杭州紫阳书院、崇文书院院长兼书局总办主持其事，总校、分校之职也聘请院中师生担任，其办公之所亦设在紫阳院中。四川成都书局创办时，由总督丁宝桢聘省城尊经书院山长王闿运兼掌，而后来尊经书院、存古书院附设的刊书局则取代了成都书局，成为四川省最有影响的出版机构。当时的舆论普遍认为，以书院师儒主持书局可兼取"存书籍""教士子"之"古意"，比之"领于官吏"的官书局更有优势，更值得提倡。①正是在这种风气影响之下，全国出现了一些有名的书院书局，出版的图书成千上万，远远超过唐宋元明各代书院刻书的总和，承担起了地方文化建设的重任。它们以高学术水平见称，实可视为今日之大学出版社。

---

①　（清）刘光蕡：《味经书院志·刊书第六》，陕西通志馆，1934。

第七，书院刻书向制度化方向发展。刻书的制度化是伴随其事业的专业化、大型化而来的。它要解决的问题大致有四：一是筹措经费。这是刻书中的根本问题，没有经费，一切无从谈起；经费不足则事业无以为继，谈不上发展壮大。因此在订立制度时，除了保证开办费用外，主要考虑的是如何设法增加后续银钱。一般来讲，经费出自官、吏、士、绅、商等五途。二是搭建管理班子，明确各自职责。刊书班子大体由两个部分组成：一个部分是由院长、学长、总校、分校、校勘等构成，对所出图书的学术质量、印刷质量等负责；另一部分则由董事、司事、看守之类构成，主要负责经费筹措、管理、印刷事务，以及书板的保管等事。班子的组建与运作以保证图书的顺利出版和图书质量及学术水平为起码原则。三是书板保管、修补事宜及技术问题，以保证其书板能长久保存、多次印刷为目的。四是板租收入的管理与使用问题，主要关心的仍是修补板片，保证再印。总之，制度的订立与完善，是为了促进刻书业的不断发展，而它本身也成了整个事业进步、繁荣的标志。

第七章

书院教育的特点

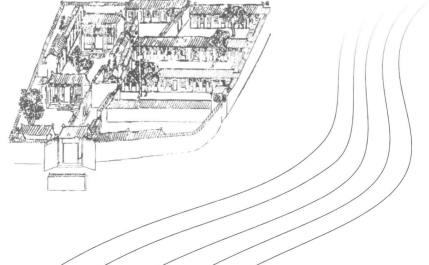

书院是唐宋时期出现的一种新的教育组织形式，也是中国古代教育深刻变革的产物。它的兴起和发展带来了教育上的一系列变化，即在传递与发展文化、培育人才与化育人生乃至促进社会全面发展方面，充分发挥了教育的功能，从而使古代教育得到了空前的发展。

书院教育历来受到学者的重视，一般都认为书院既不是官学，也不是一般的私学，它是介于这两者之间的一种教育组织，故称书院是中国古代独特的教育组织。然而对此"独特"的具体含义，却未及揭示，而这恰恰是研究书院问题之关键。大量史实表明，书院是一种独特的教育组织，主要表现在它系统地综合和改造了传统的官学和私学，并在这两者的基础上形成了一种新的教育组织形式。总而言之，它一方面吸取了历代官学系统具有积极意义的办学传统；另一方面它又是直接对传统私学的继承和发展。在对传统的官学与私学综合的基础上，建构了一种不是官学但有官学成分，不是私学但又与私学具有内在联系的独特的教育组织，或者说是一种独特的教育制度。从中国教育史的发展而言，这无疑是一次深刻的教育变革。

第一节 书院与官学

众所周知，在中国古代曾存在着官学教育和私学教育这两条平行线，但在唐宋以后，教育史上出现了深刻的变化，出现了教育发展的第三条平行线，即产生了新的教育组织形式——书院，形成了宋代之后直至清代末年官学、私学和书院三者鼎足之势，它们之间既互相排斥，又相互渗透和融合，从而带来了唐宋乃至以后的文化教育和学术的繁荣，极大地影响了中国封建社会后期历史的发展。

书院作为一种教育制度一开始就是以独立的教育组织形态出现的。首先，书院作为独特的教育组织，有自己一套完整的与官学相区别的教育体系，其区别几乎表现在教育领域的各个方面，但最主要的区别则是两个方面：（一）书院是民间集资创办，不是官办；（二）与此相联系的，书院是向下层社会开放的，学生不受身份和地域限制，带有浓烈的平民色彩，不像官学专以官家子弟为教育对象，把教育限制在上层社会，作为少数人垄断的权利。这两个方面虽不是书院与官学相区别的全部内容，但这的确概括了书院的独立自主办学的最基本特征，概括了书院独有的办学传统。对书院的基本特征，史学家马端临曾作了如下的概括，他说：

> 盖州县之学，有司奉诏旨所建也，故或兴或辍，不免具文。乡党之学，贤士大夫留意斯文所建也，故前规后随，皆务兴起。后来所至，书院尤多，而其田土之赐，教养之规，往往过于州县学，盖皆欲仿四书院云。[①]

---

① （元）马端临：《文献通考》卷四十六《学校考》，浙江古籍出版社，2000。

马端临对书院基本特征的概括，虽然不全面，甚至还有不准确的地方，但他指出书院与官学存在着的根本区别，是符合历史实际的。概括地说，马端临认为有如下几点差别：（一）州、县学是有司奉诏创办的，即是政府创办的，而乡党之学其中主要包括书院是学人"留意斯文所建也"，即是学人或者说少数学人团体自主创建的，前者官办，后者民办，二者的性质从根本上说是不一样的；（二）书院虽不是官办，但"皆务兴起"，显示了它强大的生命力，"后来所至，书院尤多"，书院的历史虽然比官学短，但它的发展速度很快，超过了官学和一般私学的发展速度；（三）书院"田土之赐，教养之规，往往过于州、县学"，办学的规模、经济实力以及教育方面的章程和管理，都超过了州、县的官学，表现了其相对于官学的优势；（四）正是因为如此，所以"盖仿四书院云"，即都以宋代的岳麓、白鹿洞、嵩阳、睢阳四大书院为榜样。由此可见，书院已形成了一套比较成熟的办学体系，从而出现了书院、官学、私学三者并存的局面。

大量史实表明，宋代从太祖到仁宗朝，书院发展较快。这时兴起的书院大多属于自主创办的。除上述的"天下四书院"外，其他著名的如茅山书院、石鼓书院、华林书院、东佳书堂等，都无例外地表现出自主创办的性质。如湖南衡阳的石鼓书院为学者李士真创办，华林书院由富户胡氏所办，东佳书院由陈氏所办。宋代书院自主创办的类型主要有如下几类：

其一，一批知识分子完全出于对教育的执着和热忱，"聚英才以教之，以乐吾志"，为此，捐产以奉之，举硕学以诲之，力求把教育普及到民间。

其二，宋代社会经济结构的变化，促使了非品级性地主即庶族地主的崛起，他们要求与其经济实力扩张相适应的政治和教育的权利，因此，他们自动捐资创办书院，以教育本家的子孙。对此，事功学派的代表叶适在《石洞书院记》中详细地叙述了东阳郭钦止创办石洞书院的经过与目的，特别对郭氏的"将使子孙勤而学于斯，学其可以专，盖使乡里之秀并焉"，极加称许。

其三，书院教育不仅限于本家子弟，而且被推及到本族子弟，乃至本地的贫寒子弟，并且对贫寒子弟在经济上给予优抚。清代学者范能浚在追述其宋代先祖范文正创办书院的历史时叙述道：

> 窃念先大父少参公，当义泽中落为割膏腴四十顷，助入之，以供修祠瞻族之费……子弟之能读书者，必加意忧恤，嘉矜激劝无不曲至。①

上述材料足以表明，正如马端临所指出的那样，书院不是官办而是由民间自主创办的。虽然其中有的书院是由地方乡邑推动而由地方官领头创办的，如岳麓、白鹿洞书院等，但这毕竟不是有司奉诏办的官学，在办学目的与办学经费等方面，都与官办的学校有明显的区别。所谓官学，首先必须是官办，不是官办的学校，不能称之为官学。书院不是官办，当然它就不能列入官学系统，换言之它不属官学。所谓官办与私办，或者说二者的创办，是以什么作为其判断的标准呢？自古以来就只有一个标准，即以学校是谁出资创办的。无论公办、官办或者私办，都只能从创办的经济来源来划分。我们几乎不能设想由民间集资创办或由民间集资维持的书院，称之为官办，称之为官学；反过来说，我们同样不能设想，把国家出资办的学校，称之为私办，称之为私学。由此可见，既然书院不是官办，它理所当然就不是官学了。

如果说书院在创办问题上还只是与官学相区别的一个重要方面，还不足以说明这两者之间是教育体系的区别，那么，书院在教学对象以及与此相联系的教育向下层社会开放方面，可以说明它与官学存在着体系上的区别。

自古以来，学校以什么人为教育对象，招收和培养什么人，关系到学校

① （清）范能浚编《范文正集补编》卷五，北京出版社，2012。

向什么人开放，关系到把学校限制在上层社会还是下移到民间，向广大的平民子弟开放，关系到学校是应试教育还是素质教育等一系列重大的教育问题。恰恰在这个重大问题上，书院所走的是一条与官学相反的道路。如第一章所述，官学是最早出现的教育组织，它开办的目的是要为统治阶级培养和输送人才，它与历代政权的联系最为直接，因此，它在教育上所作的一切，都是为其特定的办学目的服务的。唯其如此，历来的官学都以官家子弟为培养对象，换言之，官学是为贵族和官家服务，为统治阶层培养接班人的，而广大的平民子弟被排除在外。以官家子弟为特定的培养对象，实际上是教育上一种特权的体现与反映。以官家子弟为特定的培养对象，本就是官学的基本特征之一，也是衡量它是否官学的一个重要标尺。

书院则完全不同于官学，在其创办之始，就向下层社会开放，以招收平民子弟作为其出发点。书院在教育对象上与官学的根本区别，赋予了书院教育一系列独有的特点：因为书院的培养对象没有身份限制，所以它打破了官学的地域性的限制，学校不仅面向本地，而且面向外地外省；因为书院以面向社会下层为目的，所以书院从总体上说，它不是把科举仕进作为办学的唯一目标，而是一种素质教育，即普及和提高文化素质的基础教育；因为它是素质教育，又属于民间性质，所以没有官场上的习气，教师与学生之间关系亲切、融洽，形成了官学所不具有的尊师爱生的传统；因为书院不是应试教育，所以它特别重视专门的学术和文化的传承，形成了为官学所不具有的学术师承关系和学术传统。书院自主创办及由此而决定的完全不同于官学的培养对象和培养目标，构成了书院与官学两种教育体系的质的区别。只要在这两个重大问题上没有发生质的变化，书院教育就不会有根本性的变化，换句话说，就不能说书院已被官学化。

元代取代宋王朝，开国之初，书院虽然遭到一时的冷落，但四年之后，很快得到了复兴和发展。至元二十八年（1291），朝廷诏令地方创办书院。

如果宋代朝廷对书院的支持还仅限于颁书赐额和拨官田方面，那么，元代就进了一步，即对书院采取直接支持和过问的态度，突出表现在两个方面：其一，书院的山长，要经礼部或行省及宣慰司任命与备案，规定"路府州书院，设直学以掌钱谷，从郡守及宪府官试补"；其二，对书院的学生，政府给予出路，指示"自京学及州、县学以及书院，凡生徒之肄业于是者，守令举荐之，台宪考核之，或用为教官，或取为吏属"。[①]元代朝廷对书院如此重视，是两宋时期所没有的。政府对书院的支持说明了书院发展至元代，已被国家正式承认了，它被赋予了合法的地位，一言以蔽之，书院的发展终于摆脱了自生自灭的状态。这是书院发展过程中的一个重要变化。

但是，这个变化并不是书院的官学化，官学化与合法化是两个不同的概念，不能混为一谈。官学化的含义是书院教育改变了它固有的质的规定性，即在书院创办目的及培养什么人和学校向谁开放这些重大问题上发生了根本性的变化。所谓合法化，则是指朝廷以一定的法定形式肯定了书院在教育中的合法权利，书院取得了朝廷的承认，取得了与官学某种相似的地位。稽考史实，元代对书院所采取的正是后一种态度，它不但没有去改变书院的根本性质，限制民间创办书院，干预书院向民间开放，恰恰相反，朝廷对此给予了肯定与支持。就在上述至元二十八年的同一个诏令中明确规定道：

> 或自愿招师，或自受家学于父兄者，亦从其便。其他先儒过化之地，名贤经行之地，与好事之家出钱粟赡学者，并立为书院。[②]

元代统治者不仅对"好事之家"捐资办学给予鼓励，肯定和支持书院

① （明）宋濂等：《元史》卷八十一《选举志·学校》，中华书局，1976。
② （明）王圻纂辑《续文献通考》卷六十《郡国乡党之学》，现代出版社，1986。

民间创办，而且在书院面向什么人的问题上，元王朝的态度也是非常开放的——"亦从其便"。由此可见，国家对书院的肯定与支持，承认其合法性，并不是要改变书院的办学传统，更不是要以官学取而代之。事实也正是如此。据查在元代政府倡导和支持下创办的有影响的 38 所书院，除了太极书院具有官办性质以外，其余在创办的目的以及培养什么人的问题上，保持了书院教育所特有的传统，并没有什么根本性质的变化。也正是因为如此，《续文献通考》的作者不把书院作为官学，而把它单独列入了"郡国乡党之学"的系列。总之，元代书院虽然得到政府的支持，但它并没有因此而被官学化。

进入明代，书院一如既往，并没有被官学化，也就是说一种相对独立的书院教育制度并没有死亡，它仍然存在并且还在发展。在明代建国后的相当长时期内，明统治者认为书院与官学是不同道的，在兴办和倡导官学教育中，把书院教育排除在外，试图恢复官学一统天下的局面，以致一百多年间，宋元时期发展极盛的书院，多被废毁。直到明建国 124 年之后，即明宪宗成化二十年（1484）才开始有所转变，"命江西贵溪重建象山书院"。到明武宗时书院才得以恢复和发展。明代对官学教育和书院教育所采取的截然相反的态度，除了政治上的原因外，书院教育本身的迅猛发展对官学构成了威胁也是重要原因之一。历来的王朝都不愿看到官学的衰落，总是要全力加以维护和支持，捍卫官学实际上就是捍卫教育特权。正因为如此，明代采取了与历史上"塞私门"和"禁私学"一样的政策，企图废毁天下书院，以换得官学的发展。

在明代，先后掀起了三次大规模的禁书院运动，差不多每隔 45 年进行一次。加给书院的罪名，一是自主独立创办，二是随意招收学生，向下层社会开放。

第一次废书院发生在嘉靖十六年（1537），御史游居敬上疏请毁书院，

"湛若水倡其邪学，广收无赖，私创书院，乞戒谕以正人心。帝慰留若水，而令有司毁其书院"。①

第二次废书院是万历十年（1582）。其时张居正加给书院的罪名是"别标门户，聚党空谈"。所谓"别标门户"即是与官学反其道而行之，如第一次禁书院一样，书院被斥为"邪学"，学生被斥为"无赖"。第三次毁书院，是宦官魏忠贤在天启五年（1625）发动的，此次在前两次的基础上，书院又被加上了一条新的罪名：

> 讲习之余，往往讽议朝政，裁量人物。朝士慕其风者，多遥相应和。由是东林大著，而忌者亦多。②

如果说前两次的禁书院还只限于私创和培养目标问题，那么，第三次已涉及书院学术和经世致用的学风问题了。由此可见，明代统治者是把书院教育看成是与官学相对立的一种教育体系，认为它影响了明代高度专制的中央封建制度，威胁到官学和统治者所拥有的教育特权，因此，对书院采取了一种极端的压制政策。但是，正如历史的潮流不可扭转一样，书院教育是历史发展的产物，尽管其一再受到摧残与打击，但并没有被禁毁，"其时（即明初一百年间）各省皆有书院，弗禁也"③。自宋创立的书院教育依然保持了它不同于官学的独有的教育特色。

进入清代以后，虽然书院有了许多方面的变化，但在决定其根本性质的几个问题上仍然没有变化，也就是说，清代的书院依然没有走上官学化的道

---

① 吕思勉：《中国近代史》，吉林出版集团股份有限公司，2017。

② （清）张廷玉等《明史》卷二三一《顾宪成传》，中华书局，1974。

③ （明）王圻纂辑《续文献通考》卷六十《郡国乡党之学》，现代出版社，1986。

路，它依然是作为一种特殊的教育组织形式而存在的。也正是因为如此，在清初，书院被严格地排除在官学之外。最突出的表现是，在顺治皇帝大力倡办教育时，不但不包括书院教育在内，相反的，书院被视为官学的障碍，认为发展官学必须压制书院。顺治九年（1652）他在倡办官学的同一诏令中明确规定："不许别创书院，群聚徒党，及号召地方游食无行之徒，空谈废业。"①为什么"不许别创书院"？其理由仍然是因为它自主创办，把教育广及到民间，打破了统治阶级对教育的垄断，对官学一统天下的局面提出了严重的挑战。到雍正时，朝廷对书院的态度仍然没有改变。雍正十一年（1733），皇帝敕令指责书院说："念书院之设，实有裨益者少，浮慕虚名者多。"②但是，书院由宋代创立至清已历数百余年，显示了它强大的生命力。历史一再证明，书院的发展是不可阻挡和扼杀的。雍正是一个具有韬略的皇帝，他虽不满意书院的发展，但不主张硬压强禁，对书院采取了扶持的策略，改变了顺治"不许别创书院"的规定。雍正对书院的扶持，并不意味着书院可以不受约束而自由地发展，这只不过是策略上的变化，即由过去的消极的强力禁毁而改变为正面积极的引导，方式虽不一样，其出发点和所要达到控制书院发展的目的则是一致的。对书院控制主要是通过国家创办所谓模范书院的示范作用，去限制和规范书院的发展，在某种意义上说，这比强令毁禁更为有效。唯其如此，所以雍正十一年，就在他发出敕令指责书院的同时，下令地方创办有示范意义的省会大书院。雍正皇帝的敕令包含多方面的内容：（一）它首先给书院加了"实有裨益者少"的罪名；（二）对书院采取开放的政策，由过去消极的限制转变为积极的引导；（三）为了消弭书院教育对官学的冲击，要求政府对书院给以指导和规范，提倡办省会大书院；

---

① （清）陈梦雷：《古今图书集成》一百二十卷《选举典·学校部》，中华书局，影印本1934。

② （清）刘锦藻：《清朝续文献通考·学校考八》，浙江古籍出版社，1988。

（四）对书院给以经济上的支持。这几个方面的内容构成了清王朝后期对书院总的态度，与其前期及明代相比，确有很大的变化。书院在几百年发展进程中，正式取得完全的合法地位是在清代，正式肯定书院享有官学的某种权利，如可以得到政府的资助是在清代，正式把书院教育纳入国家教育的一部分并加以推行，也是在清代。这都是前所未有的，是书院发展史上的一个重大变化。但这些变化只是书院本身制度的发展，并不意味着书院与官学合流，更不能说明它已被官学所取代。

综观清代几千所书院，既有县、州、府及省的各级地方政府的书院，也有数量上占绝对优势的家族书院、乡村书院、商人书院、社团书院、少数民族书院等，其中尤以乡村书院为多。兹以民国所刊四川《遂宁县志》卷七《书院》为例，即可推及一般。该志所列该县清代书院凡 21 所，19 所分布在 18 个乡镇，为乡村书院，占全县书院总数的 95％。全国书院的分布情形与此大致相似。大量史实说明，清代绝大多数书院，是由民间集资自主创办，而学校是面向社会下层，向民间开放，以培养平民子弟为目标。除此以外，绝大多数书院还保持了书院另一个重要特色，这就是书院实行的不是应试教育，而是一种素质教育，即教育不是为了科举仕进，而是一种普及文化的基础性教育。因此，我们完全可以说，在清代，书院仍然保留了独有的与官学有别的教学体系。少数书院的变化且不说是清代书院合法化的标志，即使认定这种变化实际上是官学化的表现，也必须看到，发生这种变化的书院只占极少数，切不可以偏概全而得出整个书院的教育体系已发生了质的变化。

至于清王朝实施的创办模范书院和欲置书院在政府控制之下发展这两项措施，也是历史发展的必然。众所周知，任何一种教育组织形式，不管它具有怎样的特殊性，总不可能游离在它所处的政治和社会环境之外，相反，它必定要受其制约。无论是明代废毁书院，还是清王朝对书院由限制转向支持，其目的都只有一个，即置书院于直接的政治制约之下。但这种政治制约，并不意味着只准许一种教育组织形式存在，反过来说，多轨制的教育形式的存在，也不意味着教育存在着政治上的多元性。政治与教育有着密切的联系，但两者毕竟不是一回事。书院制度的消亡乃是在历史进入近代社会才出现的，在此之前，它同官学一样是始终存在的，是中国古代社会近千年来一种重要而特殊的教育组织形式，它在教育中所起的极其重要的作用，始终是官学和一般私学所不能达到的，也是它们所不能取代的。

第二节　书院与私学

私学最早诞生于春秋时代，为孔子创办。在几千年历史发展过程中，私学形成了具有相对独立性的教育系统，换言之，形成了古代教育中官学和私学这两个相平行的发展系统。私学对官学产生了一定的冲击力，为教育带来了一定的生机与活力，促进了古代整个教育的发展。私学有着悠久的历史，对我国的文化教育作出过重要的贡献，但因为它属于民间，在古代社会的发展极其艰难，处在一种自生自灭和自发的状态。

书院教育组织出现比较晚，但它自产生之日起，便与私学有着一定的联系。由于书院起自民间，其所处地位与私学颇为相似，二者之间存在着许多共同点，因此，私学长期积累的一些办学经验，特别容易被书院所吸取。可以这样说，私学对书院教育组织形式的形成和确立有着最直接的影响。

关于书院与私学的共同点，最突出的表现在四个方面：（一）它同私学一样，是由民间集资创办的，不属官办之列，具有很强的独立自主性；（二）同私学一样，书院是向下层社会开放，面向乡间的；（三）同私学一样，书院是以平民子弟为培养和教育对象，与官学以官家子弟为培养对象有严格的区别；（四）与私学一样，书院主要是一种素质教育，不以科举仕进为办学唯一目的。在这些根本性的问题上，书院与私学有着不可分离的内在联系，而与官学有着本质的区别。从一定意义上说，书院是从私学脱胎而来的。但是否可以说书院就是私学呢？事实并非如此，书院又不是一般的私学，如同与官学有质的区别一样，它与私学也存在着质的差异。它不是对私学经验的直接搬用，而是对私学进行了深刻的变革，是一种独立于官学和私学两大教育系统之外的另一种新的教育系统。

一般的私学，基本上都处于一种自发性的状态，严格地说，它还未形成一套长期稳定的完备的教育规制，具体表现为：（一）它没有固定的校舍和教学设施，而是以私人住宅为依托，教学空间狭小，所依托的校舍因为多为民宅，因此极不稳定；（二）没有固定的经济来源，缺乏长期的经济保障与支撑，且不说学生的膏火费，即使是教师俸禄也无固定的来源，学校往往为一时的经济拮据而停辍；（三）没有专门的图书藏所，更不具备印刷图书、讲义的条件；（四）没有相应的教学计划和规章制度，是一种无计划和无序的教育，一切听其自然，具有很大的随意性；（五）它是一种手工业式的办学方式，因此不可能像官学那样进行分班教学；（六）没有任何形式的考核体系，缺乏强有力的教育管理制度，学校处于一种无组织的松散状态等。诸如此类的情形足可说明私学一直处在自发性的状态之中，它的发展受到多方面的限制，这就决定了它对社会的影响和作用都是极其有限的。

但是，书院与私学则不同，它是一种有组织的、制度化的教育体系，在宋代已形成了教学、藏书、祭祀、学田四部分构成的完备规制。首先，书院虽然起自民间，但它与私学不同，它有自己固定的教育经费作保障，这就是它建立了类似于官学、以学田为中心的教育经费体系。学田最初是学官所置之田，是官学所独有的。到宋代，官学置学田已是很普遍的情形，学田的田租收入，是官学所赖以生存和发展的根本保障，因此，朝廷感到学校的学田太少，要求增拨学田。历史上几乎每一次官学高潮的出现，都伴随着学田数量的增大，政府都相应地要对学田数量作调整。重视学田田租对学校的投入，是历代朝廷为兴办学校共同采取的重大举措。书院作为一种新的教育组织形式，在它创建之初就采纳了官学设置学田的做法，一般来说，除了极个别情形以外，书院都有自己的学田。学田来自多种渠道：（一）由民间学人、乡邑名流捐献，在书院创办之初，就包括了学田的投入；（二）政府的拨赐，书院为了获得更多的学田，往往请求政府拨赐，据孙彦民在《宋代书院制度研究》所作的统计，宋代书院得到官府学田或捐钱者有 87 所，其数目颇不少。如岳麓书院创办之时，便向朝廷"请辟水田，供春秋之释典"。宋代岳麓书院学田达 50 顷之多，以后的学田数目屡有增加，到明代仅维持生徒的膏火费的学田一项便达到了 1595.5 亩。白鹿洞书院也是如此，在办院过程中多次得到官府的赐田。如朱熹重建白鹿洞书院时，军守朱瑞章"拨浮屠没入田以益之"。以后到嘉定十四年（1221）知军守黄桂，"续置西源庄田三百亩"。至清代白鹿洞书院的学田达到 1496 亩之多。书院的经费开支巨大，名目繁多，诸如学生的膏火费，"贤士大夫远方游士往来供应"即学者接待费、祭祀费、山长及教授的俸禄、房屋维修费、图书购置费、讲义出版费、学习奖励费等，计有 10 余项之多。要进行正常的教育活动，每项开支都是必不可少的。如果没有足够的经济力量的支持，自不待说书院大规模的教学计划无法实施，即便是一时的教学活动也难以维系。由此可见，建立可靠的教育经济体系，乃是书院生存和发展所必须具备的重要前提。这对一般私学而言，是不可能具备的。这是书院与私学之间的一个最重要区别。

第二，书院与私学的另一个重要区别是，书院有自己的一套完整的管理体系。如果以此与官学相比照，不难看出，它显然也来自于官学，或者说是对官学综合和改造的结果。书院作为一种教育组织形式，从它形成和确立之日起就有自己的一套管理体系，建立了类似于官学的人员编制和岗位。根据《岳麓书院志》和《白鹿书院经久规模议》等资料的记载，书院有以书院最高负责人山长为首的一批教职管理人员。具体的人员设置是：山长、副山长、助教、讲书、监院、首士等。每一个职务都有自己固定的岗位职责，分别负责学生的授课、考核、生活和书院的经费、祭扫、安全保卫等，当今学校的行政管理系统，在古代书院几乎均已存在，只是称呼不同而已。书院的行政管理系统，虽然在以后的朝代中有所调整和变化，各个书院也因其规模大小不同而不尽相同，但都有较为严格的行政管理系统则是共同的。这与一般的私学是有显著区别的。

特别值得提及的是，书院的学生也参与管理。在管理人员的系列中就有学生，如直接管理学生的学习和生活的堂长、管干、经长、学长、斋长、引赞等，都是由学生担任的。学生直接参与书院的管理，为保证书院教学活动的有序性提供了保障。

不仅如此，书院为了避免私学教育所具有的自发性弊端，吸取了官学有计划、有组织的教育管理方法，特别在生员定额、课程设置、学生考核方面，与官学颇有相似之处。首先，实行严格的计划招生，即生员有定额。如著名的岳麓书院，宋代乾道元年（1165）定额二十人，淳熙十五年（1188）又增额十人，绍熙五年（1194）置额外生十人。直至清代仍然如此。清乾隆二十八年（1763），正副课生员七十五人，乾隆五十年（1785）增员一百零三人，嘉庆七年（1802）扩至一百三十八人。又如广东潮州的韩山书院，宋代淳祐三年（1243）曾定额生员二十人。书院实行生员定额，是一种普遍的情形。与官学所不同的是，书院还有不属定额之限的旁听生一类的短讲生，人数甚多，如岳麓书院曾达千人之众，即所谓"岳麓一千徒"，但这类学生是临时性的，不在计划之内。作为享受膏火待遇的学生则有严格的定额，不得任意突破。其次，对学生，书院不像私学那样放任自流，它有一套严密的考核制度，考试制度是其中的核心部分。书院考试包括学业考课、德业考课以及招生入学考试。在建康府（今江苏南京）的明道书院，其《明道书院规程》共 11 条，涉及考试者有三条："士之有志于学者，不拘远近，诣山长入状帘，引疑义一篇，文理通明者请入书院，以杜其泛"，学生入院前要进行考试，合格者才许入学，不是什么人都可进院学习的；"每月三课，上旬经疑，中旬史疑，下旬举业。文理优者，传斋书德业簿"，这是学业考试的规定，规定一个月要进行三次考试，而每次考试的内容也不一样，通过评选记录在册，并予以保存；"诸生德业修否，置簿书之，掌于直学，参考黜陟"，对学生的德行进行评定，以作奖惩的重要根据之一。类似的记载，在其他书院也有。如宋徐元杰《延平郡学及书院请学榜》也记载说："每月三课，上旬本经，中旬论，下旬策，课册得索上看，佳者供赏。"①

除了上述生员定额、学生考核以外，书院与私学还有一个最大的区别，即是书院制定了一系列独有的颇具特色的教条、学规、学训等，把得之于管理实践的一系列管理经验上升到了一定的理论高度。可以这样说，学规或教条全面体现了书院教育管理的内容，是书院走向制度化的重要标志。

书院最有名的教条是《白鹿洞书院揭示》，又称"朱子教条"，亦称《白鹿洞学规》。这是淳熙六年（1179）朱熹知南康军时颁布于白鹿洞书院以示学者的，包括四个部分内容：一是五教之目："父子有亲，君臣有义，夫妇有别，长幼有序，朋友有信"；二是为学之序，即做学问的方法，"博学之，审问之，慎思之，明辨之，笃行之"；三是修身之要，即指道德上的要求，"言忠信，行笃敬，惩忿窒欲，迁善改过"；四是处事接物之要，"正其义，不谋其利，明其道，不计其功"，以及"己所不欲，勿施于人，行有不得，反求诸己"。几乎关于教育的根本问题都包容在内了，这既是书院教育

---

① （宋）徐元杰：《梅野集》，上海古籍出版社，1981。

的纲领，又是书院教育的条规；既是对书院办学方针及宗旨的规定，也是学生学业和德行进修的准则和规范。《白鹿洞书院揭示》反映书院已形成了一套完整的教育管理体系，书院教育已进入成熟的发展形态。自《白鹿洞书院揭示》颁布之后，很快为各地书院普遍采用，同时，各书院还结合各自实际，制定出了一系列的学规、学训。这些学规几乎都有一个突出特点，即针对性强，具有可操作性，起到了某种为书院立法的作用。与朱熹齐名的吕祖谦，在丽泽书院讲学时曾手定《丽泽书院学约》。这个学约除了揭示本院办学的指导思想以外，还有许多条文属学生守则的性质，是学生在具体言行中必须遵守的准则，具有法规的作用。如在《丽泽书院学约》中就有学生退学的规定，谓属于下列行为之一者处以惩罚，令其退学：（1）亲在别居；（2）亲没不葬；（3）因丧婚娶；（4）宗族讼财；（5）侵扰公私；（6）喧噪场屋；（7）游荡不检。这些都是对学生道德品行方面的约束，是培养德行的保证，具有可操作性。

综上所述，书院虽与私学有着紧密的联系，甚至可以说它是从私学脱胎而出的，但它不是一般的私学。书院不同于私学的特点，还可举出很多方面，如课程的设置、应试教育和素质教育结合等，但最集中或者说最能够概括书院特色的特点是，书院具有为私学和官学都不具有的开放性。换言之，书院教育是一个开放性的教育系统，它在形成和确立的过程中，广泛吸取了私学和官学的有益经验，唯有如此，它才可能形成一种具有相对独立性的教育制度——既接近于私学传统但又不是一般的私学；既与官学有质的区别，但又吸取了官学中的许多积极成分，与官学有一定联系。书院这个特点，贯彻在书院教育的各个方面，贯彻在书院发展的整个历史过程中。

第三节　书院教育的职能

举凡社会教育都具有多种职能，培养人才只是教育的一个重要方面，不是它所承担的全部使命，它还应该在传承文化、发展文化方面，负有重要的使命。众所周知，教育是教育者以人类社会所积累的知识经验传递给受教育者，如此不断反复，才使知识经验不致中断，文化得以延续，传承文化要靠教育实现，而且发展文化也是教育的重要任务，特别在古代，高级的学府或书院本身就是学术研究和文化传播基地。另外，开发民智，使人摆脱落后与愚昧，提高国民的素质，也是教育的重要使命。一个国家文盲越多，基础教育越落后，国民的文化素质就越低，人才就越难培养，文化就无法传承与发展。因此，以开发民智为主旨的基础教育的发展乃是社会文明进步的标志。因此，符合整个社会发展所需要的最理想的教育，应该是体现上述多种职能的教育。

但是，这种具有多种职能的教育，中国古代的官学不具备，传统的私学也不具备，只有出现于宋代的书院教育才是初步具备了上述多种职能的教育，书院的出现是中国古代教育的深刻变革。这一变革是在书院对官学与私学、高等教育与基础教育的综合与改造的过程中实现的。

在古代中国，人才培养成为教育的根本指导思想。在历代统治者看来，为统治者培养所需要的统治人才，乃是办教育和兴学校的根本目的。对以传承和发展文化，特别是对开发民智为目的的教育，他们简直不屑一顾。在他们看来，民者冥也，因此，"民可使由之，不可使知之"，是他们所奉行的最高原则。教育被看成是统治阶级的特权而千方百计地加以垄断，为此，学校所进行的一切教学活动都围绕着一个"官"字，无"官"不成学。凡是与此相抵的，都会遭到统治者的反对，甚至扼杀，历史上所发生的禁私学、毁废书院等，就是由此而发生的。在宋代，王安石力求改革教育，把培养人才作为改革教育的中心任务，但他认为要解决人才问题，唯一的办法是兴办官学，"古之取士俱本于学，请兴建学校以复古"①。要求朝廷改革教育，加强对教育即官学的领导。但王安石只重视培养官吏，对其他教育职能则持否定的态度，特别是反对以开发民智和化育人生为本的教育，他认为如果实行对"民"的教育，"民"即不是"冥"者，民将由愚变智，这就会带来统治上的麻烦。虽然古代中国社会有"民"者"明"也的认识，主张对民不可愚，而应以教之，但就总体来说，历代统治者均把教育看成是一种特权，办教育的根本目的就是要维护这种特权。为了公卿子弟做朝廷显官，就必须使他们在科举中有竞争优势，为此，就必须加强中央官学，不仅对官学的生员要有严格的限制，而且对开发民智的平民性质的教学也必须加以限制，否则，统治阶级的特权就难以保障。正是因为这样，所以历代统治者都把培养统治阶级子弟入仕做官作为学校的唯一使命，学校成为名副其实的官学，中央官学的一切教育活动都是为了科举仕进，而地方的府、州、县学则都是为了取得科举的应试资格。在明代曾有这样的规定，"中外文臣皆由科举而进，非科举者毋得与官"。②这就最清楚不过地说明了，为什么统治者要把科举仕进定为中央官学办学之宗旨，把取得科举应试资格作为地方官学办学之目的。读书为了做官，办学为了出官，在中国封建社会似乎已成不可更移的定制，至于要培养什么样的官，官应具备什么样的素质，为官是否就是人才的唯一标志，历来的官学是从来不过问的，它所关心的是出官，最大限度地保证统治阶级即官员子弟做官。

---

① （元）脱脱等：《宋史》卷一五五《选举志一》，中华书局，1977。

② （清）张廷玉等：《明史》卷七十《选举志二》，中华书局，1974。

书院教育制度的办学宗旨则与此大不相同。虽然书院也认为培养人才是自己的重要使命，并期求在自己所培养的人才中有入仕做官者，但书院对人才有自己独特的理解，对官者有具体的素质培养要求。书院的人才构想，最具代表性的是著名理学家张栻在主教岳麓书院时提出的：

> 侯（即刘珙）之为是举也，岂特使子群居佚谭，但为决科利禄计乎？亦岂使子习为言语文辞之工而已乎？盖欲成就人才，以传斯道而济斯民也。[①]

在此，张栻明确提出了办教育为了什么的根本指导思想。其意有三点：（一）"但为决科利禄计乎？"图取功名富贵和跻身官场，读书单纯为了做官，这不是办学的目的，也不是学校所要培养的人才。（二）"岂使子习为言语文辞之工而已乎？"这就是说，学校仅是培养有文辞修养的人吗？也不是，这也不是学校所要培养的人才。（三）"盖欲成就人才，以传道而济斯民也。"这就是张栻提出的人才构想。所谓"传道"即是封建纲常之道，所谓"而济斯民"即是修身、齐家、治国、平天下。这是构成人才构想的要素之一。

如果对张栻反复强调的内容加以概括的话，那么他提出的人才构想似乎由四个要素组成：（1）要"公天下之理"，"无物我之私"，换言之，不要"争功利之末"，不是为做官而做官；（2）要有"事天下保民之心"，致君泽民，上忠君下爱民；（3）"明于君臣、父子、兄弟、夫妇、朋友之伦"，有良好的品德；（4）"修身、齐家、治国、平天下"，在国为官、在家为子都应是模范，既是忠臣又是孝子。这四个方面的要素便是张栻"传道而济斯民"的全部含义，是其人才构想的具体蓝本。

[①] （宋）张栻：《岳麓书院记》，载《南轩先生文集》，邓洪波校补，湖南大学出版社，2015。

图 7-1　岳麓书院崇道祠

由此我们可以看出，在这个人才模式中，德育方面的要求始终是模式构成的核心，可以这样说，张栻提出的而为书院所实行的人才模式构想乃是一种伦理道德型的人才。人才模式构成要素的要求，实际上就是儒家对儒生的要求，因此，张栻试图培养的人才就是儒生，或者是醇儒。一言以蔽之，便是"致君泽民"，也就是维护地主阶级整体利益和长远利益的人才，而不是为了一己之私、仅为官家子弟接官班的所谓人才。张栻的人才模式构想，是按照地主阶级要求而设计的，符合封建国家仕取儒生，从儒生中选拔官吏的需要。因此，这种人才构想具有普遍的意义，它必然为全国书院所接受。事实上全国书院，主要是具有高等和中等教育性质的书院都是以此模式来履行培养人才的职能的。

对于学校的人才培养，不少有识之士作出了与张栻相类似的设想与论述。王安石对"传道"的含义，作了明确的阐释。他说：

　　所谓教之道也，何也？古者天子诸侯，自国至于乡党皆有学，博置教导之官而严其选。朝廷礼乐刑政之事，皆在于学，士所观而习者，皆先王之法言德行治天下之意，其材亦可以为天之用者。苟不可以为天下国家之用，则不教也。苟可以为天下国家之用者，则无不在于学，此教之道也。①

这就是说，教之道在于天下国家之用，而"材亦可以为天下之用者"，人才必须是经世致用的人才，否则，不谓人才。正因为如此，所以王安石认为学校应该以经世致用作为人才模式构成的基本要素。朱熹认为，"国家建立学校之官，遍于郡国，盖所以幸教天下之士，使之知所以修身齐家治国平天下之道，而待朝廷之用也，此德意可谓厚矣。"②朱熹认为当世为官者并不是真正的人才，所以他说：

然学不素明，法不素备，选用乎上者，以科目词艺为足以得人；受任乎下者，以规绳课试为足以尽职。盖在上者，不知所以为人师之德，而在下者，不知所以为人师之道。是以学校之官，虽遍天下，而游其间者，不过以追世好、取世资为事，至于所谓修身齐家治国平天下之道，则寂乎其未有闻也，是岂国家所以立学教人之本意哉！③

像朱熹所指出的用人之弊病，实际上北宋朝廷的有识之士也感觉到了，如极力主张以培养官吏作为学校中心任务的王安石，对科举也很失望，对人才素质之低劣，深感不满，他在向仁宗皇帝上书中言道：

---

① 王安石：《上仁宗皇帝言事书》，载《临川先生文集》卷三十九，中华书局，1959。
② （宋）朱熹：《送李伯谏序》，载《朱子文集》，中华书局，1985。
③ 同上。

今悉废先王所以取士之道，而殿天下之才士，悉使为贤良进士，则士之才可以为公卿者，固宜为贤良进士，而贤良进士，亦固宜有时而得才之可以为公卿者也。然而不肖者，苟能雕虫篆刻之学，以此进至乎公卿，才之可以为公卿者，困于无补之学，而以此绌死于岩野，盖十八九矣。①

因为封建教育是为封建等级特权服务的，这就决定了它必然要把体现等级特权的官僚培养放在至高无上的地位，必然把是否做官作为人才的标志，因此，尽管王安石倡言改革，也改变不了封建制度本身所带来的痼疾，其改革最终亦必然以失败而告终。正如朱熹所批评的："虽新学制，颁经义，黜诗赋，而学者之弊，反有甚于前日。"②而书院教育改变了官学人才培养的定势。

书院不仅提出了与官学不同的人才模式构想，而且采取了保证人才模式实施的重大措施。这就是上面所一再强调的打破学生身份限制，彻底改变学生的成分，即改变唯官家子弟是教的教育传统；另外与此相联系，为了打破"学在官府"的特权，推动教育向平民化发展，打破了学生的地域性限制，真正是"聚天下英才而教之"。如果说，官学的人才培养目标所带来的是"以追世好、取世资为事"，即不明修齐治平之要，又不懂儒学之本，那么，书院则是人才辈出，学术繁荣，完全呈现另一番气象。

其中最突出的是，书院为了实现培养儒生的目标，把振兴儒学放在极其重要的地位，这就带动了儒学的复兴，带动了儒学的研究和传播。一句话，书院不仅成为培养儒生的基地，而且也成为传承和发展儒学的基地，大而言之，成为了以儒学为主体的文化传承和发展的基地。培养人才与学术研究

---

① 王安石：《上仁宗皇帝言事书》，载《临川先生文集》卷三十九，中华书局，1959。
② （宋）朱熹：《与东莱论白鹿洞书院记》，载《朱子文集》，中华书局，1985。

浑然一体。稽考历史，主持书院并对书院作出重大贡献的理学家，几乎都把书院作为传承和发展儒学的基地，宋明时期的一些重要学派就是在书院形成并以书院为基地的。如湖湘学派之于岳麓书院、陆象山心学学派之于象山书院、考亭学派之于考亭书院、东林学派之于东林书院等，都是如此。著名书院的学子几乎都以复兴儒学为自己的崇高使命，对儒学所蕴含的人文精神进行阐发，或著书立说，或会讲，或不同学派之间自由讲学，或师生之间辩难答问，或出版讲义，学术空气极为浓厚。具有中国优良传统的学术师承和亲密的师生关系，在书院教育中得到了全面的体现和发挥。由此可见，书院教育不仅具有培养人才的职能，而且也具有传承和发展学术的职能。

特别值得提及的是，随着宋代书院教育的发展，出现了上层文化向下层平民文化的转移。所谓平民文化，是指相对依附于上层贵族等级文化而言的，即是指社会下层广泛参与的社会文化生活和精神生活，这种平民文化几乎在一切文化领域都有所体现和反映。对宋代文化变动的情形，钱穆先生曾描述说：

> 魏晋时代，一方面是儒家思想衰微了，另一方面是门第新贵族的崛起，知识与学问都操在那些新贵族手里，一般平民无法获得教育知识，僧侣和寺院得以乘此掌握指导人民的大权。一到宋以下，中国社会上再没有贵族存在了，新的平民学者再起……同时亦因印刷术的发明，书籍传播方便，更使文化大流溢泛滥，渗透到社会的下层去。①

钱穆先生正确指出了宋代文化变动的趋势，然而他没有涉及书院教育对文化变动所起的巨大历史作用。书院教育对促成平民文化形成所起的作用

---

① 钱穆：《中国文化史导论》，商务印书馆，1993。

是多方面的，主要表现在它促成了平民学者的形成。我们都知道，在古代中国，士是知识分子和官僚的混合体，"学而优则仕"，读书是为了做官，仕进就成为了读书人一生的目标。由此可见，求学只是一种利禄之路，特别当其涉及维护官家子弟自身特权时，利禄便成为他们身份和地位的标志。因此，培养各级统治人才，培养封建官吏便成为国家各级学校不可更移的办学宗旨。但书院兴起以后，"士"的观念发生了深刻的变化，最重要的莫过于许多有识之士提出了士与利禄相分离的主张，几乎所有著名书院都本此主旨，如张栻主持的岳麓书院如此，朱熹主持的白鹿洞书院如此，杨简在《东湖书院记》中提到该书院也是如此。概括地说，书院反对学校变为"声利之场"，学校不能够"以钓声名取利禄而已"。学校乃是培养儒生的基地，儒生虽与官有一定的联系，即仕取儒生，但二者并不是一回事，书院坚持和发挥了"儒"作为文化典章的掌握者和宣传者的原初本义，把追求知识和道义并以学术和文化的研究和传布作为儒生的重要使命，因此，"儒生"与利禄之间没有必然联系。书院关于士与利禄相分离的思想贯彻于教育实践中具有划时代的意义，这为平民学者的出现，从士阶层中分离出与知识相依为命和以学术和文化教育为职业的知识分子开辟了道路。在儒者亦是职业的文化教育者这一思想指导下，宋代士风为之一变，学子们不再单纯地以追求利禄为目标，不再以科举仕进作为实现自身最高价值的标准。

　　在书院教育的熏陶和培育下，宋代出现了一大批热心知识和文化的传播者，他们打破"士者仕也"的定势，以传播知识和文化作为自己的终身职业，形成了具有后世知识分子意义的平民学者阶层。正是这批有志于教育与文化传播的知识分子，才使得宋代文化教育普及到了社会下层的各个角落，过去沉寂无闻的乡村，到处都是琅琅的读书声。"冬学""义学""小学""书社""书会""乡校""村学""家塾"等遍布广大的乡村，"弦诵之声，比比相闻"，这是历史上空前未有的，充分表明了宋代上层等级文化向下层平民文化转移的广度，从而大大促进了平民教育的普及化。具体而言，书院教育培养了大批的不以仕进为目的而以文化、教育为专业的知识分子，以著名的岳麓书院为例，即可看到书院教育对宋代形成庞大的平民学者阶层起到了官学绝不可能代替的重要的作用。根据史书记载，岳麓书院的学生大多数走的不是利禄之路，而是以教育为其职志。他们秉承师训，创办书院，热心教育，在教育上颇有建树。如钟震创办湘潭主一书院，钟如愚主持衡山南岳书院，吴雄创立平江阳坪书院，曹集主教白鹿洞书院，程许修葺袁州南轩书院且聘宿儒为诸生讲说，李埴讲学夔州，周奭讲学湘乡昆崙桥，如此等等。这些岳麓书院的学生，他们在发展地方教育，传播文化、学术以及开发民智等方面，都起到了积极的作用。由此可见，书院的兴起和发展，促成了宋代文化的繁荣，促成了上层文化向下层平民文化的转移。可以这样说，没有书院教育，宋代的士风不可能改变，也不可能出现平民学者阶层和文化教育的下移。

正是由于书院带来的新士风，宋代学风为之一变。最突出的是，许多硕学鸿儒致力于下层社会教育的勃兴，热心于文化和学术的普及。宋代大量通俗的童蒙读物及教材即是出自名家之手。其中著名的有吕祖谦的《少仪外传》、陈淳的《小学诗礼》、王令的《十七史蒙求》、胡寅的《叙千古文》、黄继善的《史学提要》、朱熹的《小学·外篇》、方逢辰的《名物蒙求》等等，乃至今日广泛流传的《百家姓》《三字经》都是宋代童蒙所乐于诵读的教材。这些读物涉及的内容非常广泛，诚如《四库全书总目提要》所说，"意求通俗，词句不免鄙浅，然大要明白切要，使览者易知易从"。宋代大批童蒙读物的出现，说明社会下层出现了对文化的需要和渴求，说明宋代文化教育重心下移的趋势已经形成。而所有这些变化，都与书院教育有着密切关系。书院独有的人才模式，打破了"士者仕也"的定势，出现了"士"与利禄的分离，为平民学者阶层的形成开辟了道路。而平民学者阶层的形成，带来了教育、文化的普及和文化重心的下移。这一切都有力地说明了：书院具有培养人才、传承和发展学术文化、开发民智和化育人生等多种职能与作用，而这是官学所不能做到的，也是一般的私学所不具备的。它从另一个重要方面反映了书院是中国古代教育的一次深刻变革。

第四节　书院教育精神

　　书院作为一种制度，虽然被结束于清末废书院、兴学堂的改制之中，但作为其灵魂的书院精神一直在读书人中传承不衰。书院废甫二十年，当人们重新审视西方大学制度的缺陷时，书院教育倡导的自由独立、自发研究等精神再度为当时的知识分子所关注。

　　1923 年 4 月，毛泽东在《湖南自修大学创立宣言》中最早提到了他所推崇的书院教育精神，认为现代学校"师生间没有感情""用一处划一的机械的教授法和管理法去戕贼人性""钟点过多，课程过繁"。而书院的好处，"一来是师生的感情甚笃。一来没有教授管理，但为精神往来，自由研究。三来课程简而研讨周，可以优游暇豫，玩索有得"。其所创办的自修大学"就是取古代书院的形式，纳入现代学校的内容"，它是一种"适合人性，便利研究"的新制。①这一实践活动，得到了教育家蔡元培的赏识，他在《湖南自修大学介绍与说明》中，称之为"合吾国书院与西洋研究所之长而活用之"的典范。②借鉴书院最成功、影响最大的实践活动是"略仿旧日书院及

---

① 陈谷嘉、邓洪波主编《中国书院史资料》，浙江教育出版社，1998。
② 蔡元培：《蔡元培全集》第四卷，中华书局，1984。

英国大学制度"建立的清华国学研究院，而国学院的设计蓝图则出自对书院情有独钟的胡适，在吴宓主任的主持下，四大导师各显神通，以西学为书院正名，在静悄悄的革命中，仅仅用四年时间，就培养出一批杰出人才，创造了一个现代教育的神话。[①]胡适在《书院制史略》中针对当时教育界所提倡的"道尔顿制"，提出了"书院精神"，并将其概括为三点，一是"代表时代精神"，二是"讲学与议政"，三是"自修与研究"。他还特别提出"书院之真正的精神唯自修与研究"，"书院里的学生，无一不有自由研究的态度，虽旧有山长，不过为学问上之顾问，至研究发明，仍视平日自修的程度如何。所以书院与今日教育界所提倡道尔顿制的精神相同"。

新儒家的代表人物张君劢，在《书院制度之精神与学海书院之设立》一文中，针对当时中外各种大学"教师只卖知识，学生只买知识"的现象，提出书院的精神是要负起责任，"不但讲学识，尤其要敦品行"。[②]

综合民国及当前书院研究成果，我们认为，作为儒家士人精神家园与儒家文化典型代表的书院，其教育精神主要包含以下内容。

一、自由讲学

自由讲学是书院教学的一大特色，主要表现在山长自由研究、讲学，书院生徒以自修为主、涉猎广泛，教学上倡导师生间质疑问难、多有辩论。

唐五代时期书院多为文人读书治学、游宴会友、吟诗作文的场所。宋代开始书院很快与日益兴起的理学相结合，成为儒家学者进行自由讲学的基地。他们以书院为学派基地，探讨学术、讲授自己的著作和传播其理学

---

① 罗志田：《一次宁静的革命：清华国学院的独特追求》，《清华大学学报》2011年第2期。

② 张君劢：《书院制度之精神与学海书院之设立》，《新民月刊》1935年第7–8期。

思想。理学大师们对于传统经典著作侧重于阐释自己的见解，而非汉学经师注重于对经典的传注，如程颐在伊皋书院讲述自己的著作《易传》、胡安国在碧泉书院讲述自己的著作《春秋传》。张栻、朱熹、陆九渊等学者虽然各自对儒学经典的理解不同，所开创的学派各具特色，部分观点相异，甚至针锋相对，但他们都善于吸纳他人观点，和而不同，体现了学术自由的特色。

图 7-2　岳麓书院讲堂

　　书院主持人不存门户之见，经常邀请不同学派的大师甚至持不同学术观点的学者来院讲学，开书院会讲先河。南宋乾道三年（1167），理学家朱熹闻张栻阐胡氏之学于岳麓，不远千里而来访学。朱、张会讲，以岳麓书院为中心，并往来于善化（今长沙）城南、衡山南轩二书院，以"中和"为主题，涉及太极、乾坤、心性、察识持善之序等理学普遍关注的问题，讲论两月有余，"学徒千余，舆马之众，至饮池水立竭，一时有潇湘洙泗之目焉"。

这次学术活动，首开书院会讲、自由讲学之风。宋孝宗淳熙二年（1175），吕祖谦、朱熹与陆九渊讲学于江西铅山鹅湖寺，三家就为学之方激辩三日而未能合，由于各执己见，最终不欢而散，但在学术史上产生了重大影响。

书院的教学以学生个人读书钻研为主，山长辅导为辅，因此，名师们都把指导学生学会读书作为教学的重要任务。学生大量的时间是在老师的指导下认真读书，自行理会，山长的讲解或提纲挈领、重点分析，或指点迷津、回答疑问，一般随人深浅、因材施教。书院教育提倡自学，但并非放任自流，也非常注意发挥山长的指导作用。书院山长要求自己的学生在学习过程中学会存疑、进行创新，拥有自己的思想和观点，而不要囿于前人研究，这种教学思想即使是在今天也是非常有价值的。清代岳麓书院山长王文清在为书院诸生指定的《读经六法》中提出正义、通义、余义、疑义、异义、辨义，《读史六法》则涵盖记事实、玩书法、原治乱、考时势、论心术、取议论，便是这一要求的集中反映。

书院教学的另一重要特色就是倡导师生之间、学生之间问难论辩，从而使得书院的学术气息十分浓厚、教学气氛格外活跃。理学家们在其治学过程中认识到提问的重要性，朱熹即认为存疑是治学的必经步骤。在理学大师们的语录、文集中，有书院师生问难论辩的大量讲学记录。不仅有学生提问，导师解答，还有导师反问，要求学生解答的记录。这种教学方法活跃了学生的思想，使讲学充满着学术争鸣的气氛。学生在教学活动中有问有答，求学的主动性得到充分的发展，这就成为书院教学特色与书院精神的特质之所在。

二、德育为先

儒家教育的鲜明特色在于对道德人格的关注，因而儒家人文教育始终致力于一个重要目标，就是如何培养出主体性道德人格。南宋前期，鉴于官学沦为科举附庸的流弊，理学大家提出了新的教育宗旨，即要求恢复儒家先秦教育的传统，以道德人格为书院教育的目的。所以，古代书院对生徒的培养不仅注重学术知识的传授，更关注他们良好道德品格的养成。朱熹在《白鹿洞书院揭示》中即明确阐述了书院教育的目的："熹窃观古昔圣贤所以教人为学之意，莫非使之讲明义理，以修其身，然后推以及人，非徒欲其务记览，为词章，以钓声名取利禄而已也。"①他认为书院教育的目的不是为了获取个人的名利，而是为了进行义理教育、道德修身，以培养出合乎儒家道德标准的理想人格。书院作为一种教育制度历宋、元、明、清四朝七百多年，其制度本身及讲学内容、宗旨多有变易，但其训育生徒品德养成的宗旨则始终未变，承袭中国传统的伦理观念，旨在变化生徒气质，使其成为明伦知礼的士子。

书院对生徒道德品性的养成之法主要以祭祀、山长表率和学规要求为主。自宋代书院制度建立后，祭祀已逐渐成为书院的主要活动之一，这也是书院对生员进行道德情操培育的重要举措。书院通过定期的祭祀活动，意在将先哲前贤的伟大人格树立为生员心目中的理想形象，使其见贤思齐，养成知礼义、明廉耻的高贵品质。书院祭祀人物多以孔子和后代儒学大师为主，地方官员、乡贤名宦及书院的杰出生徒也是书院的祭祀对象，从而为生员正学统、树师模，使其在潜移默化中师法前贤典范。祭祀之外，书院还注重以山长训导来影响生员的人格品德。书院多要求山长长期驻院，期望通过师生朝夕相处，师长以身作则，产生示范作用，使生员变化气质，起到潜移默化之效。书院还订立学规，以方圆规矩为生员遵守的法则，使其养成良好的为人处世规范。书院所定学规多涵盖生员修身、齐家、交友、入仕、治学等各

---

① 转引自孟宪承选编《中国古代教育文选》，人民教育出版社，1979。

个方面，从诸多领域对生员言行举止及生活的各个方面加以要求，使其符合儒家伦理道德规范的要求，成为国家意识形态的维护者，能够承担起移风易俗、教化乡里的重任。

三、追求独立

书院追求独立自治的传统，其核心表现为大师治校，如两宋时期张栻主岳麓书院、朱熹主白鹿洞书院、陆九渊主象山书院、吕祖谦主丽泽书院等。书院的办学自主权主要表现在一定程度的经费自理、自主招生、自设课程、自制学规章程等。

古代书院的经费来源有官府拨置、家族提供、官绅民众捐赠、书院自置等，呈现多元性，而且不受任何一方的绝对控制，这成为一切活动正常运转的保障。而管理上订有严格的收支章程，且有专人打理与监管，也可以不受他人控制。书院发展到清代，随着以省会书院为代表的官方书院体系的建立，官府对书院的管控越加严密，但书院在经费上仍享有一定程度的自主权。在宗族、乡村等其他非官方书院中，书院的独立自主性更加明显。清以前书院对生徒身份并没有严格要求。生员多慕山长声名，不远千里裹粮肄业于书院，生徒居院也没有年限要求，往来自由。一些名儒宿学，从其学者往往数百上千人，没有出身、贵贱、老少的限制，只要达到品德学问的基本要求，均可为及门弟子。清代官立书院始有严格的生徒名额、入学资格等详细规定。书院在教学内容上虽多以儒家经典为主，但各书院间比较灵活，在具体课程设置上也存在较大差别，不同学术流派的大师，在书院中可以自由讲授自己的新思想。除儒家经典和各派的学术见解外，书院还可以学习史书和其他诸子之书。书院的自主性还体现在书院可以根据自身需求，制定符合自身情况的学规、章程，以明确自身的为学宗旨与具体的管理要求。古代士人群体多因应自身的不同需求而创立书院，故书院在类别上较为丰富与多元，各书院间也存在较大的差异。

四、尊师爱生

宋代理学大师们在倡导创建新型的书院模式时，就注意到了师生关系的构建问题。他们对当时官学中师生关系冷漠疏远的弊端，如"师生相视，漠然如行路之人"[①]之类有着清醒的认识，因而书院特别注意构建和谐、融洽、深厚的师生关系。

选取生徒及育人方式、方法上的灵活性与开放性，使得书院在建立良好的师生关系上具有明显的优势。首先，书院生徒在择师入院时具有选择自主性。生徒决定到哪一所书院求学，往往是因为仰慕该院山长的道德学问已久，因而入院后对山长十分尊崇。其次，书院生徒数量不致过多，师生间朝夕相处，耳濡目染，从而感情日笃。山长时常带领生徒游憩于山水之间、林泉之下，寄情赋诗作文，饮酒助兴，这种自在游学的教学方法有助于拉近师生间的感情。南宋时朱熹以终生讲学书院为志，教授弟子达数百之众，他们对朱熹充满感激之情，在学术上将其推崇为孔孟道统的继承人。他的大弟子黄榦论及"由孔子而后，曾子、子思继其微，至孟子而始著；由孟子而后，周、程、张子继其绝，至熹而始著"[②]。陆九渊创建象山精舍讲学，四方学子接踵而来，与其建立了深厚的师生情谊。陆九渊逝世后，其灵柩运回家乡，弟子门人前来吊唁者近千人。

---

① （宋）朱熹：《学校贡举私议》，转引自孟宪承选编《中国古代教育文选》，人民教育出版社，1979。

② （宋）朱熹：《朱子全书：第27册》，上海古籍出版社，安徽教育出版社，2002。

书院山长多能以身作则，以自身的实际行动作为学生做人、为学的榜样，他们对学生关怀备至，并罄其所知以授后学，尽其所能传道、授业、解惑。正是书院山长这种"至诚谆悉，内外殚尽"的精神使他们得到了学生的普遍尊敬。朱熹任职于长沙时，往往白天忙于公务，晚上即到书院讲学，他"随问而答，略无倦色，多训以切己务实，毋厌卑近而慕高远。恳恻至到，闻者感动"[1]，充分体现了他热爱学生、热爱教育的情怀。陆九渊在象山精舍讲学时，深受生徒们的欢迎，其原因在于他关心学生，和学生心心相连，学生们认为他"深知学者心术之微，言中其情，或至汗下"[2]。书院导师对学生的关心，不仅体现在他们热心传授知识给学生，尤其体现在他们更注重培养学生的道德品格。他们确立的书院德育目标，体现了他们对学生品德的关心。

五、开放兼容

书院是在融合传统官学与私学各自优越性的基础上形成的新文化教育组织，其产生本身就体现了中国古代教育兼容并包的精神。

书院开门办学，兼收各家之长的精神，还体现在书院善于容纳不同学术观点和不同学派的学者大师，在一起讲学争辩，形成"百家争鸣"的学术氛围。如南宋乾道三年（1167），闽学大师朱熹不远千里前往岳麓书院访学，而此时以张栻为代表的岳麓书院正是湖湘学派的学术基地。此后，永嘉事功学派的代表人物陈傅良也来岳麓书院讲学，受到岳麓书院师生的欢迎。可见，南宋时期岳麓书院成为当时以湖湘学派、闽学学派、永嘉学派等主流学

---

① （清）王懋竑：《朱子年谱》卷四（上），台湾商务印书馆，1982。
② （宋）陆九渊：《陆九渊集》卷三十三《谥议》，中华书局，1980。

术派别大师讲学论道的场所。南宋淳熙八年（1181），朱熹主持白鹿洞书院，力邀与自己学术思想尖锐对立的心学大师陆九渊来院讲学，两个长期争辩的学派大师同时在白鹿洞书院讲学，充分反映了书院具有开放、兼容的学风特点。

宋明时期，书院形成讲会制度，是书院开放兼容特色的制度化结果。这种制度允许不同学派进行会讲，开展争辩，在一定程度上体现了"百家争鸣"与"兼收并蓄"的精神。尽管这种"百家争鸣"的范围十分有限，但较之一般官学却自由得多。会讲时书院的主讲标出自己的"话头"（即讲学主旨）进行讲学，欢迎别人质疑问难，进行论辩。名师在书院讲学，听讲者不限本书院师生，外地士子也可前来听讲。王守仁十分重视讲会传统，并积极倡导实施于书院教育中，使讲会形成一种制度。在王守仁的倡导下，大部分书院都"联讲会，相望于远近"，许多著名学者不远千里赶赴参加讲会。可以说，书院的讲会制度不仅利于其本身的教学，而且为学术交流提供了机会，这便使书院得以打破门户之见而融各家之长，而这在前代学校教育中是没有先例的。

书院的开放兼容还体现在对学生不加限制，允许不同学派、不同地域的学生前来听讲、求教，打破了官学那种关门办学的风气，促进了学术的交流与发展。泰州学派王艮在书院讲学，很有吸引力，不仅儒家士子前来听讲，樵夫、工匠也听得津津有味。据说当时，农工商贾各界前来听讲者多达千余人。这对吸取各家各派的学术专长，促进人才的培养和学术事业的繁荣，都有很大的好处。

书院教育精神，除了自由讲学、德性修养、追求独立、尊师爱生、开放兼容等之外，我们还要特别强调两点：一是文化的自觉、自信与担当。我们要有传斯道以济斯民的襟怀，以发扬光大民族优秀文化为己任，在新的形势下，继续践行宋儒的伟大抱负：为天地立心，为生民立命，为往圣继绝学，为万世开太平。二是保持开放之势的同时，善待传统，既吐故纳新，又温故知新。我们应坚持传统与现代并重，既取欧美西学之长处，又重视优秀传统经典，善用中学之精华。与时俱进，由古开新，此则正是书院弦歌千年的精神所在。如此，始能传承书院积累、研究、创新与传播文化的永续活力，建立起新的文化自信，屹立于世界民族文化之林。

书院是读书人的精神家园。只要书和有理想的读书人还在，书院就有存在的可能，就有生长的空间，就有重回社会、再创辉煌的无限希望。我们憧憬与期待书院随着中华民族文化的伟大复兴而复兴。

后　记

　　书院是中国士人围绕着书，开展藏书、读书、教书、讲书、校书、修书、著书、刻书等各种活动，进行文化积累、研究、创造与传播的文化教育组织。书院教育教学功能出现于唐代，至南宋形成有别于传统官学与私学的一种独特的教育制度。书院教育是中国士人为了满足自身日益增长的文化教育需求，在新的历史条件之下，整合传统的官学、私学以及佛道教育制度的长处之后，创造并日渐完善的一种新的学校制度。宋代以降，书院和官学、私学鼎足而三，支撑着中国古代社会的教育事业。在千余年的发展历程中，书院能够满足不同时期、不同地区、不同人群的不同的文化教育需求，自成一体，成长为一个涉及不同教育领域、不同教育层次的可以独立运作的教育体系。清代，从家族、乡村、州县、府道、省会乃至联省，书院构成了一个事实上的完整的等级之塔，自成体系，差不多承担起国家的全部教育任务。它的最大好处是可以满足读书人不同层次的文化需求，并在这种满足中赢得自身的壮大与发展。这正是书院生命力旺盛的重要原因，也是它与官私二学相比而特立独行的表征。近代，当中国面对西方走向世界时，它又以开放之势接纳西方学校制度与先进的科技知识，成为连接古代与近现代教育的桥梁，贯通了中国教育的血脉。

　　本书是师生合作的成果。受邓洪波教授委托，在我们原有科研成果的基础之上，精心编辑而成。大纲确定后，初稿完成于 2020 年 2 月。其后，几经修改、润色。书中照片，除岳麓书院黄沅玲老师拍摄提供外，多数来源于邓教授参与主编的《中国书院》（画册），少数为自拍，谨此说明，并志谢忱！

兰军

2020年3月